尽善尽美　美　　　弗求弗　迪

股权融资

理论·案例·方法一本通

张淼 著

电子工业出版社
Publishing House of Electronics Industry
北京·BEIJING

内 容 简 介

本书对股权融资的理论、案例及方法进行了全方位解析，包括股权融资的三大方式（风险投资、私募股权投资及IPO）、最优股权架构、制订融资计划、筛选最佳投资人、融资谈判博弈论、应对尽职调查、缔结融资合同、准备下一轮融资。

另外，本书讲到了当下非常火的新三板市场、甄别真假投资公司并谨防陷阱、维持创始人控制权，以及如何维护与投资人之间的关系。

在讲解理论的同时，本书通过企业融资的典型案例为创业者提供了具有可操作性的方法。针对创业者融资过程中极易遇到的问题和陷阱，本书也给出了预防措施和解决方法。

未经许可，不得以任何方式复制或抄袭本书之部分或全部内容。
版权所有，侵权必究。

图书在版编目（CIP）数据

股权融资：理论、案例、方法一本通 / 张淼著. —北京：电子工业出版社，2017.8
ISBN 978-7-121-32087-3

Ⅰ.①股… Ⅱ.①张… Ⅲ.①企业融资—研究—中国 Ⅳ.①F279.23

中国版本图书馆CIP数据核字（2017）第154021号

责任编辑：裴杰
印　　刷：三河市鑫金马印装有限公司
装　　订：三河市鑫金马印装有限公司
出版发行：电子工业出版社
　　　　　北京市海淀区万寿路173信箱　邮编　100036
开　　本：720×1000　1/16　印张：17.5　字数：259.8千字
版　　次：2017年8月第1版
印　　次：2022年3月第12次印刷
定　　价：45.00元

凡所购买电子工业出版社图书有缺损问题，请向购买书店调换。若书店售缺，请与本社发行部联系，联系及邮购电话：（010）88254888，88258888。
质量投诉请发邮件至zlts@phei.com.cn，盗版侵权举报请发邮件至dbqq@phei.com.cn。
本书咨询联系方式：（010）57565890，meidipub@phei.com.cn。

前　言

关于创业时代，央视的形容非常经典："在信息爆炸的当下，无数涌动的资本和激情的个体在不停地碰撞、交融、升华、分离，在咖啡里，在屏幕后，在网线中，这是所有创业者激发创造的最好时代……"

无疑，现在就是创业者激发创造的最好时代。如果你去过中关村创业大街，你会发现这是一条220米长的街道，街道两旁布满了创业孵化器，如著名的3W咖啡、车库咖啡、36氪等。在这里，每天都会有数百位创业者、投资人激烈讨论、路演。作为创业梦想的集结地，谁也不知道下一个像百度、阿里巴巴、腾讯一样的时代巨人是否会在这里诞生。

中关村创业大街只是投融圈的一个缩影。当创业者有了好创意或者刚刚组成团队的时候，首先面对的就是融资需求。而对于刚刚开始创业的创业者来说，如何把握融资节奏、了解融资流程及注意事项就非常重要。

有的创业者急于求成，在不了解融资条款的情况下就与投资人签订了融资合同。他们甚至因为自己拿到的高估值而兴奋不已。事实上，优先清算权、对赌条款以及强制出售权都会随之而来。

优先清算权是基本条款，但是优先倍数有很大的谈判空间。假如创业者接受了100万元的天使投资，公司投后估值为1000万元，投资人占股10%，优先清算权条款为："投资人享有的优先股有权优先于普通股股东每股获得初始购买价格2倍的回报……"经过两年，公司运营不是很好，被其他公司以500万元的价格并购。创业者本以为手上90%的股份可以分得450万元的现金，对此感到满意。但是事实是，根据协议，投资人要拿走200万元，留给创业者的只有300万元。这就是优先清算权条款的作用。

对赌条款也是比较常见的，即公司创始人向投资人承诺，如果公司在规定期限内没有实现约定的经营指标或不能实现上市、挂牌、被并购等目标，或出现其他影响估值的情形时，则创始人必须通过现金、股份或者股份回购形式对投资人进行补偿。对赌协议的风险非常大，一步走错，创业就可能失去公司控制权，被投资人赶出公司。

再看强制出售权。强制出售权是投资人考虑到退出时有可能行使的权利。一般是指公司在一个约定期限内没有实现上市，而投资人有权要求主动退出，并强制性要求公司创始人股东和管理层股东与自己一起向第三方机构转让股份。如果不加限制地接受了强制出售权，创业者就无法避免投资人连同其他竞争对手对公司进行恶意收购的可能性。而创业者本可以为强制出售权增加限制，包括限制发起该项条款的股东人数、增加触发该项条款的股权比例条件等。

看到这里，创业者可能会非常担心自己在融资条款上被投资人占便宜。事实上，这些条款都体现在一纸Term Sheet（投资条款清单）上，本书对此有相关解释，以帮助创业者拿到对自己最有利的融资条款。

如果你正在准备股权融资，那么不妨停下来系统地学习一下股权融资的全流程。或许本书可以帮你解决很多融资过程中的问题，避免走了弯路。

本书特色

1.全局把握，系统性强

本书从全局把握股权融资，对股权融资的理论、案例及方法进行了全方位解析，包括股权融资三大方式（风险投资、私募股权投资以及IPO）、最优股权架构、制订融资计划、筛选最佳投资人、融资谈判博弈论、应对尽职调查、缔结融资合同、准备下一轮融资等。全面系统的内容为创业者提供了全流程的操作指南。

2.理论加案例，趣味性强

本书从创业者进行股权融资找资金的角度出发，不是对各种理论的枯燥分析，而是立足于实战应用，用理论加案例、方法向读者讲述融资知识。丰富的案例增加了内容的可读性，读者不必担心内容枯燥的问题，因为我们采用代入感比较强的典型案例对观点进行辅助性说明，既帮助读者理解，又增添了趣味性。

3.从创业者角度出发，实用性强

本书从创业者融资的角度出发，讲到了创业者最关心的一些内容。包括当下非常火的新三板市场是怎么回事、如何甄别真假投资公司并谨防陷阱、如何保证创始人控制权，以及如何维护与投资人之间的关系等。通过针对性的学习，创业者很容易就能提升自己的融资能力。

本书内容及体系结构

第1、2章：讲述股权融资的三大方式，包括风险投资、私募股权投资及上市融资，另外介绍了当前非常火的新三板市场得到投资人青睐的原因，帮助创业者了解投融资圈的概况。

第3章：讲述了创业者开始股权融资之前需要在股权方面做的准备，尽可能使得公司的股权架构达到最优。

第4、5章：讲述融资之初如何在公司内部制订融资计划以及撰写完整的商业计划书。

第6～9章：讲述从筛选投资人到与投资人谈判，再到与投资人签订融资合同过程中可以使用的技巧以及需要注意的陷阱，帮助创业者拿到对自己最有利的融资协议。

第10、11章：解析冒牌投资公司的骗局以及真投资公司设立的陷阱，帮助创业者识别骗局，谨防融资触雷。

第12章：讲述创业者保证自己在股东会以及董事会有绝对控制权的三大策略，避免因小失大，拿到了投资却失了公司控制权。

第13、14章：讲述投资人资金到位后创业者如何维护与投资人的关系以及下一轮融资的准备，提醒创业者拿到钱后依然不能放松警惕。

本书读者对象

创业融资人群

中小企业家以及高层管理人员

投融资研究学者

高校金融专业相关师生

对股权感兴趣的其他人群

Contents

第1章 股权融资的三大方式 / 1

1.1 从风险投资人手里拿资金 / 2
    1.1.1 第一代投资人：拓荒者 / 2
    1.1.2 第二代投资人：本土风险投资崛起 / 4
    1.1.3 第三代投资人：新型风险投资人的移动时代 / 8
    1.1.4 第四代投资人：天使时代来临 / 10

1.2 寻找私募股权投资 / 12
    1.2.1 一个标准：成长性是投资的核心标准 / 12
    1.2.2 二元维度：事为先，人为重 / 15
    1.2.3 3种模式：信托制、公司制、有限合伙制 / 17

1.3 IPO上市融资 / 20
    1.3.1 上市前的准备 / 20

1.3.2　上市申报 / 23
1.3.3　上市发行股票 / 25

第2章　风险投资/私募股权投资为什么偏爱新三板市场 / 27

2.1　三大融资渠道 / 28
    2.1.1　挂牌前的定向发行 / 28
    2.1.2　挂牌的同时发行股份 / 29
    2.1.3　挂牌后的定向发行 / 32
2.2　重塑风险投资/私募股权投资的投资逻辑 / 34
    2.2.1　始终考虑体量期限 / 34
    2.2.2　优质公司会体现好的流动性 / 35
    2.2.3　新三板项目更加丰富 / 36
2.3　智慧城市成新三板香饽饽，3年融资18.5亿元 / 37
    2.3.1　智慧城市概念类挂牌公司的融资状况 / 37
    2.3.2　投资者看好智慧城市，不一定以业绩说话 / 38
    2.3.3　500多个城市明确提出构建智慧城市相关方案 / 40

第3章　最优股权架构 / 41

3.1　合伙人之间的股权分配 / 42
    3.1.1　谁应该作为创始人 / 42
    3.1.2　创始人的身价如何确定 / 43
    3.1.3　最错误的做法是股权五五分 / 45
3.2　股权分配原则 / 48
    3.2.1　按出资比例分配 / 48
    3.2.2　创始人应取得相对多的股权 / 50
    3.2.3　资源提供者应占有相对多的股权 / 51
3.3　伟大的公司需要伟大的董事会：解构平安式股权架构 / 52
    3.3.1　分散股权国退民进 / 53
    3.3.2　优选股东西学中用 / 55
    3.3.3　管理层团队与股东共赢 / 57

第4章　制订融资内部计划 / 59

4.1 确定资金需求量 / 60
    4.1.1 判断公司的发展阶段 / 60
    4.1.2 分析公司的现金流大小 / 62
    4.1.3 融资金额要大于实际需求 / 63

4.2 判断融资轮次与频率 / 65
    4.2.1 根据产品业务和企业发展确定融资阶段 / 65
    4.2.2 融资频率不是越高越好 / 67

4.3 漫漫融资路，看创始人柴可如何撑下来 / 72
    4.3.1 夜路的开始：先勇敢地投资自己 / 72
    4.3.2 漫漫长夜：没钱的时候要想办法挣钱养活产品 / 73
    4.3.3 黎明前的黑暗：数据好看不怕没有人投资 / 74
    4.3.4 黎明前的曙光：团队执行力 / 74
    4.3.5 融资三部曲：生存、发展、竞争 / 75

第5章　商业计划书的撰写流程 / 79

5.1 公司基本情况 / 80
    5.1.1 公司基本简介 / 80
    5.1.2 公司股东及控股结构 / 81
    5.1.3 创始团队及其分工简介 / 81

5.2 行业情况 / 84
    5.2.1 行业及市场前景概述 / 85
    5.2.2 目标用户的需求及购买力 / 86
    5.2.3 与同类竞品对比突出产品优势 / 87

5.3 产品研发 / 89
    5.3.1 产品成品演示 / 89
    5.3.2 依据产品功能结构图的研发架构 / 90
    5.3.3 当前研发阶段 / 94
    5.3.4 已投入和计划再投入的研发资金 / 95

5.4 市场营销 / 97
    5.4.1 商业模式 / 97

5.4.2 营销策略和办法 / 100
5.5 融资计划 / 102
5.5.1 融资额度 / 102
5.5.2 出让股权与价格 / 103
5.5.3 资金用途和使用计划 / 105
5.5.4 通过亏损预测量化投资风险 / 107
5.5.5 投资人享有的监督和管理权力 / 109
5.5.6 说明投资的退出方式 / 113

第6章　筛选最佳投资人 / 117

6.1 对投资人进行初判断 / 118
6.1.1 不要看重投资人的名气 / 118
6.1.2 看投资人对行业的理解 / 119
6.1.3 看投资人提供的资源 / 120
6.2 创业者眼中的最佳投资人 / 121
6.2.1 勤奋是最重要品质 / 121
6.2.2 工作狂的背后是热爱 / 122
6.2.3 要能抗压、抗风险 / 123
6.2.4 看好项目后就不离不弃 / 126
6.2.5 具有未来感 / 128

第7章　融资谈判博弈论 / 133

7.1 与投资人谈判必备英文单词 / 134
7.1.1 Deal：项目 / 134
7.1.2 Business Model：商业模式 / 135
7.1.3 Cash Flow：现金流 / 136
7.1.4 P/E：市盈率 / 138
7.1.5 Valuation：估值 / 139
7.1.6 Option：期权 / 140
7.1.7 Founder：创始人 / 141
7.1.8 Term Sheet：投资条款清单 / 143

  7.1.9　DD：尽职调查 / 145
  7.1.10　IPO：首次公开发行 / 146

7.2　投融资谈判四大重点 / 148
  7.2.1　公司估值：估值区间的合理化 / 148
  7.2.2　团队期权及创始人股份行权计划：各让一步 / 149
  7.2.3　拖售权：保障团队利益 / 150
  7.2.4　保护性条款：不束手束脚 / 152

7.3　投融资谈判三大技巧 / 153
  7.3.1　强化项目优势 / 154
  7.3.2　创造竞争性环境 / 154
  7.3.3　让律师唱"白脸" / 156

7.4　马云是如何与阿里巴巴的投资人谈判的 / 157
  7.4.1　阿里巴巴的融资始末 / 157
  7.4.2　跟风险投资人谈判时腰挺起来，但眼睛里面是尊重 / 159

第8章　应对投资人的尽职调查 / 161

8.1　对创始人团队的全面调查 / 162
  8.1.1　创业团队人格调查 / 162
  8.1.2　列表履历复核 / 162
  8.1.3　列表外履历复核 / 163
  8.1.4　消费者征信调查 / 165

8.2　财务尽职调查 / 166
  8.2.1　资产负债表 / 166
  8.2.2　现金流量表 / 171
  8.2.3　利润表 / 174

8.3　投资人经常提问的3个问题 / 176
  8.3.1　你如何使这个想法变为现实 / 176
  8.3.2　你如何应对潜在的激烈竞争 / 177
  8.3.3　你想过营销的问题吗 / 179

第9章　缔结融资合同必懂的专业知识 / 181

9.1 投资条款清单的十大核心条款 / 182
  9.1.1 优先清算权 / 182
  9.1.2 优先分红权 / 183
  9.1.3 对赌条款 / 184
  9.1.4 排他性条款 / 186
  9.1.5 增资权 / 187
  9.1.6 赎回权 / 188
  9.1.7 过桥贷款 / 189
  9.1.8 员工期权 / 190
  9.1.9 拖售权 / 190
  9.1.10 董事会席位 / 191
9.2 签订融资协议时必须注意的五大细节 / 192
  9.2.1 关注融资条款，而不要只看估值 / 192
  9.2.2 不要为了融资做糟糕的交易 / 194
  9.2.3 理解自己和他人的动机 / 195

第10章 如何看穿冒牌投资公司的骗局 / 197

10.1 冒牌投资公司的七大特征 / 198
  10.1.1 公司名称听起来头目很大 / 198
  10.1.2 收取各种名目的费用 / 199
  10.1.3 专业素质较低 / 203
  10.1.4 与不法中介合伙行骗 / 203
  10.1.5 不在本地行骗 / 204
  10.1.6 杂乱无章的网站 / 204
  10.1.7 缺少工商注册信息 / 205
10.2 设置融资骗局的常用步骤 / 206
  10.2.1 海选目标客户 / 206
  10.2.2 降低目标客户的判断力 / 206
  10.2.3 以实地考察的名义收取考察费 / 207
  10.2.4 通知创业者项目通过 / 208
  10.2.5 进行资产评估 / 208
  10.2.6 进行风险评估和增值潜力分析 / 209

10.2.7　伙同担保公司骗取担保费 / 210

第11章　谨防真投资公司设立陷阱 / 211

11.1　常见的四大融资陷阱 / 212
  11.1.1　获取公司机密数据 / 212
  11.1.2　跳票、放鸽子 / 214
  11.1.3　要求对赌 / 215
  11.1.4　故意拖延，拉低估值 / 218

11.2　避免融资触雷六大实用技巧 / 220
  11.2.1　广泛接触投资人，再快速收拢 / 220
  11.2.2　找到一家坚定的领投方 / 221
  11.2.3　通过公开信息和口碑过滤不靠谱的投资人 / 223
  11.2.4　早期项目可寻求财富顾问机构的帮助 / 224
  11.2.5　给排他性条款加一个期限 / 225
  11.2.6　不要盲目追求高融资数额 / 226

第12章　创始人如何保证绝对控制权 / 228

12.1　维持绝对控制权的三大策略 / 229
  12.1.1　核心创始人持有50%以上的公司股权 / 229
  12.1.2　归集表决权 / 231
  12.1.3　用双重股权架构将股权和投票权分离 / 233

12.2　刘强东7年融资46亿美元始终掌握公司控制权 / 234
  12.2.1　第一招：优先股 / 234
  12.2.2　第二招：排他性投票权委托 / 235
  12.2.3　第三招：双层股票 / 236

第13章　维护与投资人之间的关系 / 240

13.1　融资前的关系建立 / 241
  13.1.1　随时与投资人保持联系 / 241
  13.1.2　表现出进取的姿态 / 242

        13.1.3　尽力向投资人提供帮助 / 242
        13.1.4　融资失败边缘也要做最后的争取 / 244
        13.1.5　为投资人创造紧迫感 / 244
    13.2　融资后建立定期联系制度 / 245
        13.2.1　分享好消息和坏消息 / 245
        13.2.2　为投资人股东创造归属感 / 246
        13.2.3　共同管理预期目标 / 247
    13.3　最佳创投关系应该是怎样的 / 248
        13.3.1　投人不疑 / 248
        13.3.2　并驾齐驱 / 249
        13.3.3　减少噪声 / 250
        13.3.4　长期投资 / 251

第14章　积极准备下一轮融资 / 254

    14.1　不要等到缺钱再融资 / 255
        14.1.1　准备：让上一轮投资人推荐下一轮投资方 / 255
        14.1.2　技巧：保持平常心，每一轮融资都相似 / 256
        14.1.3　中通成美股年内最大IPO，筹资高达14亿美元 / 257
    14.2　共享单车展开融资竞赛，谁会是下一个"滴滴" / 259
        14.2.1　ofo、摩拜相继完成新一轮融资 / 259
        14.2.2　共享单车是一个好生意吗 / 261
        14.2.3　谁将是单车界的"滴滴" / 262

第1章
股权融资的三大方式

　　股权融资是企业融资的主要途径。与债权融资不同,股权融资不需要还本付息,是由企业原有股东出让股份通过增资方式引进新股东,新股东与老股东一起按照股权持有比例分享企业的盈利与增长。股权融资主要包括吸收风险投资、PE、上市融资三大方式,本章对其进行详细解释。

1.1　从风险投资人手里拿资金

1992年，美国风险投资机构IDG资本进入中国，将风险投资（Venture Capital，VC）的概念带到了中国。如今，在中国国内活跃的风险投资机构已经达到上千家。风险投资经过时代与经验的洗礼，投资理念不断发展更新，迅速迭代。下面梳理了中国风险投资的四代人以及各自的代表人物和投资理念。

1.1.1　第一代投资人：拓荒者

"风险投资"这一概念起源于美国，是20世纪六七十年代美国硅谷投资人发明的，他们为追求高回报愿意承受高风险。如果投资成功，风险投资人可以拿到几倍、几十倍甚至上百倍的回报；一旦失败，投资人就面临血本无归的风险。

对创业者来说，使用风险投资的好处在于即便创业失败也不需要负债。这为很多有梦想、有实力的创业者提供了实现创业梦想的可能。总体来说，风险投资这种股权融资方式的发展还是很成功的。

事实上，风险投资的操作方式很早就有了，只不过当时没有"风险投资"的叫法而已。所以说，我们不能把风险投资的历史起源具体到哪一年。业内共识是将1993～2005年认为是第一代风险投资人纵横驰骋的年代，并称其为"拓荒者"。海归是第一代风险投资人的典型特征。

风险投资在中国的兴起源于20世纪90年代后中国经济的飞速崛起。当时，留学海外的中国学子纷纷回国创业，包括亚信科技创始人田溯宁、百度董事长兼CEO（首席执行官）李彦宏、中星微电子有限公司董事长邓中翰、空中网总裁杨宁、携程网及如家快捷酒店创始人沈南鹏、北京新东方教育集团创业元老徐小平等,他们都是引领企业走向成功的海归人士。

高科技创业项目、两三人的创业团队、几万美元的启动资金,这是大部分海归最初创业时的情形。不要说百度、搜狐这样的网络公司,就连UT斯达康通讯公司最初也只是两三个人。这些公司最终能够脱颖而出,主要得益于不断吸收风险投资基金,然后发展壮大起来。

以亚信科技、百度、中星微电子、携程、如家等为代表的一批留学人员回国创业企业给国内带回了大批风险投资。当时,几乎所有国际风险投资公司的领头人都是海归,包括IDG资深合伙人熊晓鸽、鼎晖国际创投基金董事长吴尚志、赛富亚洲投资基金首席合伙人阎焱、红杉基金中国合伙人沈南鹏、金沙江创业投资董事总经理丁健、北极光创投基金创始合伙人邓锋、启明创投创始人邝子平等。

IDG资本是中国最早的风险投资基金。当时,中国相关立法还没有完善,中国对于风险投资的概念是非常懵懂的,市场也没有完全开化,而熊晓鸽在这种环境下成立了IDG资本。

除了海归背景外,对赌条款也是第一代风险投资人的一个特点。当然,不是所有的风险投资都要求签订对赌条款,但是他们普遍重视对创业者的约束。后来很多投资人与创始人争夺公司控制权的故事几乎都是第一代风险投资人。

第一代风险投资人非常重视创业者自身的抗压能力和付出,相比之下,后来的风险投资人逐渐侧重服务、维护创业者的利益。

例如,熊晓鸽说:"我的工作就是做投资,只琢磨3件事:一是市场,二是产品,三是管理团队。实际上,最根本的就是琢磨人。琢磨一个项目进入的时机,还要观察项目的团队对资本的复杂态度。"

王功权也表达了类似的观点:"一个值得投资的项目必须具备5个条件:第一,一定是一个庞大的市场,具备市场潜力;第二,启动的时间要合适,即对投资时机的把握和判断;第三,一个强有力的团队,强的团队在面对方向有误的时候,也能够迅速调整过来,而且克服困难和承受压力的能力也更强;第四,项目具备创新的商业模式;第五,一个合适的投价格。"

如果你遇到了第一代风险投资人,那么你应当拿出全部身家,付出最大的精力去创业,否则他们是不会把钱投给你的。

1.1.2 第二代投资人:本土风险投资崛起

在2005年之前,海外风险投资机构几乎垄断了中国知名的互联网巨头公司。进入到2005年前后,中国本土风险投资机构开始崛起,与海外风险投资机构共同对资本市场发挥作用,本土风险投资人的顽强生命力因此显示出来。

第二代风险投资人的构成主要来自投资银行、风险投资人以及第一代风险投资人投资后成功的创业者。经纬创投创始合伙人张颖和邵亦波、今日资本CEO徐新、纪源资本合伙人李宏玮、红杉资本中国基金创始合伙人沈南鹏等都是第二代风险投资人,其中,沈南鹏、邵亦波等是第一代风险投资人投资后成功的创业者转投资人。

在这一阶段,中国的风险投资表现出来更年轻、更接地气的特点,对控制权的要求也开始放松。他们开始放下身段,与创业者一起解决创业过程中遇到的难题。

关于善待创业者,张颖这样说,投资界的机构要更加专注、专业,更加为创始人思考,因为他们拿钱更容易了,为什么拿你的钱,所以你不要折腾他们,要更多地对他们好。所以竞争越来越残酷,我们要做好自己,善待创业者才能继续有饭吃。但是大多数的基金做不到这一点,因为他们认为他们代表钱,代表甲方,他们就应该高高在上。

同时,与海归创业相比,这一阶段的中国创业者也有了自己的创业模式,第一代风险投资人也开始在新的创业模式上投资。尽管本土风险投资人依然没有赶上BAT(百度、阿里巴巴、腾讯)三大互联网巨头,但他们开始积极寻找下一个BAT机会。高德、豆瓣、唯品会、口袋购物、三只松鼠等中国特色的企业都是由第二代风险投资人投出来的。

创业者应当如何做才能获得第二代风险投资人的青睐呢？成功打造了携程、如家两家上市公司随后又创建了红杉资本中国基金的沈南鹏是非常有发言权的。他既有成功的创业经验，也是"全球最佳创投人"榜单中排名最高的华人投资人。在不断发掘最新的商业模式，嫁接资本与创业者的过程中，沈南鹏总结了4点建议，如图1-1所示。

制定战略

重视产品和用户体验

培养人才

重视财务部门

图1-1 沈南鹏对创业者的建议

1.制定战略

沈南鹏首先强调了制定战略对创业的重要意义。沈南鹏说："互联网行业在今天和在1999年的时候有着根本性的差别。如今，BAT、京东及小米等大公司已经覆盖了相当部分的市场机会。但我们不要去抱怨，这不是垄断，是商业发展中每个行业都必然经历的过程。传统行业不也是一样吗？现在去做矿泉水、做品牌家电的生意，成功率也是很小的，这不是决心大小、资金多少的问题，而是在现有格局下，机会确实少了些。但互联网行业新产品新商业模式还有机会吗？肯定有。"

2012年的时候，大家都以为中国互联网新闻格局已基本定型，结果，2012年3月，张一鸣创建的今日头条依然在近几年做得风生水起。当时，红杉资本中国基金去了解今日头条的时候，首先分析了市场形势，对比了各种竞品。当他们看到很多大公司都在做类似的资讯推荐引擎产品时，决定不投今日头条的A轮融资。后来，红杉资本中国基金意识到了今日头条的技术优势，于是领投了后面的一亿元美元C轮融资。

在战略方面，沈南鹏给创业者的建议是："作为CEO，你要在创业第一天就做好心理准备和技术储备。要想到，如果巨头进入这行业，你会如何应对。这里有战略的选择问题。2008年，京东面对的是市场上已经有发展巨大的电商平台，刘强东选择了自营电商的道路。那时候还没有一家公司，包括线下零售商，能够真正在供应链、仓储和配送这几件事上都做好，但事实证明他这个与众不同的战略选择是正确的。"

真格基金创始人徐小平与沈南鹏的观点一致："对一般的公司来说，战略就是公司的方向，就是你下一步要朝哪个地方走，战略定好了，才能制定你的目标，要做多少，里程碑在哪里。有一些创业者最初做的东西不行，然后支撑再支撑，坚持再坚持。什么时候该放弃，什么时候该坚持，这个很难抉择，但这个就是CEO的那一点点的睿智。"

2.重视产品和用户体验

沈南鹏表示，创业者不一定是技术或者编程高手，但这不妨碍你重视产品和用户体验。例如，京东通过自建物流保证了在最准确的时间段里配送，在上百个城市都达到24小时内送货的标准。2014年6月16日，恰逢京东6·18店庆，又是京东上市之年，刘强东亲自送快递，其象征意义在于传递京东重视产品和用户体验的服务理念。

沈南鹏强调："CEO肯定也是产品经理。团队负责执行，但CEO应该深度介入并参与，帮助团队打磨产品。"

3.培养人才

大多数创业者都知道扩张公司业务的重要性，但是很容易忽视吸收人才，壮大创业团队的重要性。假如公司处在发展的重要转折期，但是创业团队保持不变，发展速度很容易受到限制。

另外，培养人才比空降高管更有优势。沈南鹏表示："成长型公司天天都像打仗，战况瞬息万变，突然来了一位大公司的高管，他能很快适应吗？不一定。我倾向于找年轻人培养，他们可能没那么多经验，不一定非得是顶级MBA或投行或咨询出身，但要有想法和好的商业感觉，与团队的核心创新理念吻合,再让他们和公司一起成长。"

那么,如何培养人才呢?最好的方法就是实战。创业者一旦发现有潜力的年轻人,可以让他们跟随自己,在处理创业难题的过程中学习成长。比起让他们在公司里从事程序化的工作,实战的进步是非常迅速的。如果创业多年后,你发现自己的公司核心团队依然是最早进来的创业合伙人,没有新面孔进来,那么你的团队可能存在一些问题。

4.重视财务部门

无论在哪一阶段,公司的财务管理都是重中之重。如果不进行财务控制,可能产品还没有出来,钱已经烧光了。很多初创企业都是因为缺乏资金管理意识,无节制地烧钱,最终造成现金流中断而失败的。财务人员的管理保证了公司有持续稳定的现金流,有助于公司长远发展。

在美国500强企业里,不乏CFO(首席财务官)接替CEO位置的案例。CFO应当与CEO一起监督公司的业务健康状况,协助CEO制定未来的发展战略。

沈南鹏认为,创业者应当至少要关注两个数字:"第一个是毛利率,决定了一家公司有没有真正的议价能力或者定价实力,这是CEO需要关注和保持敏感的一个数字。第二个数字是单位经济,如互联网在线旅行商一个客户的综合收益是多少?首先你要获取客户,这个需要成本;其次有转化率和流失率;再接着,服务客户时运营需要成本,应该具体分析到每一个环节。考虑能不能降低收购成本,做好用户体验,提高转化率,用技术手段减少运营成本等,每个环节都需要量化。"

创业不是一件容易的事情,你需要制定战略、重视产品和用户体验、培养人才、重视财务部门。做到这几点,你才算是满足了沈南鹏对创业者的基本要求,拿到其风险投资的可能性也就提高了一些。

1.1.3 第三代投资人：新型风险投资人的移动时代

2008年，中国经济不是特别景气，资本市场也不再火热。但也是从这一年起，中国移动互联网开始起飞，移动互联网的浪潮来到中国。在移动互联网浪潮中，以新型风险投资人抽为主的第三代风险投资人是最大助力者，发挥了带头作用。

其中，李开复创办的创新工场、徐小平创建的真格基金以及，阿里系创业者沈振打造的米仓资本都强调服务于创业者。第三代新型风险投资人有3个标签，如图1-2所示。

拥抱移动互联网　　服务创业者　　侧重早期投资

一　　二　　三

图1-2　第三代新型风险投资人的三个标签

第三代风险投资人的人员构成是多元的，众多科技巨头企业的创始人、高管纷纷下海，投身于移动互联网时代的投资。其中，原谷歌高管李开复创建创新工场是典型代表。

第三代风险投资人以新锐的视角推动了中国移动互联网的创业热潮。例如，贝塔斯曼亚洲投资基金自2010年以来的5年内已经在中国大陆投资了超过几十家企业，其中易车网、凤凰新媒体和正保远程教育已经在美国纽约证券交易所上市。豆瓣、蘑菇街、春雨天下等创业项目也取得了不小的成绩，市场份额增长迅速。

在移动互联网创业浪潮和第三代风险投资人的支持下，创业不再是少数人的权利，很多有创意肯吃苦的创业者有了实现梦想的机会。聚美优品、知乎、豌豆荚等明星创业公司都是在第三代风险投资人的支持下诞生的。

与之前的两代风险投资人相比，第三代风险投资人与创业者的关系更加平等，把服务于创业者的理念发挥得淋漓尽致。一些风险投资人不仅为创业者提供资金支持，还在思想上支持、鼓励创业者。

例如，徐小平说："创业者最坏的结局是回到他原点的最高处，成为职场上的炙手可热的人。有什么不好呢？拿着我的钱试了一把，证明了自己，再重新出发，这是这个时代最伟大的一次社会试验，这个试验每天都在诞生着。传统意义上的成功者，就是拿到更多的钱，碰到更多的人，有了利润，但是每天也在解放着无数的传统意义上的失败者。传统意义上的失败，就是那种碌碌无为，不敢冒险，然后一辈子在幻想中，虚度青春的那种人。人的一生应该怎么度过呢？不应该在白日梦中，看着别人的成功临渊羡鱼。人的成功应该是一步一步走向自己梦想的彼岸，中间你会呛水。"

内塔斯曼亚洲投资基金创始及管理合伙人龙宇说："在年轻的时候一定要把自己放在地狱里，之后你才会知道有多幸福。如果在年轻的时候没有经历过那种彻夜不眠、连续加班把自己推到极限的日子，之后会很难有极致的快乐。"

第三代风险投资人青睐于什么样的创业项目呢？第三代投资人的代表李开复认为，一个优秀的创业项目应当把握两大要素：一个是趋势；一个是人。

趋势也就是风口，创业者应当把握移动互联网的风口。例如，蜻蜓FM把传统的广播转化到移动平台上，形成了新的价值，拿到了创新工场的200万美元A轮融资，后续轮次的融资也非常顺利。

奇葩说、十万个冷笑话、糗事百科、暴走漫画等也都把握了内容创业的风口，做"90"后、"00"后喜欢的内容，取得了不俗的成绩。

人，主要是指创始人。项目创始人应当有作为CEO的魄力与执行力，有创建企业价值观文化的能力，有组织创业团队的能力，有凝聚力和向心力等。创始人的能力如果比较强大，那么被投资人看中的可能性就非常高。

1.1.4 第四代投资人：天使时代来临

自2014年开始，第四代风险投资人出现，并延续至今。第四代风险投资人分为两种，第一种是老牌风险投资机构的投资人出来单干成立新的风险投资基金。这些基金的特点是规模小，募集金额为几亿元人民币或几亿美金；创始人、合伙人的投资经验丰富，有的长达10年以上；团队成员少，一般不会超过10个。愉悦资本的戴汨、源码资本的曹毅、长石资本的汪恭斌、蓝湖资本的胡磊等都是这一类的风险投资人。

第二种是创业者功成名就以后转行做投资。最近两年，从阿里巴巴、腾讯等巨头企业出来的创始合伙人、高管等都开始做投资，而且生命力强大。例如，前腾讯电商事业群总裁吴霄光创建微光资本、阿里巴巴早期团队成员沈振创办米仓资本等都是此类投资人的代表。

在移动互联网的颠覆潮流中，风险投资界已经先行自我革命。新一代风险投资人有以下4种发展趋势，如图1-3所示。

一	建立了GP与LP动态角色体系
二	投资细分化、早期化
三	创业者与投资人共同掌握创投领域的话语权
四	早期项目量化处理和智能化筛选

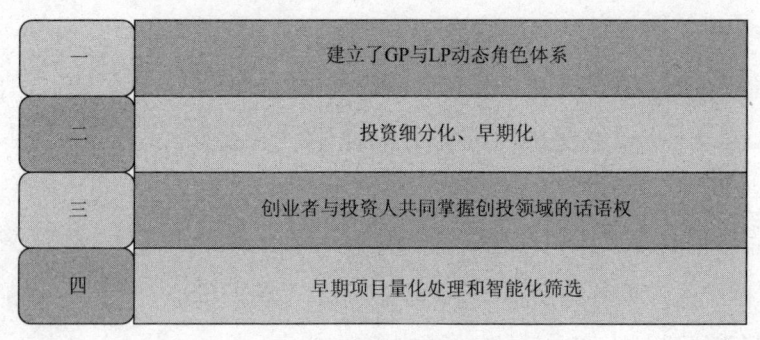

图1-3　新一代风险投资人的发展趋势

1.建立了GP与LP动态角色体系

在动态角色体系下，一般合伙人（GP）与有限合伙人（LP）的角色不是固定的，可以根据需求进行转换。一些投资人甚至脱离机构作为一般合伙人独立参与投资，而投资机构也可以根据不同的项目选择担任一般合伙人还是有限合伙人。

2. 投资细分化、早期化

分析新近成立的一批风险投资机构，不难发现几个趋同的特点：一是投资项目有细分化特点；二是投资项目倾向于早期项目或者更早。

首先是细分化特点。险峰华兴资本是一家有电商创业和社交创业背景的早期天使投资机构，因此专注于投资电商和社交类的早期创业项目。其中，单单是电商早期创业项目就占华兴险峰投资事件的40%，包括大宗商品电商项目"化时代"、家居建材电商项目"千家万纺"等。

再如，套利基金奇点基金，由于奇点基金具有研发背景和移动互联网背景，因此专注于移动互联网+智能硬件领域的早中期项目投资。奇点基金投资的项目包括宠物智能硬件"赛果科技"、基于分布式智能翻译技术的"译马网"项目以及基于智能基因检测技术的"二十三魔方"项目。这些都是在各自细分领域处于领跑位置的项目。

对于细分行业领域的创业者来说，险峰华兴、奇点基金这样专注于细分领域项目的风险投资机构更受其欢迎。随着越来越多有创业背景的人出来转行为风险投资人，专门投教育、旅游、医疗等领域项目的风险投资人都有可能出现。

其次是早期化特点。在新一代风险投资人兴起之前，早期项目很难拿到风险投资。大多数风险投资人热衷于B轮、C轮以及D轮。而当前阶段，早期项目受到投资人追捧，后续跟进变得比较困难。

关于未来的变局，沈振认为："未来的创业服务领域，首先是有一批熟悉创业的天使投资人，他们捕捉任何一个细微的火花，进行创业早期投资；其次是米仓资本这样的中早期投资者，用充沛的资金和完备的服务体系帮助创业者快速成长；之后要么是传统产业、私募股权投资、投资或收购，利用已有的产业链资源整合创新，要么是顶级风险投资人接盘，助力创业企业直至IPO。"

3. 创业者与投资人共同掌握创投领域的话语权

风险投资人对创业者的帮助不仅体现在资金方面，还普遍存在于社交、行业经验等广泛领域。因此，投资人在短期内掌握着创投领域的话语权。这种现象在很大程度上局限了创业者的视野范围，由此引来了无数创业者追逐资本浪潮。

从长远来看，创业者与投资人应当共同掌握创投领域的话语权。因为资本方本身就带有创业成分，而创业者后期也有转型为投资人的机会。

4.早期项目量化处理和智能化筛选

当创业热潮成为一种常态，各行各业随时都会诞生海量的初创项目。而风险投资人不仅要及时跟进投资项目的变化，还需要及时联系新项目。在这种情况下，投资人人为地寻找、筛选、跟进项目的模式已经不能满足需求。因此，早期项目量化处理和智能筛选成为风险投资模式的发展趋势。

量化处理和智能筛选不仅提高了项目海选效率，也降低了风险投资机构的运营成本和经营风险。业内人士透露，已有风险投资机构在研发量化系统。

对创业者来说，无论风险投资人的投资风格如何变化，只要你的创业项目足够靠谱，投资人能够看到未来回报，拿到风险投资就不是问题。

1.2 寻找私募股权投资

私募股权投资（Private Equity，PE）是指对具有高成长性的非上市企业进行的股权投资，是创业公司股权融资的主要方式之一。私募股权投资是一种权益性投资，在交易过程中附带考虑了将来的退出机制，即通过上市、并购或管理层回购等方式退出变现。

1.2.1 一个标准：成长性是投资的核心标准

私募股权投资模式的投资逻辑如图1-4所示。

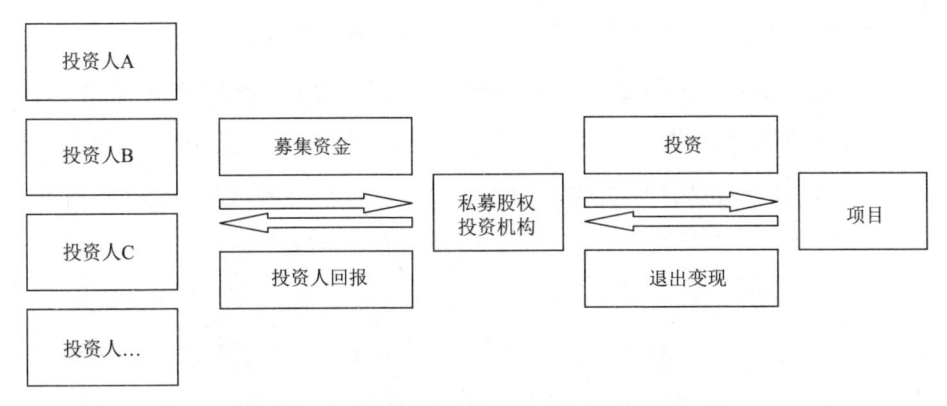

图1-4 私募股权投资模式的投资逻辑

私募股权投资的最终目的是通过推动被投企业上市而退出变现，这对项目的成长性提出较高要求。只有项目具备良好的持续成长性，上市的可能性才更高一些，投资才能成功。

2016年12月23日，媒体报道阿里巴巴集团旗下本地生活服务O2O平台口碑正在进行新一轮融资，融资额约为12亿美元，估值为80亿美元。包括美国银湖资本、中国主权财富基金、北京春华资本集团、鼎晖投资，以及阿里巴巴创始人马云支持的云峰基金等私募股权投资机构和基金都参与了口碑此轮融资。

近年来，利用互联网订购外卖的用户越来越多，预约美容护理和寻找家政保洁等本地生活服务也吸引了大量消费。本地生活服务O2O市场已经成为包括阿里巴巴、百度、腾讯在内的中国互联网公司的必争之地，具有非常大的成长空间。

业内人士预计，2017年的O2O市场价值将会达到7.28万亿元，O2O服务用户可能增长至4亿人。

对于创业项目来说，看自身的成长性高低关键在于寻找持续增长的核心能力。核心能力表现在企业经营的多个方面，包括管理、文化、品牌、技术等。

不同的企业类型有不同的成长关键点。对于技术型企业来说，持续的技术创新能力、研发人员和技术创新体系是判断其成长性的关键。对于运营型企业来说，一支完整的、执行力强大的创业团队是成长关键。

但无论是哪一种类型的企业，成长性最终都会表现在财务指标上。所以，即便你拥有专利技术、各种名目的奖状、所在行业受到政府重视等优势，私募股权投资机构也很难因此被你打动。他们会通过核心能力和财务指标判断你的企业是否具有成长性，以做出准确决策。

一般情况下，私募股权投资机构会从4个方面衡量，以5个关键点综合判断企业的成长性。首先是衡量企业在未来可能具有的增长潜力。无论是互联网企业还是传统企业，私募股权投资机构主要从增长速度、增长质量、增长的内部驱动因素和外部环境4个方面衡量其成长性。

其次是综合判断企业的成长性。下面列举了私募股权投资机构特别关注创业项目的5个关键点。

第一是市场容量。业内人士称这一关键要素为"离天花板的距离"。对于主营业务集中于某个细分行业的企业，私募股权投资机构首先会看这个细分行业的市场规模、行业竞争情况。细分行业的市场规模是企业理论上的成长潜力的最大值。此外，国家产业政策对企业的发展空间也有一定影响。

第二是创业团队。企业的创业团队背景，创始人的管理能力和社交能力以及团队职能布局等都是私募股权投资机构关注的信息。

第三是技术能力。这里所说的技术能力不只包括企业研究开发产品的能力，还包括技术商品化的能力，也就是生产能力和市场营销能力。

第四是发展历史。解读一个企业的发展历史可以看出企业的业务模式是否成熟、对市场变化的应变是否足够迅速、治理结构是否科学合理、学习能力是否良好等。大多数创业者忽视了企业的发展历史对未来的影响，而私募股权投资机构常常用历史眼光审视企业。

第五是企业的生命周期。创业者可以问自己以下几个问题：产品或者服务是否处于快速迭代的行业？是否面临被新技术和新模式颠覆的压力？所处行业是新兴产业还是传统行业？如果是新兴产业，产业规模是否已经足够大？如果是传统行业，是否有新的增长点？这些都是私募股权投资机构判断企业生命周期时关注的几个方面，创业者可以据此做出应对措施。

1.2.2 二元维度：事为先，人为重

投资人做投资主要会看两个方面：一是项目；二是做项目的创始人和团队。一些风险投资人的观点是人是创造一切伟大企业的起源，任何行业中的企业都有好坏之分，因此人是决定企业成败的关键。这些投资人做投资时首先看的就是创始人和团队。私募股权投资人的观点与之不同，从事私募股权投资的投资人更看重行业的先天优劣作用。他们认为，做投资首先要看行业和项目优劣，在此基础上创始人和团队才能发挥作用。

由于私募股权投资投资的是中后期的成长性企业，他们试图通过上市获得超额回报，此时创始人和团队发挥的作用远远不及项目本身优劣对后期发展的影响大，因此，私募股权投资形成了"事为先，人为重"的思考维度。

收到创业项目的基础资料后，私募股权投资人会根据机构的投资风格和投资方向要求对创业项目进行初步筛选，从海量创业项目中选出目标项目。常见的项目初步筛选标准如表1-1所示。

表1-1 项目的初步筛选标准

标准	内容
融资规模	投资项目的最小和最大融资额
所属行业	是否属于私募股权机构从事的投资领域；机构对该领域是否熟悉，是否有该行业的专业人才
发展阶段	判断项目处于种子期、创业期、扩张期还是成熟期
产品	是否具有良好的创新性、可靠性、扩展性、维护性；是否拥有核心技术及核心竞争力；是否具备成为行业领先者的潜力
创业团队	创业团队组织构成是否合理；有无敏锐的行业洞察力；是否洞悉了市场前景；是否懂得如何开拓市场
市场区域	是否在私募股权投资机构附近城市，是否是一线大城市

对于通过初步筛选的创业项目，私募股权投资人会进行进一步调查研

究，对项目进行全方位认证和评估。私募股权投资机构对项目的评估标准如表1-2所示。

表1-2 项目的评估标准

项目	评估标准
商业计划书	行业特征：目标市场是否具有持续成长潜力？ 产品或服务开发：技术是否先进、可行、操作简单？市场需求是否足够大？ 经营目标与前景预测：根据企业历史和当前的经营业绩预测未来经营情况。 创业团队能力评估：团队的组织结构与职责安排是否合理？创始人及核心成员的创业经验、职业道德和专业能力如何？ 财务预测：判断项目未来3年内的资金需求、运用与流动状态 风险管控：识别和评价项目经营过程中的各种风险与不确定性。 投资收益评估：对融资规模、资金的期限结构、资金投入方式以及预期回报方式和回报程度等做出评价
技术	技术因素：产品技术的历史情况、当前水平、未来发展趋势；产品技术的理论依据以及在实际生产中的可行性；产品技术的专利、许可证、商标等无形资产状况；产品技术在行业中的地位；产品技术相关政策。 经济因素：项目是否符合成本最低、利润最大的特点？ 社会因素：国家科技政策和国家发展规划目标是否对项目形成利好？是否有利于改善和提高人们的生活水平
市场	市场容量：市场容量是否足够大？ 市场份额：项目占有的目标市场份额及相关市场份额。 目标市场：目标客户定位是否精准？目标市场规模是否足够大？ 竞争对手：竞争对手有哪些？是否存在与行业巨头竞争的情况？当前使用了哪些应对竞争的手段？是否存在替代产品？ 市场进入障碍：是否存在规模经济的可能性？是否有专利权？是否需政府审批
创业团队	创始人素质：是否有创业经验？是否有领导和管理能力？是否具有人格魅力？是否懂社交、擅长合作？是否懂得财务管理？ 团队成员：是否组织合理，有擅长各个部门的成员？年龄是否在35～50岁之间，既有丰富的经验，又有积极活跃的思想，有学习能力
退出方式及产业价值	退出方式：有无退出依据？上市退出的可能性大小？ 产业价值：量化研究产业价值、战略前景、产业化途径等

私募股权投资人利用以上评估标准对项目做出判断后，基本上就做出了是否要投资的决定。投资人通常会组织与创业者面谈，询问有关问题，核实商业计划书中所描述的创业项目的主要事项。如果私募股权投资人向你发出要约，说明你的项目已经被他们看中。后续接洽过程中，若双方对投资人参与企业管理和监控、投资方式和退出途径等达成一致，那么此次私募股权投资基本上就没有什么问题了。

1.2.3 3种模式：信托制、公司制、有限合伙制

私募股权投资基金有3种模式，分别为信托制、公司制、有限合伙制。

1. 信托制私募股权基金

信托制私募股基金由基金持有人出资设立，基金管理人以自己的名义为基金持有人的利益行使基金财产权，并承担受托人责任。信托制与有限合伙制类似，享有免税地位，但资金需要一次性到位，使用效率低。另外，信托制涉及信托中间机构，一定程度上增加了基金的运作成本。

例如，中信信托有限责任公司发起设立的第一只信托私募股权投资计划"中信锦绣一号股权投资基金信托计划"主要投资于中国境内金融、制造业等领域的股权投资、IPO配售和公众公司的定向增发项目。

该基金信托项目成立时间为2007年4月30日，募集资金为10.03亿元。该信托计划的合同为14份，其中与机构投资者签订的合同7份，与自然人签订的合同7份。同时，该信托计划对受益人进行了"优先—次级"的结构分层，其中优先受益权9.53亿元，次级受益权0.5亿元，次级受益权由中信信托有限责任公司认购。这种对受益人分层设计降低了投资人对于风险的担忧，从而使该信托计划顺利发行。

由于信托制通过信托公司进行资金募集，因此受到了严厉监管，从一定层面上确保了资金的安全性。但不足之处是，以信托资金持股的公司在上市时面临代持以及管理持股等问题，所以很多信托制股权投资基金都在公司成功上市之前就进行了股权转让。这使得信托制私募股权投资基金通

过上市收益受到限制。

2. 公司制私募股权投资基金

公司制私募股权投资基金是一种法人型基金，通过注册成立有限责任制或股份制公司对外投资。参与基金投资的投资人依法享有《中华人民共和国公司法》规定的股东权利，并以其出资为限对公司债务承担有限责任。在这种模式下，股东既是出资人，也是投资的最终决策人，全部股东根据出资比例分配投票权。而基金管理人有两种存在方式：一种是以公司常设的董事身份作为公司高级管理人员直接参与公司投资管理；另一种是以外部管理公司的身份接受基金委托进行投资管理。

公司制基金需要缴纳企业所得税，投资人需要缴纳个人所得税，所以涉及双重税收。基金公司的股份可以上市，所得投资收益可以留存继续投资。在中国目前的商业环境下，公司型基金是最容易被投资人接受的投资方式。

国内上市的首家创业投资公司鲁信创投就是采取公司制基金模式的案例。其中，山东省鲁信投资控股集团有限公司为鲁信创投的最大股东，持有73.03%的股权。鲁信创投直接或通过子公司间接投资于先进制造、现代农业、海洋经济、信息技术、节能环保、新能源、新材料、生物技术、高端装备制造等产业。新北洋、圣阳股份等是其典型的成功投资案例。

3. 合伙制私募股权投资基金

合伙制私募股权基金大多采用有限合伙的形式，不采用普通合伙企业的形式。按照《中华人民共和国合伙企业法》的规定，有限合伙企业应当由2个以上50个以下合伙人设立，由至少一个普通合伙人(GP)和有限合伙人(LP)组成。同时，普通合伙人可以劳务出资，而有限合伙人则不得以劳务出资。

有限合伙制基金的投资人作为企业合伙人，依法享有合伙企业财产权。其中的普通合伙人代表基金对外行使民事权利，并对合伙公司承担无限连带责任。其他有限合伙人以其认缴的出资额为限对合伙公司承担连带责任。

从国际范围上看，基金管理人接受普通合伙人的委托对基金投资进行管理，而且基金管理人与普通合伙人具有关联关系。从国内实践来看，一般都是普通合伙人担任基金管理人。

一般情况下，有限合伙企业的普通合伙人为私募股权投资公司，认缴基金的一小部分。其他有限合伙人认缴基金出资的绝大部分。普通合伙人负责基金的投资、运营和管理，每年抽取一定的基金总额作为基金管理费；有限合伙人不负责公司管理，只是分享合伙收益，同时享有知情权、咨询权等。

采取有限合伙制有两个优势：第一，保证了财产的独立性，各合伙人之间权责分明，激励效果较好；第二，仅对合伙人进行征税，避免了双重征税问题。

采取有限合伙制也有两个缺点：第一，有限合伙是一个新兴概念，有限合伙人有可能参与普通合伙人的工作，给基金管理人进行投资决策带来一定困扰，无法充分体现有限合伙制度的优越性；第二，普通合伙人承担无限责任加大了自然人担任普通合伙人的风险，在资本市场不够发达的情况下，国内只有部分早期股权投资基金、天使投资基金是由自然人担任普通合伙人的，而股权私募投资基金基本都是由专业投资机构担任普通合伙人的。

在3种模式的基础上，国内也出现了"公司+有限合伙""公司+信托"的组合模式。"公司+有限合伙"模式中，基金管理人为公司，基金为有限合伙制企业。这种模式是当前使用最普遍的私募股权投资基金的操作方式。

"公司+信托"的组合模式结合了公司制和信托制两种模式的特点，即由公司管理基金，通过信托计划吸收投资人的资金。这种模式也逐渐受到创投圈的欢迎。

1.3 IPO上市融资

企业将全部资本等额划分，表现为股票形式，经中国证监会批准可以上市发行，在股票市场流通，由投资人直接购买，这种融资方式就是上市（IPO）。企业通过上市可以在短时间内筹集到巨额资金。

1.3.1 上市前的准备

企业上市是一项繁杂的系统工程，涉及很多环节。对创业公司来说，要想达到上市要求，至少需要1年的时间。首先，我们看国内主板、中小企业板和创业板上市对企业各方面的要求。表1-3和表1-4为深圳证券交易所披露的主板（中小企业版）和创业板上市条件。

表1-3 主板（中小企业板）上市条件一览表

主体资格	合法存续的股份有限公司； 自股份公司成立后，持续经营时间在3年以上，但经国务院批准的除外； 最近3年内主营业务和董事、高级管理人员没有发生重大变化，实际控制人没有发生变更
独立性	具有完整的业务体系和直接面向市场独立经营的能力； 五独立：资产完整、人员独立、财务独立、机构独立、业务独立； 发行人的业务独立于控制股东、实际控制人及其控制的其他企业，与控股股东、实际控制人及其控制的其他企业间不得有同业竞争或者显失公平的关联交易

续表

规范运作	依法建立健全股东大会、董事会、监事会、独立董事、董事会秘书制度； 内部控制制度健全且被有效执行； 发行人最近36个月内无重大违法违规行为，或严重损害投资者合法权益和社会公共利益的其他情形； 公司章程明确对外担保的审批权限和审议程序，不存在为控股股东、实际控制人及其控制的其他企业进行违规担保的情形； 有严格的资金管理制度，不得有资金被控股股东、实际控制人及其控制的其他企业以借款、代偿债务、代垫款项或者其他方式占用的情形
财务与会计	最近3个会计年度净利润均为正数且净利润累计>3000万元，净利润以扣除非经常性损益前后较低者为计算依据； 最近3个会计年度经营活动产生的现金流量净额累计>5000万元，或最近3个会计年度营业收入累计>3亿元； 发行前股本≥3000万股； 最近一期期末无形资产占净资产的比例≤20%； 最近一期期末不存在未弥补亏损； 内部控制在所有重大方面有效，会计基础工作规范，财务会计报告无虚假记载； 不存在影响发行人持续盈利能力的情形
募集资金运用	募集资金应当有明确的使用方向，原则上应当用于主营业务； 募集资金数额或投资项目应与发行人现有生产经营规模、财务状况、技术水平和管理能力等相适应； 募集资金投资项目应当符合国家产业政策、投资管理、环境保护、土地管理以及其他法律、法规和规章的规定； 募集资金投资项目实施后，不会产生同业竞争或者对发行人独立性产生不利影响； 发行人应当建立募集资金专项存储制度，募集资金应当存放于董事会决定的专项账户
股本及公开发行比例	发行后总股本<4亿股，公开发行比例须≥25%； 发行后总股本>4亿股，公开发行比例须≥10%； 注：如公司存在H股流通股，则公开发行比例以H股、A股流通股合计值为计算依据
股东承诺	控股股东和实际控制人应当承诺：自发行人股票上市之日起36个月内，不转让或者委托他人管理其直接或者间接持有的发行人公开发行前已发行的股份，也不由发行人回购其直接或者间接持有的发行人公开发行前已发行的股份

表1-4 创业板上市条件一览表

主体资格	依法设立且持续经营3年以上的股份有限公司。有限责任公司按原账面净资产值折股整体变更为股份有限公司的，持续经营时间可以从有限责任公司成立之日起计算； 发行人应当主要经营一种业务，生产经营活动符合法律、行政法规和公司章程的规定，符合产业政策及环保政策； 发行人最近两年内主营业务和董事、高级管理人员均没有发生重大变化，实际控制人没有发生变更
规范运作	股权清晰，控股股东和受控股股东、实际控制人支配的股东所持发行人的股份不存在重大权属纠纷； 依法建立健全股东大会、董事会、监事会以及独立董事、董事会秘书、审计委员会制度、股东投票计票制度； 内部控制制度健全； 发行人及其控股股东、实际控制人最近3年内不存在损害投资者合法权益和社会公共利益的重大违法行为
财务与会计	最近两年连续盈利，最近两年净利润累计不少于1000万元；或者最近一年盈利，最近一年营业收入不少于5000万元。净利润以扣除非经常性损益前后孰低者为计算依据； 最近一期期末净资产不少于2000万元，且不存在未弥补亏损； 发行后股本总额不少于3000万元； 会计基础工作规范，内部控制制度健全有效，财务会计报告无虚假记载
信息披露	分析并完整披露对其持续盈利能力产生重大不利影响的所有因素； 披露已达到发行监管对公司独立性的基本要求； 凡是对投资者做出投资决策有重大影响的信息，均应当予以披露

为了达到上市条件，企业需要在上市前做一系列准备，包括选择中介机构、做上市规划、改制重组、接受上市辅导等。

第一，选择中介机构。企业确定了上市方针之后，需要做的就是委托合适的上市保荐人、律师事务所、会计师事务所、资产评估事务所等中介机构共同完成上市前的准备工作。

选择上市保荐人的标准有4个：一看保荐人是否有从事证券业务的资格；二看保荐人是否与其他知名中介机构有良好的合作记录；三看保荐人是否拥有自己的发行渠道和分销网络；四看收取的费用是否合理。

选择其他中介机构的标准有5个：一看社会信誉是否良好；二看中介

机构的从业人员是否拥有丰富的工作经验，熟悉上市业务的相关规定；三看中介机构的规模是否足够大、是否正规；四看中介机构是否熟悉拟上市企业所属的行业业务；五看中介机构的成功案例及成功率。

第二，做上市规划。各中介机构到位后应当对拟上市公司进行详细的尽职调查。尽职调查的内容主要有公司成立、组织和人事等基本信息；公司业务和产品状况；公司的经营现状以及可持续发展状况；公司的财务状况；公司的资产状况；公司的重要合同、知识产权、诉讼状况；公司的纳税、社保、环保、安全状况等。

完成尽职调查后，公司以及各中介机构会根据尽职调查的结果做上市规划。上市规划主要是对拟上市公司的现状进行分析、制定公司改制重组的目标、讨论公司上市操作的相关事宜等。

第三，改制重组。由于多种原因，企业上市前多数以有限责任公司的形式存在，因此需要进行股份制改造。具体改制的步骤包括增资扩股、进行评估和审计、召开董事会和股东会审议改制事宜、名称预先核准、申请变更、股份公司设立等。

第四，接受上市辅导。按照中国证监会的有关规定，拟上市公司在向中国证监会提出上市申请前，均须由具有主承销资格的证券公司进行辅导，辅导期限至少为3个月。一般情况下，由保荐人担当企业的辅导机构。

顺利通过辅导期后，企业才具备上市申报的资格。

1.3.2 上市申报

根据中国证监会发布的《公开发行证券的公司信息披露内容与格式准则第29号——首次公开发行股票并在创业板上市申请文件》，申请创业板上市需要提交的文件有招股说明书与发行公告、发行人关于本次发行的申请及授权文件、保荐人和证券服务机构文件、会计师关于本次发行的文件、发行人律师关于本次发行的文件、发行人的设立文件、关于本次发行募集资金运用的文件、与财务会计资料相关的其他文件等。

根据中国证监会发行监管部公布的《首次公开发行股票审核工作流程》，IPO发审工作分为十大流程，如表1-5所示。

表1-5　IPO发审工作流程

流程	内　　容
受理	中国证监会受理部门工作人员依法受理首发申请文件，并按程序转发行监管部。发行监管部综合处收到申请文件后将其分发审核一处、审核二处，同时送国家发改委征求意见
见面会	见面会旨在建立发行人与发行监管部的初步沟通机制。会上由发行人简要介绍企业基本情况，发行监管部部门负责人介绍发行审核的程序、标准、理念及纪律要求等
问核	问核机制旨在督促、提醒保荐机构及其保荐代表人做好尽职调查工作，参加人员包括问核项目的审核一处和审核二处的审核人员、两名签字保荐代表人和保荐机构的相关负责人
预先披露	审核一处、审核二处审核人员审阅文件后，撰写审核报告并提交反馈会讨论。主要讨论初步审核中关注的主要问题，确定需要发行人补充披露、解释说明以及中介机构进一步核查落实的问题
反馈会	反馈意见落实完毕、国家发改委意见等相关政府部门意见齐备、财务资料未过有效期的，将安排预先披露，并按受理顺序安排初审会
初审会	初审会由审核人员汇报发行人的基本情况、初步审核中发现的主要问题及其落实情况。根据初审会讨论情况，审核人员修改、完善初审报告
发审会	发审会制度是发行审核中的专家决策机制。目前发审委员共25人，分3个组。发审会以投票方式对首发申请进行表决，提出审核意见
封卷	发行人的首发申请通过发审会审核后，需要进行封卷工作，即将申请文件原件重新归类后存档备查。封卷工作在落实发审委意见后进行
会后事项	会后事项是指发行人首发申请通过发审会审核后，招股说明书刊登前发生的可能影响本次发行及对投资者做出投资决策有重大影响的应予披露的事项
核准发行	封卷并履行内部程序后，将进行核准批文的下发工作

如果中国证监会最终做出核准决定，意味着企业获得了上市资格。反之，申请上市失败，中国证监会将出具书面意见并说明不予核准的理由。上市申请不予核准的公司可以在接到中国证监会书面决定之日起两个月内提出复议申请。中国证监会收到复议申请后两个月内重新做出决定。

1.3.3 上市发行股票

拿到中国证监会核准上市的批文以后,企业就可以刊登招股说明书和上市公告书,在证券交易所的安排下挂牌然后上市交易。上市发行股票的流程如表1-6所示。

表1-6 上市发行股票的流程

时间	项目
T-7日	领取核准批文
T-6日	披露招股意向书
T-5至T-3日	线下初步询价
T-1日	披露发行公告
T日	网上网下定价发行
T+3至T+5日	募集资金到账办理股份登记申请上市
T至T+5日	上市委员会审核
L-1天	刊登上市公告书
L日	股票上市

注:T日为发行日,L日为股票上市日。一般情况下,L日介于T+6~T+10之间,全部发行、上市工作在3~4周内完成;发行人可以根据需要适当延长网下询价时间,但应于T-3日截止。

2016年12月24日前后,墨迹天气向中国证监会提交创业板招股说明书。招股说明书显示,墨迹天气拟公开发售不超过1000万股股票,不低于本次发行后总股本的25%,发行后总股本不超过4000万股。

根据该招股书显示,墨迹天气创始人兼CEO金犁为公司控股股东,持有公司34.627%的股份,通过员工持股平台间接控制公司2.567%的股份,合计控制公司37.194%的股份。险峰系(险峰创投、西藏险峰、险峰深圳)、阿里创投、创新系(北京创新、工场基金)、上海盛资为持股5%以上的股东。

在中国证监会于2016年12月23日公开披露的8家创业板公司中,墨迹天气是唯一一家移动互联网公司。可以预见，登陆创业板之后的墨迹天气必将获得飞速发展。

第2章
风险投资/私募股权投资为什么偏爱新三板市场

　　新三板也叫全国中小企业股份转让系统,是由国务院批准,依据证券法设立的全国性证券交易场所,也是第一家公司制证券交易所。2012年9月20日,新三板在国家工商总局注册,2013年1月16日正式揭牌运营,注册资本为30亿元,注册地在北京。截至2016年8月28日,新三板挂牌公司总共8887家。尽管新三板挂牌公司的融资能力低于上市企业,但是受到了众多风险投资人和私募股权投资机构的追捧。本章一起看新三板市场为何如此火爆。

2.1 三大融资渠道

根据挂牌企业的融资时间分类，新三板市场的融资方式主要有3种，包括挂牌前的定向发行、挂牌的同时发行股份和挂牌后的定向发行，投资对象主要为风险投资人和私募股权投资机构。

2.1.1 挂牌前的定向发行

挂牌新三板之前，由于公司有近期内实现新三板挂牌的利好，而且发行市盈率比挂牌后低一些，因此投资人参与投资的积极性更高。公司挂牌前的定向发行主要是指私募股权融资，不受新三板适当性管理制度的限制，一般为风险投资机构或者私募股权投资机构。

挂牌前的定向发行实质上就是增资扩股。其基本流程为投资人与公司原股东签订投资协议，然后由股东大会做出决议，同意新投资人入股。与此同时，双方会确定入股价格和占股比例。之后是投资人打款、修订公司章程，最后进行验资并办理工商登记手续。

挂牌新三板之前定向发行股票有3个优点：第一，投资人不受新三板适当性管理制度的限制，可以是任何具有股东资格的自然人、法人或其他组织，这种融资方式在很大程度上增加了新三板挂牌公司投资人的范围；第二，程序快捷方便，耗时短，有助于企业实现快速融资；第三，成本低，无须向中介机构支付承销费等费用。

对企业来说，挂牌前定向发行股票有一个重大缺陷，那就是市盈率低于挂牌新三板之后。拿到同样的融资金额，在挂牌之前融资将会付出更多的股份。

2016年2月18日，湖南微力量艺术教育传媒股份有限公司（以下简称

"微力量")正式登陆新三板,成为中国艺教第一股。

微力量成立于2011年6月,注册资本为1600万元,主要从事影视节目、艺术教育、互联网教育3个方面的经营。2015年3月,微力量完成了第一轮增资扩股,以每股4元的发行价格募集资金2200多万元。

完成首轮增资扩股后,微力量与深圳申万宏源证券、北京华兴会计师事务所、广州君言律师事务所达成公司改制、新三板挂牌辅导合作协议。2015年7月21日,微力量完成公司股份制改造,成立湖南微力量艺术教育传媒股份有限公司。

2015年9月,微力量启动新三板挂牌前的定向发行计划,融资2000万元。2015年10月,微力量设立全资的北京微力量影视文化传媒有限公司,致力于打造以文学湘军、艺术湘军、电视湘军、资本湘军为基础的资源、贸易、投资、交流平台。

如果新三板拟挂牌企业有紧急的资金需求,那么挂牌前的定向发行是最合适的。

2.1.2 挂牌的同时发行股份

《全国中小企业股份转让系统挂牌公司分层管理办法(试行)》第17条第8项规定:"申请挂牌同时发行股票是指申请挂牌公司在依法取得全国股转公司同意挂牌函后至正式挂牌前,按照全国股转公司有关规定向合格投资者发行股票的行为。"

《全国中小企业股份转让系统投资者适当性管理细则(试行)》第3~5条对合格投资者做出了详细规定。

第3条规定:"下列机构投资者可以申请参与挂牌公司股票公开转让:注册资本500万元人民币以上的法人机构;实缴出资总额500万元人民币以上的合伙企业。"

第4条规定:"集合信托计划、证券投资基金、银行理财产品、证券公司资产管理计划,以及由金融机构或者相关监管部门认可的其他机构管理的金融产品或资产，可以申请参与挂牌公司股票公开转让。"

第5条规定："同时符合下列条件的自然人投资者可以申请参与挂牌公司股票公开转让：投资者本人名下前一交易日日终证券类资产市值500万元人民币以上。证券类资产包括客户交易结算资金、在沪深交易所和全国股份转让系统挂牌的股票、基金、债券、券商集合理财产品等，信用证券账户资产除外；具有两年以上证券投资经验，或具有会计、金融、投资、财经等相关专业背景或培训经历。投资经验的起算时间点为投资者本人名下账户在全国股份转让系统、上海证券交易所或深圳证券交易所发生首笔股票交易之日。"

2015年8月17日，华江环保发布《西安华江环保科技股份有限公司关于公司挂牌同时发行的股票将在全国股份转让系统挂牌公开转让的公告》。公告称："本公司此次股票发行总额为6 000 000股，其中限售条件0股，无限售条件6 000 000股。无限售条件股份将于2015年8月18日在全国股份转让系统挂牌公开转让。"

华江环保此次融资就属于公司挂牌新三板的同时发行股份。根据公司内部人士透露，本次股票的发行价为每股16元，融资额达到9600万元。公司2014年的净利润为3603万元，每股收益为0.72元，对应市盈率约为22.22倍。此次融资后每股收益摊薄为0.64元，对应市盈率增长至25倍。

参与华江环保此次定向发行的投资者为11名自然人和12名法人，其中新增的自然人股东有8位，新增机构股东为12位。

新增的12位机构股东分别为国泰君安华安资产——中和新三板1号专项资产管理计划、北京星探联合投资管理有限公司、上海普翌投资管理中心（有限合伙）、北京基石创业投资基金（有限合伙）、红土创新-红石15号新三板资产管理计划、北京中海盈创投资管理中心（有限合伙）、西安信恒企业管理咨询合伙企业（有限合伙）、西安君研企业管理咨询合伙企业（有限合伙）、中信证券(600030)新三板增强分级1号集合资产管理计划、中信证券新三板增强1号集合资产管理计划、中信证券新三板增强2号集合资产管理计划、中信证券新三板增强3号集合资产管理计划。

此次定向发行之前,华江环保的股东数量为51人。定向发行之后,华江环保的股东数量达到71人。下面以华江环保为例来看挂牌新三板的同时发行股份的流程。

2015年4月30日,华江环保向全国中小企业股份转让系统报送的挂牌申请材料被受理并在网站上予以公开披露。

2015年5月21日,华江环保召开第一届董事会第十次会议。本次会议审议通过了多项议案,包括《关于公司发行方案的议案》、《关于与认购方签署附条件生效的〈定向发行股票认购协议书〉的议案》、《关于修改〈公司章程〉的议案》、《关于提请股东大会授权董事会全权办理公司挂牌同时定向发行股票相关事宜的议案》、《关于提请召开公司2015年第1次临时股东大会的议案》等。

2015年6月5日,华江环保召开2015年第一次临时股东大会。临时会议审议通过的议案包括《关于公司发行方案的议案》、《关于与认购方签署附条件生效的〈定向发行股票认购协议书〉的议案》、《关于提请股东大会授权董事会全权办理公司挂牌同时定向发行股票相关事宜的议案》、《关于修改〈公司章程〉的议案》等议。

2015年7月7日,瑞华会计师事务所出具《验资报告》。

2015年7月17日,华江环保收到了全国中小企业股份转让系统的挂牌同意函。

2015年8月17日,华江环保发布《关于公司股票将在全国股份转让系统挂牌公开转让的提示性公告》以及《关于公司挂牌同时发行的股票将在全国股份转让系统挂牌公开转让的公告》。

2015年8月18日,华江环保的股票在全国中小企业股份转让系统正式挂牌,证券简称:华江环保,证券代码:833147。

通过华江环保的案例可以发现,挂牌新三板的同时发行股份效率是非常高的。一般情况下,从申请到挂牌并发行股票的时间不超过6个月。

2.1.3 挂牌后的定向发行

企业挂牌新三板之后定向发行的行为非常常见，案例也比较多。挂牌后定向发行的流程为：董事会对定向发行方案做出决议；公司发布定向发行公告；15天后召开临时股东大会就发行方案做出决议；投资人认购、缴款，会计师事务所验资并出具验资报告；主办券商发布《股票发行情况报告书》，律师事务所出具法律意见。

在新三板挂牌公司的定向发行融资方式中，上市公司是主要投资人之一，通常通过这种方式实现对挂牌企业的并购。

截至2016年11月18日，上市公司并购新三板挂牌公司的案例多达344例，涉及252家上市公司与281家新三板挂牌公司。其中，参与挂牌公司定向发行最积极的上市公司包括华谊兄弟、华邦健康、兖州煤业、海南航空、掌趣科技、华策影视等。

如果单纯看定向发行的认购金额，华谊兄弟绝对是上市公司中出手最大方的。该公司2016年2月以19亿元参与英雄互娱定向发行。截至2016年年底，华谊兄弟仍持英雄互娱28941.49万股，占总股比的20.17%，稳居第二大股东之位。

允许新三板挂牌公司定向发行股票融资体现了新三板的融资功能。挂牌企业定向发行融资需要注意3个操作点，如图2-1所示。

一　由具有证券期货从业资格的会计师事务所总部出具验资报告

二　看是否存在私募投资基金参与

三　由主办券商出具定向发行股份的合规性意见

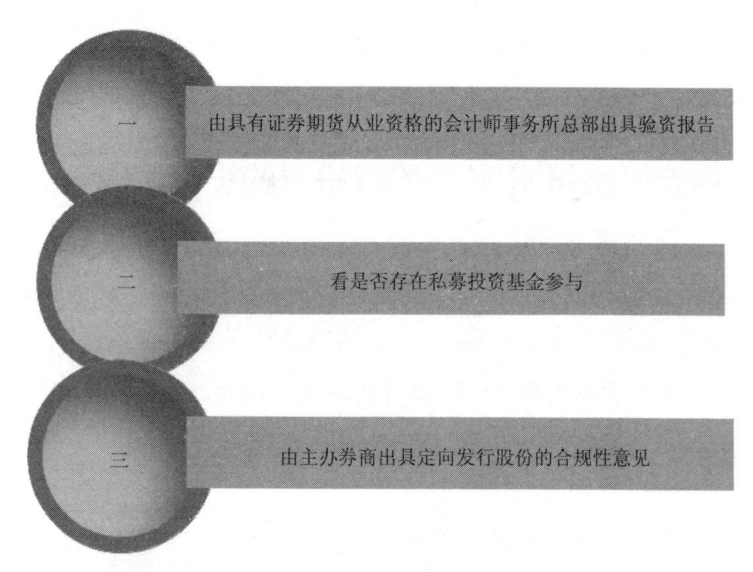

图2-1　挂牌企业定向发行融资需要注意的操作点

第一，由具有证券期货从业资格的会计师事务所总部出具验资报告。挂牌企业定向发行时找一家具有证券期货从业资格的会计师事务所出具验资报告。而且，验资报告必须由会计事务所分所总部出具，分所出具的验资报告是无效的，地方上的小会计师事务所也没有出具验资报告的资格。

第二，看是否存在私募投资基金参与。挂牌企业定向发行时需要判断现有股东以及参与本次定向发行的投资人是否存在私募投资基金管理人或私募投资基金。如果存在，那么挂牌企业需要依据《私募投资基金管理人登记和基金备案办法（试行）》等相关规定履行登记备案程序。

第三，由主办券商出具定向发行股份的合规性意见。发行股份的合规性意见必须由主办券商出具，而不能由其他券商代替。主办券商是公司挂牌时的推荐券商，也是持续督导券商。也就是说，挂牌企业定向发行时需要找挂牌时的推荐券商出具定向发行股份的合规性意见，而不能换掉券商。实践中，有一些券商不负责任，还向企业索要高额的承销费，而挂牌企业因无法换掉券商只能妥协。因此，企业挂牌新三板时需谨慎选择推荐券商。

总体来说，新三板为中小企业提供了合法便利的直接融资渠道，也为风险投资/私募股权投资机构提供了大量的可供选择投资项目。

2.2 重塑风险投资/私募股权投资的投资逻辑

对投资人来说，投资新三板挂牌公司与投资其他非上市公司的投资逻辑是不同的。而且，由于观察视角、投资偏好及自身定位的不同，投资人对新三板的投资逻辑和判断标准也各自发生了或大或小的变化。下面总结了风险投资/私募股权投资对新三板市场的投资逻辑3个共同点。

2.2.1 始终考虑体量期限

只要是投资，就需要考虑项目的体量和退出期限，新三板市场也一样。对于投资新三板，启赋资本合伙人屠铮表示："我们主要还是以不变应万变，贯彻一贯的投资理念，坚持企业基本面，并不是说一家企业马上要挂新三板就会增加对这个项目决策的筹码，而是以一贯选择项目的标准去做投资。"

下面看启赋资本投资新三板项目时在体量期限方面的考虑。启赋资本成立于2011年年底，截至2016年年底刚好有5年时间。如今，启赋资本在深圳乃至全国都是一家有重大影响力的风险投资机构。自2011年12月以来，启赋资本已经投资了100多家早期项目，投资总额达14.5亿元；截至2016年年底，启赋资本管理着9只风险投资基金，1只新三板基金，管理规模达16亿元。启赋资本主要投资领域为TMT（科技、媒体和通信）和新材料领域，投资主要阶段为天使、Pre-A和A+。

启赋资本投资新三板项目要求项目有一定的体量，而对其他早期、天使阶段的项目则没有太多体量要求。对新三板项目体量方面的考虑在一定程度上保证了新三板项目投资可以在相对短的时间内顺畅退出。

尽管如此，启赋资本在投资新三板项目时依然保持着非常谨慎的态度。屠铮称："由于新三板一些政策目前还面临着很大的不确定性，我们目前还是以非常谨慎的态度，也就是说坚持我们惯有的投资原则，去做我们的投资布局。"

除了体量要求外，启赋资本在投资新三板项目时还要考虑期限。例如，启赋资本更倾向于投资有确定做市商的新三板挂牌公司。不只是启赋资本，大多数新三板基金都有期限限制，而且期限非常短，目的是满足投资人的要求。实际操作中，一个新三板基金可能是"2+1"，或者"2+2"，退出的时间较短，因此新三板基金投资新三板项目时就有相应期限方面的考量。

2.2.2 优质公司会体现好的流动性

除了新三板项目的体量期限外，投资人还会重点关注挂牌公司的流动性。创东方投资合伙人王瀚轮表示："一个相对成熟、流动性好的二级市场的环境，不管是创业板、中小板还是新三板，对于做一级市场来说，毫无疑问是非常好的环境。"

短期来看，新三板市场的流动性比起主板市场相差较多。整个新三板市场每天的交易量仅仅有四五亿元，还不到主板市场的千分之一。长期来看，新三板市场的发展逐渐成熟，市场流动性逐渐增强。随着新三板市场流动性越来越好，优质挂牌公司的曝光率增加，被投资人发掘并投资的概率增大。至此，新三板市场的游戏规则演变为流动性好的优质公司被重视，相对较差的公司则融资困难，最终被拖垮。

事实上，这种趋势已经开始显现出来。王瀚轮称："在新三板这一侧，因为足够多的公司上市了以后，给投资人提供了充分的选择空间和降低门槛，市场的效率在新三板上会体现得更彻底一些，所以我看到还是优质的公司会在新三板上面体现出来非常好的重组的流动性，甚至会比创业板、中小板还要好的市盈率。这是一个比较好的现象。"

在股市里保持长期增长趋势的公司一定是优质公司，其创业团队也是市场里优秀的管理团队。无论是在新三板还是主板，都存在这一特征。

2.2.3 新三板项目更加丰富

新三板市场是一个项目丰富、投资方式多样、退出灵活的平台。对于创投基金的募集来说，确定的新三板项目以及退出方式增强了投资人的参与热情，降低了资金的募集难度。

另一方面，新三板市场还降低了风险投资/私募股权投资选择项目的难度。赛伯乐投资集团高级合伙人、执委杨生浩称："在几年前，我们做的创投基金周期比较长，一般都设立7+3。所以对我们来讲，现在可以考虑通过新三板的市场把投资的阶段进行细分，这样有不同的基金，在不同的阶段实现退出，我们的选项目难度就比较小。"

新三板与主板、创业板等市场还有一个非常大的区别：投资新三板基本不需要考虑涨跌。在主板、创业板市场里，牛市会带动所有股票大涨，不管基本面如何。因此，投资上市公司的股票不仅要考虑企业价值发展的周期，还要考虑技术问题。但是新三板没有这种问题，跌了也无须减持。

杨生浩表示："新三板要把区隔做起来，有利于实体经济的支持，有的企业一定会倒掉，不会造成非理性的暴涨暴跌，造成很多中小投资者利益的损失，在新三板应该有这个机制，好的企业表现好的流动性，差的企业风险能够表现出来。"

新三板作为全国性的证券交易场所，通过市场价格反映公司价值，充分反映了股东持有股份的价值。与此同时，投资人的退出渠道问题也得到了解决。

对挂牌公司来说，新三板提供了多种工具和手段进行融资。未来新三板，在中国多层次资本市场建设中的基石作用必将进一步凸显。

2.3 智慧城市成新三板香饽饽，3年融资18.5亿元

截至2016年10月，全国新三板智慧城市概念类挂牌公司共有65家，其中创新层挂牌公司有13家，基础层公司有52家。2014～2016年的3年时间里，65家公司共发起66次定向发行，募集资金达到18.5亿元。

2.3.1 智慧城市概念类挂牌公司的融资状况

自"智慧城市"的概念诞生以来，国内外相关企业和研究机构、专家等纷纷对其进行定义和研究。智慧城市的定义主要包括下面3个核心点，如图2-2所示。

一	智慧城市建设的主线是信息技术应用
二	智慧城市包含诸多要素，各要素之间相互作用
三	智慧城市是城市发展的新兴模式

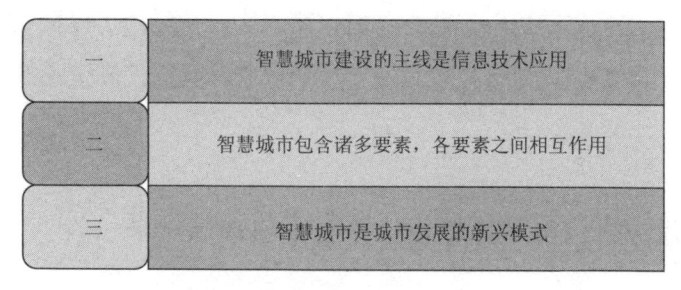

图2-2 智慧城市的定义核心点

第一，智慧城市建设的主线是信息技术应用。智慧城市是城市信息化的高级阶段，离不开信息技术的创新应用，而信息技术应用主要体现为物联网、云计算、移动互联和大数据等新兴热点技术。

第二，智慧城市包含诸多要素，各要素之间相互作用。智慧城市是一个复杂的系统，包含信息技术及其他资源要素。信息技术及各资源要素优化配置并共同发生作用，使得城市运行越来越智慧。

第三，智慧城市是城市发展的新兴模式。政府、企业和个人是智慧城市的服务对象。智慧城市的最终结果是变革、提升和完善生产与生活方式，让人们的城市生活越来越美好。

现如今，智慧城市已经是国家级的战略规划。作为经济转型、产业升

级、城市提升的新引擎，智慧城市体现了更高的城市发展理念和创新精神，有助于提高民众生活幸福感、企业经济竞争力，实现城市可持续发展的目的。

截至2016年10月，全国新三板智慧城市概念类挂牌公司共有65家，2013年，这65家新三板智慧城市概念类挂牌公司成功融资1次、2014年成功融资4次，2015年成功融资29次，2016年1月1日~9月30日成功融资22次。据统计，在新三板新科技概念类的17家公司中，智慧城市概念类挂牌公司以18.5亿元融资额排名第五，前四名分别是云计算53.6亿元、虚拟现实37.3亿元、物联网36.8亿元、大数据36.2亿元。

虽然现在智慧城市的概念仅以智慧小区和智慧家庭的形式落地，还需要通过融资获得快速发展，但是智慧城市概念类挂牌公司在新科技概念类公司融资中排名靠前足以说明智慧城市概念类企业受到了投资人的追捧。可以预见，智慧城市概念类企业融资成功次数与获得的融资金额将会逐年递增。

2.3.2　投资者看好智慧城市，不一定以业绩说话

智慧城市概念的火热使得业绩不好的智慧城市概念类挂牌公司也能成功融资。以航天汇智为例，航天汇智是为智慧城市公共安全和应急管理的信息化建设提供包括综合应急及行业专项应急在内的整体解决方案、产品和增值服务的企业。2016年10月28日，航天汇智在新三板公开发行股票115.67万股（全部为无限售条件股份），发行价格为9.16元每股，募集资金1059.54万元。

本次募集资金主要用于扩大生产经营，开设区域子公司，增强研发能力投入项目研发，增强销售能力，建设销售市场体系。

参与航天汇智此次定向发行的投资人有3个，包括认购500万元的河南中证开元创业投资基金管理有限公司——中证和璞新成长1号基金、认购500万元的深圳益友远投资有限公司以及认购59.54万元的自然人投资者郑

世纲。

然而，航天汇智的业绩并不乐观。据2016年半年报显示，航天汇智的净利润同比亏损严重，为-6422.56%。在新三板智慧城市概念股中，航天汇智的净利润亏损率最高。

2014年，我国政府首次将智慧城市概念纳入国家级的战略规划中，近几年更是大力推动智慧城市的建设。或许这就是智慧城市概念类挂牌公司虽然业绩不佳却能得到投资人的重点关注并且成功融资的原因之一。

随着投资人对智慧城市概念类挂牌公司的重点关注，继腾讯、阿里加入智慧城市的发展争夺战，A股上市公司也加入其中。

2016年3月13日晚间，A股上市公司格林美发布《格林美：关于对外投资的公告》，公告称："为了实现互联网与智慧城市、环保城市的大融合，构建'互联网+智慧云+环保云'的城市管理新模式，积极参与'互联网+'的时代大潮，依据格林美股份有限公司（以下简称'公司'）与江苏广和慧云科技股份有限公司（以下简称'慧云股份'）控股股东常熟慧云企业管理有限公司、孟庆雪签署的《股权转让协议》，公司收购淮安繁洋企业管理有限公司（以下简称'淮安繁洋'）79.85%的股份后，通过淮安繁洋继续对慧云股份增持，使公司控股子公司淮安繁洋持有慧云股份的股份达到20%。

基于此，公司在完成收购淮安繁洋79.85%股份的基础上，公司控股子公司淮安繁洋与慧云股份签署了《股票认购合同》。根据认购合同，淮安繁洋拟以现金方式认购慧云股份本次新发行股票中的1647.30万股，发行价格为每股人民币13.33元，认购总金额为人民币21958.5090万元。本次认购完成后，淮安繁洋将持有慧云股份3800.9872万股，持股比例为20%。"

2.3.3　500多个城市明确提出构建智慧城市相关方案

智慧城市不仅是我国的投资焦点，也是全球投资和关注的焦点。据市场研究机构Pike Research预测，到2020年，全球范围内的智慧城市基础设施投资将累计达到1080亿美元。

相关资料显示，我国最早建设智慧城市的时间为2012年。2013年年初，我国公布首批智慧城市试点共90个；同年8月5日，住房城乡建设部公布第二批2013年度103个国家智慧城市试点。截至2016年6月，全国智慧城市试点一共有290个，500多个城市已明确提出构建智慧城市相关方案。

随着国家政策的大力推动以及逐渐落地，智慧城市建设受到越来越多人们的认同和欢迎。与此同时，智慧城市建设发展迅速，智慧城市概念类公司的发展也进入快车道。

尽管新三板智慧城市概念类挂牌公司还只有65家，随着智慧城市建设的展开，今后将会有更多企业加入到建设智慧城市的队伍中来。

从全国范围来看，广东省是智慧城市概念类公司数量最多的省份，其次是江苏省、湖北省、浙江省、山东省。我国智慧城市概念类公司数量分布前三名的城市为北京市、武汉市和杭州，分别为10家、6家和4家。

可以预见，随着科技发展进步，越来越多的地区将会实现城镇化，城镇化市区将会实现信息化。从首批90个智慧城市试点到500座城市提出构建智慧城市的方案，可以发现，智慧城市建设正在大力推进，智慧城市将会进入黄金发展时代。

第3章
最优股权架构

　　一家创业公司股权架构设计的作用是明确创业合伙人之间的权责利，方便企业融资，使创业公司稳定发展。股权架构不仅是影响企业控制权的最大因素，还是投资人考察项目时重点关注的一个方面，所以说，创业者要重视股权架构的设计，通过资源的合理利用实现企业各利益相关者之间的共赢局面。

3.1 合伙人之间的股权分配

对于一家初创公司来说，合伙人之间的股权分配问题比其他问题更有可能导致公司灭亡，甚至使公司在设立之前就夭折。因此，对创业者来说，懂得如何确定创业公司的股权分配方案是非常重要的一件事情，下面具体说明。

3.1.1 谁应该作为创始人

作为罗辑思维项目的主力，罗振宇本应当是最大股东，然而并非如此。罗振宇只占了17.65%的股份，其余82.45%的股份由另一位合伙人申音所有。这种股权分配的不合理性随着罗振宇参与比重加大变得越来越不合理，这就导致两人最终分道扬镳。由此可知，合伙人之间的股权分配已经在一定程度上决定了未来融资的难易程度和成败命运。

众所周知，在一家创业公司里，创始人占有的股份是最多的。如果知道谁是创始人，很容易确定他应当占有最大的股权比例。反过来看，在一家创业公司里，股权比例最大的股东应当就是这家创业公司的创始人。罗辑思维的股权架构显然不符合这一特征，因此两个合伙人最终分道扬镳。

在一家创业公司里，谁应当作为创始人看似是一个非常简单的问题，实际上是非常棘手的，尤其是在几个人合伙创业的情况下。创始人是一个比较明确的身份，但实际情况总是非常模糊复杂的。判断谁应当作为创始人最简单的方法是看谁承担的创业风险最大。一般情况下，创业公司的发展分为3个阶段，如图3-1所示。

```
创立  →  启动  →  正常运行
```

图3-1　创业公司发展的3个阶段

在创立阶段，创始人投入的资金和精力最多，此时没有外部融资。在这个阶段，公司很可能会失败，创始人投入的资金有可能全部损失。另外，创始人为了创业已经失去了工作和工资，如果创业公司失败，创始人需要重新找工作。

在启动阶段，公司有可能进行了外部融资，资金比较充裕。这些资金使得创始人每个月都能拿到一些收入，但是远远低于在大公司工作的收入。50%以上的公司都在这一阶段失败了，然后创始人不得不去重新找工作。在这种情况下，创始人不仅失去了创业之前的稳定工作，还因为创业失败损失了一大笔资金和非常多的时间和精力。

在正常运行阶段，公司利用外部融资拿到的资金取得了一定发展，公司已经开始产生盈利。在这一阶段，创始人拿到了与在大公司工作一样水平的工资。公司一般不会在这一阶段失败，即便失败，创始人也倾向于转型或者开始第二次创业。

综上所述，如果一个人为一家公司工作，这家公司刚刚建立甚至都没有发工资的资金，那么这个人就是创始人。如果一个人从进入公司开始就有工资拿，那么这个人估计不会是创始人。

3.1.2　创始人的身价如何确定

作为最初服务于公司，但公司没有能力支付工资的人，创始人的主要工作就是为公司寻找投资并创造盈利。那么，如何确定创始人的身价呢？下面一起来看创始人应当拿到股权比例的计算公式。

第一，提出创意并执行应得10%股权。提出最初的创业点子并执行是一个创业项目启动的关键。作为创意的提出者，创始人应得5%股权。

第二，组建创业团队应得5%股权。一般情况下，联合创始人以及创业团队的其他成员都是创始人牵头召集起来的。如果没有人，项目就无法真正落地。因此创始人作为团队组建者，应该多获得5%股权。

第三，创始人作为CEO应该增加5%股权。一个好的CEO对创业公司的价值远远高于其他职位，所以担任CEO职务的人股权应该多一些。尽管CTO（首席信息官）的工作并不见得比CEO更轻松，但是CEO在对公司价值的提升作用上更重要。

第四，创始人全职创业增加5%～20%股权。在创业团队里，创始人一般都是全职创业，只有联合创始人以及团队成员才可能一边创业一边工作。由于创始人全职创业的工作量更大，而且承担的风险也最大，因此全职创业的创始人应当增加5%～20%的股权。

第五，使得创业公司迈出第一步增加5%～20%股权。无论是为公司探索发展方向还是建立市场信誉，这些都有利于公司获得外部投资以及市场关注。如果创始人已经着手实施项目，如申请专利、做出演示原型或者产品早期版本等，那么创始人应当拿到额外股权，从5%～20%不等。具体比例取决于创始人的贡献对公司发展以及拿到外部融资的作用有多大。

第六，创始人的信誉资产可以增加5%～20%股权。如果创始人是业内专家或者有创业成功的经历，那么这个创始人可以吸引投资人投资。在这种情况下，创始人的信誉为创业项目做了信任背书，对投资人来说是一种投资成功的保障。这种创始人在一定程度上降低了创业的风险，所以应当增加5%～50%的股权。具体增加的比例视创始人的信誉大小而定。

第七，根据现金投入多少增加占股比例。这一比值与投资人投资占股的计算方式是一样的。首先应当确定创业公司的估值，然后根据现金投入就可以计算出占股比例。最后，综合考量以上几个因素，确定出创始人占有的股权比例。

实际分配股权时，创始人与联合创始人都是按照以上因素分配股权的。股权分配是一个复杂的工程，无论是创始人，还是联合创始人都不应当马虎应付了事，否则很容易在后续发展过程中出现股权纠纷。

3.1.3 最错误的做法是股权五五分

刘伟和赵建华都是软件出身，两人决定创建一家游戏公司。公司最初只有刘伟和赵建华两个人。他们在地下室进行头脑风暴的时候，几乎每个小时都能冒出不计其数的想法。从商业概念到核心价值，再到以更好的方式做成本账，不管什么问题，刘伟和赵建华都能达成一致，或者迅速解决两人之间的分歧。由于两人相处非常和谐，他们决定股权五五分。

直到几个月后，当两人决定投入全部积蓄，全职创业的时候，刘伟与赵建华发生了第一次争执，这次争执几乎搞砸了他们的公司。

刘伟和赵建华的初创公司垮掉的根本原因是股权均等，当两人出现无法调和的分歧的时候，尽管公司还有机会发展下去，但还是会在长时间的僵持下垮掉。另外，股权架构是"34；33；33"的创业公司也是同样的情况。3个创始人谁说了都不算，只有其中两个人加一起才能做决定。这种均等的股权分配都是最不合理的。

在一家创业公司里，每个合伙人的贡献都是不一样的，所以每个人获得的股权也理所应当不一样。如果股权均分，那就意味着合伙人的贡献与股权是不对等的。合伙人一起创业最初都是因为抱有同样的情怀，随着公司的发展壮大，有了盈利以后，经济利益的追求开始体现出来。这时候，各种各样的矛盾就会暴露出来。另外，这种股权架构没有核心股东，本身就容易引起股东之间的矛盾，而且缺乏打破僵持局面的唯一决策人。

对于已经采取股权均分模式的创业公司来说，应当怎么避免风险呢？海底捞为大家树立了榜样。

1994年，4位年轻人在四川简阳创建了一家只有4张桌子的小火锅店，后发展为海底捞的前身。截至2016年年底，海底捞在中国大陆39个城市拥有直营餐厅的数量为138家，并作为龙头餐饮品牌入选哈佛商学院案例。目前，海底捞正在向海外扩张。

创建海底捞之初，现任海底捞董事长的张勇没有花一分钱，8000元是由其他3个人筹集的。由于张勇是项目发起人，因此4个人的股权均分，每人拿到了25%的股份。之后，4个人双双结成了夫妻，海底捞形成两家人各占50%股份的局面。

随着海底捞发展壮大，张勇意识到了股权架构存在的问题。于是，张勇开始说服另外3个人只做股东，不要涉足企业管理。张勇的太太最先离开海底捞，随后另一股东施永宏的太太也离开海底捞。

2007年，在海底捞发展走上快车道的时候，施永宏也离开了公司。在施永宏离开时，张勇与施永宏夫妇达成共识，以原始出资额的价格，从他们的手中回购了18%的股权，于是张勇夫妇成为海底捞68%的绝对控股股东。

施永宏选择向张勇转让股权的做法是明智的，施永宏也认识到了这一点。施永宏表示，尽管占股比例减小了，但是赚的钱并没有减少，而且有更多的时间享受生活。张勇成为海底捞的控股股东后，对公司管理更加用心，海底捞的发展也非常顺利。

2013～2015年，四川海底捞总收入分别为43.5亿元、49.9亿元、50.85亿元。2016年7月13日，海底捞旗下子公司颐海国际控股有限公司成功在港交所上市，海底捞终于借助颐海，迈出了进军资本市场的步伐。与此同时，从海底捞拆分出来的蜀海，也在IPO审批的道路上，如果蜀海也成功IPO，海底捞将创造餐饮业的多项纪录。

初期的海底捞在股权架构上是有问题的，几个合伙人没有创业经验，因此选择了错误的股权均分模式。后来，张勇意识到股权分配问题之后选择回购施永宏夫妇的股份，才得以形成以自己为主，以施永宏为辅的股东结构。

如何评估和认定初创公司的股权架构是否科学呢？可以参考以下3个标准，如图3-2所示。

一　简单明晰

二　有一个占股比例最大的创始人

三　合伙人之间优势互补

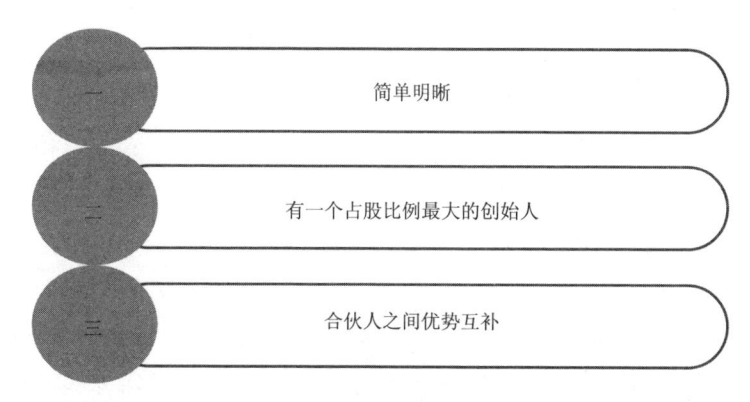

图3-2　科学的股权架构需满足的标准

第一，简单明晰。简单是指合伙人不要太多，初创公司最科学的配置是2~3个人，这样在沟通方面会有缓冲地带，建议人数不要太多。明晰是指股东数量和股比、代持人、期权池等。

第二，有一个占股比例最大的创始人。在合伙人之中应当有一个占股比例最大的创始人，也就是团队的带头大哥。如果创业团队里谁说话都算数或者谁说话都不算数，那么最后的结局不会是好的。

第三，合伙人之间优势互补。一个初创企业的合伙人团队最好是2~4个人，而且这几个合伙人之间应当体现互补优势。例如，马云自己并不懂技术，但是他的合伙人中不乏技术、运营、营销等高手，这就是阿里巴巴创业合伙人之间的互补。

作为一个商业领袖，马云既有独特的思维模式，能够做出具有远见的决策和企业布局，又有超凡的语言天赋，能够获得人才与资源的有利支持。可以说，在其他合伙人的专业和能力互补之下，马云的优势才能体现出来。创业者最好不要选择优势重叠的合伙人，这样会造成资源浪费，还容易在同一专业领域引起分歧。

如果你正在与人合伙创业，无论你是创始人的角色，还是合伙人的角色，为了项目更好地发展，千万不要股权均分。

3.2 股权分配原则

3.2.1 按出资比例分配

参与创业公司股权分配的人应当是合伙人。通俗来讲，就是紧密联系在一起，不可相互替代，实现各自包括研发、运营、资金、渠道等优势有效整合的团队。只有这些合伙人才可以参与股权的分配。尽管合伙人的概念比较清晰，但实际操作是非常复杂的，因此我们总结了以下五类不应当参与股权分配的人，如图3-3所示。

一	无法持续提供资源的人
二	兼职的人
三	专家顾问
四	早期员工
五	发展理念不同或者不能长期坚持的人

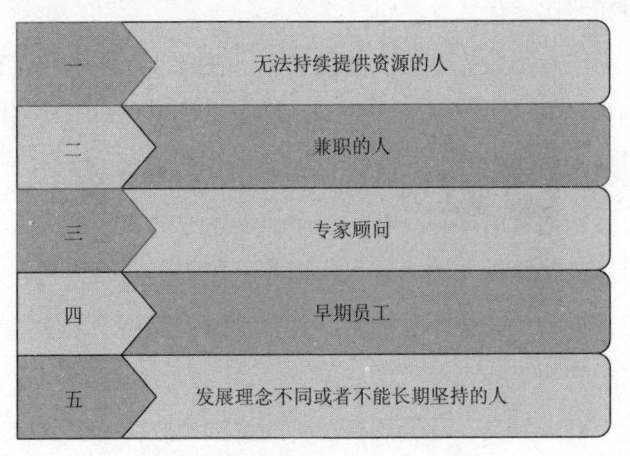

图3-3 不应当参与股权分配的人

第一种是无法持续提供资源的人。有些创业项目的启动可能需要利用文化、旅游和交通、电信运营商等行政资源。提供这些资源的人存在很大的不确定性，不能作为合伙人参与股权分配。创业者可以通过资金换取对于这部分资源的利用，使其作为顾问参与项目启动，而不是合伙人。

第二种是兼职的人。创业是一个长期过程，需要投入大量的精力。如果不是资金投入的兼职者是不能做合伙人的，更不能参与股权分配。

第三种是专家顾问。创业项目要想启动和顺利运营，需要特定的专家顾问。一般情况下，创业者都是花钱请专家顾问指导。如果你请来的专家顾问提出不收顾问费，而是换股权，最好不要同意。因为创业项目对专家顾问的需求可能只是临时性的，如果因此让其占有了一部分股权，不仅不能发挥专家顾问的应有作用，还会对项目造成严重影响。

第四种是早期员工。创业者为了吸引人才可能会提出给予小比例的股权，甚至会以小比例股权折抵工资，减少工资支出。这种做法是不可取的，因为早期的股权非常珍贵，不能轻易给员工。而且，员工并不认为初创公司的股权有价值，很难起到激励作用。如果想要用股权激励员工，还需要制订科学合理的股权激励计划。

第五种是发展理念不同或者不能长期坚持的人。在创业过程中，因为各种原因而中途退出的案例数不胜数。从这种意义上说，寻找找志同道合的合伙人是非常重要的。人格认同是合伙人合作的基础，如果理念、目标和追求都不同，合伙人一旦出现利益矛盾，就会产生分歧，最终致使创业团队分崩离析。因此，只有在理念、追求及目标上达成共识的人才适合做合伙人。

确定参与股权分配的人以后就可以进行股权分配了。股权分配首先考虑的因素是出资比例。从法律的角度看，股权比例就应当由出资比例决定。一般情况下，如果全部合伙人的优势基本相当，则可以按照出资比例分配股权。实际操作过程中由于合伙人的贡献或者价值大小不同，因此会有股权调整的空间。

例如，旅游领域的创业者A和互联网技术高手B准备做旅游领域的O2O项目，两人各自出资100万元。但是因为A比较外向，更具有领导能力和意愿，而B偏技术实干，所以两人的股权分配如表3-1所示。

表3-1　创业者A与技术高手B的股权分配方案

创业团队	名义股权比例	实际持有股权比例	预留股权
创业者A	70%	40%	15%预留给后进入的合伙人或合伙人之间的股权调整；15%为期权池大小，用作员工激励
技术高手B	30%	30%	0

出资比例在一定程度上决定了股权分配的大体架构，但是还需要进行调整。因为在科技型、互联网型的创业公司里，创意或者执行力都是比资金更重要的成功武器。

例如，A、B、C三人创业，A出资10万元，负责公司的整体运营；B出资10万元，负责产品的研发与维护；C出资80万元，不参与公司运营。如果按照出资额计算，A、B各占10%的股份，C占80%的股份。这样的股权分配方案明显是不合理的。首先，C不参与公司运营，却掌握着主要决策权，这样很难实现公司的有效运作；其次，负责出主要资金的合伙人C占股过多，无法有效激励核心创业团队A、B全心全力把公司做大。

因此，建议初创公司分配股权时，参考出资比例，但是不能把出资比例作为股权分配的唯一参考要素。

3.2.2　创始人应取得相对多的股权

公司创始人应当取得相对多的股权。因为创始人是创业公司的灵魂，对公司负有更多的担当。只有创始人取得相对多数的股权，才有利于创业项目的决策和执行。

创始人具体分配的股权比例，我们在3.1.2中已经做了详细介绍。第一，提出创意并执行应得10%股权。第二，组建创业团队应得5%股权。第三，创始人作为CEO应该增加5%股权。第四，创始人全职创业增加5%～20%股权。第五，使得创业公司迈出第一步增加5%～20%股权。第六，创始人的信誉资产可以增加5%～20%股权。第七，根据现金投入多少增加占股比例。

控股是保障控制权的一种方式。对创始人来说，只有占股比例最大，才能有效保证公司控制权不落旁人。而创始人掌握公司控制权也保证了公司的有效运营。

3.2.3　资源提供者应占有相对多的股权

创业者早期创业的时候需要的资源非常多，但重要性各不相同。有些项目的启动依赖某位合伙人的专利；有些项目最重要的是创意；有些项目重要的是推广渠道资源；还有的项目仅仅依靠某个合伙人的信誉就能导入项目所需资源。不是所有的资源提供者都可以作为合伙人分配股权，如短期阶段性发挥作用的资源提供者。对于价值不高的资源，创业者不应当用股权去交换；对于提供高价值资源的合伙人，应当提升其股权比例。

下面针对三类资源提供者制定了相对应的股权分配方法。三类资源提供者如图3-4所示。

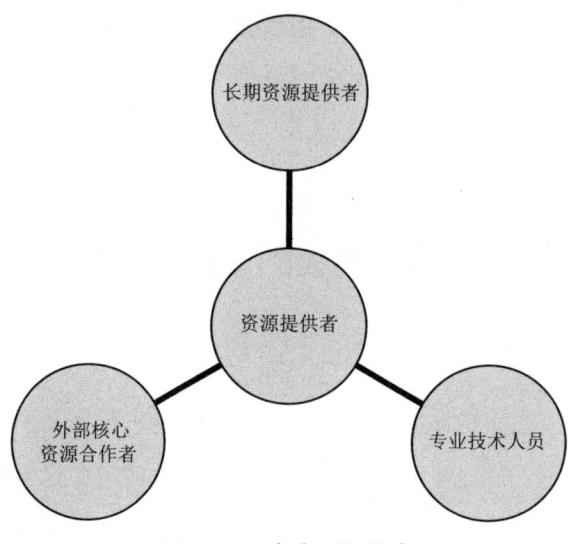

图3-4　三类资源提供者

1.长期资源提供者

对于长期资源提供者,应当考虑利益合作分成、利益与贡献的累进制分成以及适当比例的股权长期绑定。具体分配的股权比例应当视资源对项目发展的重要程度而定。对于只是承诺投入短期资源,而不考虑全职参与创业的人,应当仅仅考虑项目提成,谈利益合作,而不要通过分配股权进行长期深度绑定。

2.专业技术人员

如果专业技术人员为全职创业,应当给予较高比例的创始股权,并且按照合伙人标准分期、分批授予股权。对于不全职参与创业的兼职技术牛人,可以通过期权池分配少量股权,而不是按照合伙人的标准。

3.外部核心资源合作者

对外部核心资源合作者,创业者可以通过期权池和虚拟股票进行业绩激励和价值绑定。这种操作方式不需要做工商登记变更,股份由创始合伙人代持或建立有限合伙企业代持。

对于资源提供者的股权分配,应当科学评估其所提供的资源在初创过程各个阶段的作用。创业项目的启动、测试、推出等各个阶段,对资源的需求不一样,股权安排应充分考虑不同阶段资源提供者所起到的作用,以充分调动合伙人的积极性。

3.3 伟大的公司需要伟大的董事会:解构平安式股权架构

在中国,股权架构过度集中是一个普遍问题,很多公司因此形成一系列经营治理难题。经过多年的市场探索,我国公司的股权架构开始朝着分散化和多元化的格局发展。在上市公司里,中国平安是股权分散化和多元化的典型代表。如今的中国平安已经从地方性的保险公司跨越成为国际化金融控股集团,形成了一个控制权、管理权和监督权相对平衡的决策机构和治理团队。

3.3.1 分散股权国退民进

在20世纪80年代，董事会和股东这些概念还是非常新鲜的事物。在传统计划经济里成长起来的厂长经理们已经习惯了上级政府下指令，而那些实行了负责制的企业则处于另一个极端——无约束、无激励、一个人说了算。

在这种环境下，大家几乎都不知道公司治理结构与公司盈利和市场规模扩张有关系。然而，有一些较早接触了市场经济的人是非常有远见的，如原招商局常务副董事长、蛇口工业园区书记袁庚，后成为中国平安的"精神领袖"。袁庚在我国香港地区亲眼见到了被市场机制充分激活的能量，并因此意识到了体制对于企业发展的重要意义。

1988年，袁庚委派马明哲（现为中国平安董事长兼CEO）创建了平安保险公司。至此，中国平安在深圳蛇口成立，招商局蛇口工业园区、中国工商银行分别持股51%和49%。尽管当时的中国平安是一家国有企业，但是率先采用了股份制，还设立了董事会。中国平安创始之处就拥有了现代公司治理的基本架构，是中国第一家股份制保险企业。

然而，由于国有股东的特殊性，中国平安董事会架构的作用并没有立即显现出来。国有股东毕竟不是真正的财产所有者，他们不会对国家这个非人格化产权主体的投资进行负责，所以根本不会根据企业发展目标和激励约束相容原则来选择和监督公司管理层。与此同时，政府完全可以通过国有股东以行政方式非透明地干预企业经营行为。

在这种情况下，国有股东常驻公司董事的决策便出现了问题，他们不会首先考虑经济追求，无法像市场化的职业经理人一般做事，这就必然导致其做出保守、短视的决策。另外，非市场化的选任机制直接影响了企业对人才的吸引力，使得管理层的努力程度和企业绩效水平相关性较低。

股权过度集中以及国有股东控股给年轻的中国平安带来了问题。中国平安是一家金融企业，要想发展首先需要大量的资本。而股权集中造成股东们决策时将自身眼前利益放在第一位，而缺少对公司长远经营发展以及长期利益的考虑。例如，大家都想多分红，而不是在公司初创期把利润留下来用作发展业务。另外一个问题是，国有大股东对董事会有较强的控制欲，使得董事会难以保持独立性。

1992年，袁庚与马明哲就中国平安的股权集中问题进行讨论。马明哲说："一家企业最主要的问题是体制、机制和人才，体制决定机制，机制留下人才，而最为关键的问题则是由股权架构决定的。"最后，袁庚答应了马明哲的请求，担任中国平安的名誉董事长。

袁庚对国际大公司的良好运作经验有过深入了解，他深刻地意识到通过市场化手段引入外部投资者是中国平安的当务之急。只有这样，中国平安才能解决管理层的利益与公司、股东的利益分离的问题。至此，中国平安拉开了股权架构演变的序幕。

1992年，中国平安拿到了全国性保险牌照，开始打入全国市场。借此机会，中国平安引入了新股东职工合股基金（后发展为深圳市新豪时投资发展公司），持股10%。新股东的加入从根本上解决了管理层、员工与股东利益不一致的问题，对中国平安股权架构变革具有里程碑意义。

随后的几年里，中国平安进行了多次增资扩股，国有股东自由选择或者不参与。由于国有股东没有阻止外部投资人加入，因此中国平安非常平稳地完成了股权变动。

对中国平安来说，国有股东的淡出意味着"市场化"的胜利。而这些国有股东也选择顺应这种市场化法则：金融业是一个竞争性很强的行业，这种竞争性要求更多私人、民营公司的股东，而国有股东的经济利益驱动则较弱。因此，中国平安股权分散化是一个顺应市场机制作用，股权架构自然变化的过程。

国有股东的股权占比虽然减少，但是股东权益带来了巨大的投资收益。以招商局蛇口工业园区为例，退出中国平安带来的股权分红和股权收益将近20亿元。截至2016年9月30日，中国平安的十大股东以及股权占比如表3-2所示。

表3-2 中国平安的十大股东以及股权占比

十大股东	股权占比
香港中央结算（代理人）有限公司	32.09%
深圳市投资控股有限公司	5.27%
同盈贸易有限公司	4.32%
中国证券金融股份有限公司	4.05%
华夏人寿保险股份有限公司——万能保险产品	4.00%
隆福集团有限公司	2.77%
中央汇金资产管理有限责任公司	2.66%
商发控股有限公司	1.43%
深业集团有限公司	1.41%
香港中央结算有限公司	1.32%

随着国有企业改革的深入，国资逐渐退出竞争性行业成为一种趋势，这为中国企业的发展注入了活力。另外，随着国资法等法律法规的出台，国有企业的管制向着法制化、市场化方向发展。

中国平安股权架构的演变告诉我们，国有控股并不可怕，关键的是如何将国有控股市场化。

3.3.2 优选股东西学中用

在股权架构变更过程中，在什么样的阶段选择什么样的股东一直都是马明哲思考的问题。马明哲表示："在不同发展时期，不可避免地会出现部分股东与公司长期发展目标不一致的现象，如果协调不好，公司的发展就会受到限制。"

中国平安曾经两次引入战略投资者。在这一过程中，中国平安从最初要资金、被动改进管理发展成为引进资金资源、主动学习管理智慧的公司。

1994年，中国平安引入摩根士丹利和高盛两个外资股东。当时，中国平安在国内找资金的难度非常大，迫于无奈才决定引进外资。摩根士丹利和高盛以超过每股净资产6倍的价格购买了中国平安13.7%的股份。对于此时的中国平安来说，融资更多的是为了解决资金需求。

在政策管制下，摩根士丹利和高盛无法进入中国平安的董事会，只能每家派一个"观察员"列席董事会，没有投票权。外资对董事会运作和流程的规范化要求很高，他们对中国平安提出要求，必须使用国际会计师，保证信息披露工作顺利进行；另外，超过一定金额的投资必须提交董事会甚至股东大会审议。

对于外资的苛求，中国平安起初觉得受到了很多限制。因为中国平安聘请国内会计师的年费用根本不超过20万元，若改成聘请国际会计师，至少需要花费200万元以上，成本太高。在这种被迫接受的情况下，中国平安逐渐体会到了外资引入的管理智慧。

当时，国内保险产业对于承保亏损并不是非常在意，认为投资带来的收益可以弥补。但是，摩根士丹利和高盛为中国平安带来了观点不同的国外经验。他们认为，承包亏损的保险公司可能不会立即死亡，但是过了10年、20年之后，死亡的可能性非常大。因此，保险公司一定要保证承保赚钱，这样才能做成百年老店。

从摩根士丹利、高盛两个外资股东身上学到很多管理经验后，中国平安深刻地意识到了高质量战略股东对企业发展的意义。

2002年，中国平安开始寻找更加专业的战略投资者，以满足公司日益增长的资金需求，实现战略上的强强联合，帮助中国平安开拓国际市场。随后，中国平安遇到了汇丰。汇丰投入6亿美元资金换取了中国平安10%的股权。同为国际领先的金融控股集团，与摩根士丹利和高盛相比，汇丰拥有更加专业和领先的风险控制以及合规管理能力。

事实证明，中国平安引入汇丰战略投资的决策是正确的。汇丰入股后，首先在内部控制、风险管理方面给中国平安提出很多意见。

例如，在计算机办公方面，原来的情况是员工可以在办公计算机里面装程序、下载东西等。在汇丰的建议下，中国平安实施了计算机全面标准化计划：个人不能在办公计算机里面装程序，公司内部文件不支持下载、打印、转发到外网。如果员工复制了公司内部文件，将会在计算机部留下记录等。计算机全面标准化计划对于保护公司的商业秘密和知识产权发挥了重要作用。

另外，汇丰还帮助中国平安建立了统一的IT系统，中国金融业首个后援中心——平安的上海张江后援中心也得益于汇丰的支持。

中国平安不断向外资股东学习，引入了国际上先进的经营管理经验，使得自身经营管理日益优化。积极学习国外先进管理经验，与外资股东互相学习、互惠互利，在一定程度上标志着中国企业正逐渐走向成熟。

3.3.3 管理层团队与股东共赢

对任何一家公司来说，管理层团队与股东的关系都是至关重要的。良好的沟通与合作可以使管理层与股东达到双赢，如果出现矛盾常常是两败俱伤。

随着大众创业潮的到来，中国企业出现了一个非常有意思的现象。一些公司的管理层团队持有的股权比例并不是最大的，却长期掌控着公司的经营权。而且大股东可能只是派出董事，不派管理层。中国平安就是这样一家企业，而且保持着良好发展。

中国平安的管理层团队以马明哲为首，与股东保持了长期融洽的合作关系。中国平安的董事长马明哲以及副董事长孙建一放弃体制内的工作，转为到中国平安做职业经理人、企业家，为这种良好合作关系打下了基础。

中国平安董事会秘书姚军指出："平安管理层团队跟大股东们合作良好，源于管理层团队作为职业经理人的利益和股东利益、公司利益是一致的。有了这种一致性，其他的都好办，如果大家的利益不一致，那就乱套了。"源于这种利益的一致性，中国平安的董事会形成了以公司利益为重的基本氛围。

中国平安的管理层团队与股东的合作性还体现在董事高管薪酬制度方面。管理层的表现与薪酬待遇是直接挂钩的，中国平安董事会薪酬委员会首先审议董事及高级管理人员的表现，然后参照董事会制订的年度发展计划，以绩效为基础提出薪酬待遇建议，董事会审议，股东大会表决后则可实施。

谈到董事会与管理层团队的相处，马明哲表示："董事会是帮我们的，老想着董事会、监事会是跟我对抗的，那心态就不对了。作为平安的创始人，我的任务就是培育它，为它打下好的基础，使之得以成长为百年老店。当我以后退出来的时候，我希望它能有一个好的可以永续经营的平台以及长久成长的内在动力。"

从《福布斯》杂志发布的"全球上市公司2000强"榜单中，中国平安的营收高达987亿美元，利润为87亿美元，资产为7323亿美元，市值为900亿美元。由于营业收入、利润和资产规模等各项业绩指标增长强劲，中国平安连续第12年入围该榜单，排名较2015年跃升12位，位列全球第20位，并在中国内地入围企业中排名第7，继续在中国保险企业中位列第一。同时，在全球金融企业排名中，中国平安名列第10。

中国平安的案例告诉我们，股权架构和公司价值之间的关系非常微妙，具有的股权架构在不同行业的不同企业里所发挥的效果也是完全不一样的，只有适合自己的才是最好的。在这个意义上，中国平安从国企走向股权多元化、合理化的过程，找到了一条适合自己的治理之路。

第4章
制订融资内部计划

什么时候需要融资？融资额多少最合适？如何确定融资频率？这些问题直接关系着创业公司是否能够融资成功。明确自身的发展现状，知道自己需要什么，才能进一步确定下一步怎么走，该如何做选择。本章一起看初创团队应当如何制订融资内部计划。

4.1 确定资金需求量

确定资金需求量是制订融资内部计划的第一步。融资金额通常是在资金需求量的基础上确定的。与投资人谈融资,重要的一项就是告诉投资人你想要融多少钱。如果融资金额太大,投资人可能会因为风险太大而拒绝投资;如果金额太少,则可能无法满足公司发展需要的资金。

4.1.1 判断公司的发展阶段

对任何一家公司来说,都将经历4个发展阶段,如图4-1所示。

种子期 → 创业期 → 成长期 → 成熟期

图4-1 创业公司的发展阶段

1. 种子期

如果项目还只是一个创意、产品正在发明过程中或者处于实验室初级产品阶段,那么这家公司所处的阶段就是种子期。在种子期,创业者需要投入资金,以进行下一步的研发、产品生产并形成产业化的生产方案,来验证其创意的可行性。

种子期的创业公司所需要的风险投资被称为"种子资金"。此时的投资规模比较小,但是风险最高。种子资金的来源主要有两个,一个是天使投资人,一个是创投基金。种子资金一般在10万～100万元,当然,也有一些优质项目拿到了上百万元的种子资金。

例如,VR项目森声科技在2016年3月拿到了数百万元的天使投资。森声科技是一家音频VR技术公司,主要的研发产品为基于双耳录音技术的

VR音频采集设备，以及基于人头传递函数的声场模拟软件，可应用于VR影视、游戏、新闻、娱乐和体育现场直播等领域。拿到天使投资之时，森声科技的声音采集设备工程样机已经制作出来，正在进行测试，半年之内便会上市。

2. 创业期

如果产品已经完成商品化而且进入试销阶段，那么公司就进入了创业期发展阶段。在创业期，公司需要大量的资金，购买生产设备、后续研发并进行市场的试营销。创业期融资的目的是确定产品在市场的可行性并构建营销网络。创业期阶段的公司还没有业绩，很难获得商业信贷，只能通过风险投资获得所需资金。

创业期的风险投资一般称为"创业资金"。这一阶段的投资人所承担的风险因为创业期时间期限的长短不同而不确定。这一阶段的主要风险包括技术风险、市场风险和管理风险。创业资金的主要来源是风险投资公司以及风险投资人。

2015年12月，58到家宣布完成3亿美元的A轮融资，投资方包括阿里巴巴、中国平安、KKR集团。58到家的估值超过10亿美元，此次融资是互联网史上最巨额的A轮融资。

从种子期到创业期是很多创业公司很难踏出的一步。这一过程考验的是创业公司的产品、商业模式、盈利模式和创业团队等各个方面。任何一个环节出现问题，创业项目就会宣告失败。

3. 成长期

成长期是指公司产品经过市场验证后，开始扩大生产、开拓市场的阶段。公司在这一阶段里规模快速增长，市场占有率不断提升。成长期是引入风险投资的主要阶段，此时公司的资金需求量非常大，市场风险和管理风险也有所增大。成长期的资金主要分为运营资金和扩张资金，通过原投资人增资和新投资人进入获得。

4. 成熟期

公司进入大工业生产阶段后意味着成熟期到来。成熟期是公司上市前的最后一个阶段，是风险投资的退出阶段和私募基金的进入阶段。在成熟期，公司的现金流达到一定规模，技术成熟，市场稳定，融资能力非常强。

判断公司的发展阶段有利于创业者客观地看待公司的融资能力，然后结合其他因素综合判断融资金额。

4.1.2 分析公司的现金流大小

公司的发展阶段首先决定了公司发展需要的资金规模大小。而现金流大小直接决定了企业是否需要通过外部融资为企业发展提供资金。因此，创业者需要分析公司的财务状况，看现金流是否充足。

一个健康的企业应该保证企业的资金流动进得多，出得少。当然，在初创企业的收入没有进来之前，企业应该准备充裕的资金来养活团队，一直维持到公司产生销售收入、产生现金流的流入为止。如果自备的资金维持不到那一天，那么创业者就必须有能力预知公司的现金流会在什么时候中断，并在那一天来临前找到投资人，让投资人的资金进入公司的账，这样才能保持初创公司能够运营下去。

无论何时，初创企业的创业者要确保企业的账户有不低于6个月的现金储备。这么做有两个原因：一是初创企业只要保证账户里还有钱，有资金可以用，项目就不会废掉；二是完成一轮融资，一般需要6个月的时间。初创企业需要有充裕的现金储备，让企业能坚持到投资人出资的那一天。

一句话，现金流是初创公司的血脉，现金流掌控着初创公司的生死大权。一个创业者无论有多好的创意，有多么优秀的团队，只要现金流中断，必死无疑。创业者必须清楚公司现金流里的每一个数字。

"现金流"的全称为"现金流量"，是指企业在一定时期的现金和现金等价物的流入和流出的数量。最优质的现金流应当是保持流动性与收益性之间的平衡。创业者分析现金流时，应当主要看以下4项，如图4-2所示。

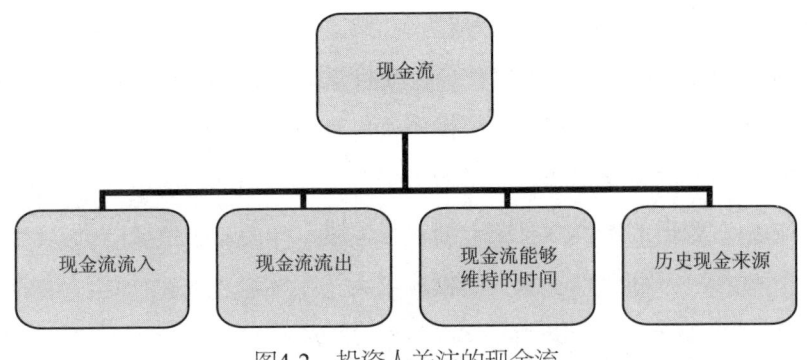

```
                        ┌──────┐
                        │ 现金流 │
                        └──┬───┘
     ┌──────────┬─────────┼──────────┬──────────┐
┌─────────┐ ┌─────────┐ ┌─────────┐ ┌─────────┐
│ 现金流流入 │ │ 现金流流出 │ │ 现金流能够 │ │ 历史现金来源 │
│         │ │         │ │ 维持的时间 │ │         │
└─────────┘ └─────────┘ └─────────┘ └─────────┘
```

图4-2　投资人关注的现金流

现金流流入表现了企业的盈利、预期收益能力。现金流流出表现了企业各项开支的方向与金额。现金流能够维持的时间决定了创业者的企业是否能活下来。历史现金来源分析可以预测企业的持续融资能力的强弱。

通过现金流分析可以大概确定企业融资额度的范围。如果创业者的企业财务状况越好，其现金净流量就越多，所需融资额度就越少；反之，如果企业财务状况越差，现金净流量越少，所需投资人的投入就越多。

4.1.3　融资金额要大于实际需求

一位朋友讲述自己的融资经历，在首次尝试融资时，他超额完成了融资目标。当他完成预定的融资金额，打算宣布融资结束时，更多的投资人表示出了投资兴趣。在这种情况下，他的融资顾问建议他继续融资。最终，他的融资额达到了目标的1.5倍。当他进行第二次融资时，他的融资额是目标的2倍。

第一次融资的时候，顾问花了很长的时间说服他接受更多的资金。因为他非常担心股份被摊薄，并且认为融资金额满足当前发展业务的需求就够了，不需要更多。除此之外，他更希望回归正常工作，而不是在融资上花费更多的时间。

他最终没有为自己的决定后悔，甚至因为拿到更多融资感到庆幸。因为充足的资金给他的项目带来了正向的现金流，使他不需要在项目发展的转折点寻找第二轮融资。

大多数创业者都不会像这位朋友一样做,在完成预定的融资额后继续拿更多的资金。他们更多的是在投资人仍有投资兴趣的时候停止融资。当然,我们所说的融更多的钱不是指上千万美元的差别,而是几百万美元的差别。相对较多的融资额有助于创业者试错,即便发生金融危机,也能扩大公司规模。下面总结了融资金额应当大于实际需求的3个原因,如图4-3所示。

- 一　资本环境变化难以预测,融资有备无患
- 二　下一轮融资更加困难
- 三　多次小规模融资会导致创业者分心,不利于鼓舞士气

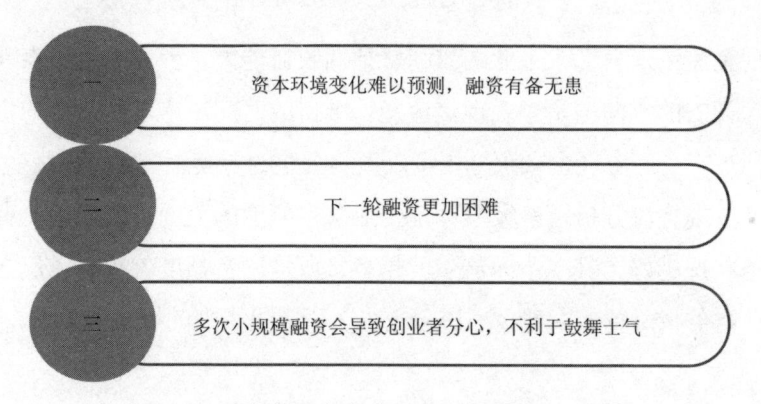

图4-3　融资金额应当大于实际需求的3个原因

第一,资本环境变化难以预测,融资有备无患。2008年发生全球性金融危机,融资几乎枯竭。对这一时期有巨大资金需求的创业公司来说,情况是非常糟糕的,有些公司甚至因为无法拿到融资而失败。当时,许多信誉良好的投资人反悔拒绝投资的案例非常多,尽管之前曾经承诺过会投资。

尽管时间不长,有融资能力和没有融资能力的公司差别非常大。如果公司提前拿到了足够多的融资金额,应对金融风暴会变得简单很多。在这样的情况下,如果公司没有提前拿到足够多的融资,此时又无力融资,度过金融危机的可能性就非常小。

第二,下一轮融资更加困难。创业者应当明确一点,每当你试图融资的时候,情况会比上一次更加困难。因为公司的估值是不断增长的,而投资人的预期也在不断提升。例如,天使轮融资时,投资人更看重团队和创

业计划,而随后A轮、B轮以及C轮融资时,投资人关注的是业绩。试想一下,取得业绩是不是比提出目标更加困难。因此,创业者在可以拿到更多融资的时候最好不要拒绝,因为你不知道当前的融资是否能够支撑到取得一定业绩之时。

第三,多次小规模融资会导致创业者分心,不利于鼓舞士气。融资本身就是项目发展之外的一件事情,需要花费创业者很多时间和精力。如果公司每几个月就进行一轮融资,那么会在很大程度上分散创业者的精力,不利于公司发展。因为创业者本应该将这些时间用于公司运营,确保在下一轮融资之前实现业绩目标。不断地融资可能会导致创业者实现业绩目标的时间延长甚至无法实现业绩目标。

综上所述,创业者根据公司发展阶段以及现金流大小确定资金需求后,应当确定大于实际需求的融资金额。

4.2 判断融资轮次与频率

企业股权融资一般分为种子轮、天使轮、A轮、B轮、C轮……那么,问题来了,如何判断企业融资轮次?一年时间完成几轮融资最好?融资轮次越多越好还是跟着企业发展的节奏来?讨论融资轮次与频率是公司融资内部计划的一项内容。

4.2.1 根据产品业务和企业发展确定融资阶段

年仅21岁的Oculus联合创始人帕尔默·洛基(Palmer Luckey)和众多硅谷的创富神话一样,半途退学,在车库创业。下面以Oculus VR项目为例,看通过产品业务和企业发展确定融资阶段的方法。

Oculus公司成立之初,帕尔默·洛基一个人负责所有工作,直到另外两位游戏行业内的高管布伦丹·艾里布(Brendan Iribe)和迈克·安东诺夫(Mike

Antonov）加入。此后，迈克·安东诺夫担任公司首席软件架构师，布伦丹·艾里布担任公司CEO，帕尔默·洛基开始放下公司管理，将全部精力放在虚拟现实头盔产品上。

2012年8月1日，Oculus在Kickstarter众筹平台上发布Oculus Rift虚拟现实头盔项目，这款虚拟现实头盔产品是一款专门用来玩虚拟现实游戏的外设。这一众筹项目的成功彻底改变了玩家对游戏的认识。经过1个月的融资后，Oculus公司获得了9522名用户的支持，拿到243万美元的资金。Oculus公司众筹的预定目标金额是25万美金，最后筹得的资金超出近9倍。

此轮融资相当于Oculus的天使轮融资。此时，Oculus公司具有这样的特征：产品有了初步形态，已经可以拿给投资人看；有了初步的商业模式，是否可行有待验证。

如果你的公司满足以上特征，可以据此判断需要寻找天使投资人和天使投资机构的投资，融资轮次为天使轮融资。

2013年6月，Oculus获得A轮融资1600万美元，投资方包括美国经纬和星火资本公司等。此时的Oculus满足以下特征：产品有了成熟模样，公司已经正常运作一段时间并有完整详细的商业及盈利模式，在行业内拥有一定地位和口碑。公司当前有可能依旧亏损，但是产品正式推出市场后的潜力非常大。

2013年8月，Oculus成功推出首批硬件产品，首批Oculus Rift虚拟现实头盔发货。最低价的虚拟现实头盔Oculus Rift限量版为275美元，普通版本为300美元。2013年9月，Oculus Rift虚拟现实头盔在游戏头盔E3大展上获得了"年度最佳游戏硬件"的提名。

在发售硬件的同时，Oculus和多家公司展开合作，SDK开发包放出后，每天都有十数款新的游戏或演示版游戏支持Oculus Rift虚拟现实头盔。当时，不论是从SDK的稳定性，还是从开发的上手易用性看，Oculus VR的产品在软硬件上都交出了高于公众预期的成绩单。

2013年年底，Oculus获得了7500万美元的B轮融资，领投方为A16Z天使投资。此轮融资之后，A16Z的创始人迈克·安德森（Mark Andreessen）

加入了Oculus VR的董事会。

此时，Oculus的特征为：A轮融资获得的资金使得公司获得了一定发展，已经开始盈利。商业模式没有任何问题，可能需要推出新业务，拓展新领域。

2014年3月，Facebook以20亿美元交易额收购Oculus，包括4亿美元现金以及2310万股Facebook普通股票。按照2014年3月21日前20个交易日的平均收盘价69.35美元计算，这些股票价值16亿美元。Facebook和Oculus都表示，此次收购不会影响Oculus原来的发展计划，唯一不同的是，Oculus获得了更多的资金支持。

Oculus被高价收购意味着创业项目是成功的。还有一些创业公司的最终目标是上市，对这些公司来说，还会继续融资，包括C轮、D轮以及E轮等后续轮次融资。

这些公司已经有比较成熟的商业模式，离上市不远，而且已经有较大的盈利，还需要通过融资拓展新业务，补全商业闭环。一般来说，处于这些发展阶段的公司已经有上市计划或者准备。

4.2.2　融资频率不是越高越好

很多高速成长的互联网项目都是依靠风险投资获得快速发展的。种子轮融资、天使轮融资、A轮融资、B轮融资、C轮融资……要想获得高速发展，就必须高频率融资吗？并非如此，融资活动应当根据企业的成长和发展需求进行，而不是单纯追求频率越高。

事实上，一年时间完成3轮融资的公司不只一家，如饿了么、美柚、纷享销客等。这些创业公司之所以融资频率高，是因为他们打开了一个新市场，成长和发展速度快。

下面以企业服务领域(T o B)的纷享销客为例，看他们是如何一年内拿到3轮融资的。纷享销客的融资历程如表4-1所示。

表4-1 纷享销客的融资历程

时间	轮次	融资金额	投资方
2013年6月	A轮融资	300万美元	IDG资本
2014年7月	B轮融资	1000万美元	北极光创投领投，IDG资本、华软创投和博雅资本跟投
2014年12月	C轮融资	5000万美元	DCM领投，IDG资本、北极光创投跟投
2015年7月	D轮融资	1亿美元	联合投资方IDG资本、北极光创投、DCM
2016年3月	E轮融资	未透露具体融资额	中信息产业基金领投，高瓴资本、IDG资本、北极光创投、DCM跟投

通过表4-1可知，纷享销客的B、C、D三轮融资是在2014年7月～2015年7月一年时间内完成的，在ToB圈是第一家一年内完成3轮融资的创业公司。

纷享销客的创始人兼CEO罗旭表示："融资并不是一个公司的发展目的，融资也不代表着成功，但是，融资是实现成功最好的方式，是实现创业梦想的手段。投资人选择的理想企业是有发展、有规划的，所以，在决定创业或者找投资人融资时，最关键的是要看准未来的趋势，并且为你认准的目标竭尽全力。"

2012年年初，以罗旭为首的创始人团队凭借着自己的投资创建了纷享销客公司，并拿到了天使轮投资。团队首先做的事情是分析并把握未来趋势。

当时的大环境是国内对企业移动办公应用认识不足，企业沟通停留在IM和传统PC版OA（自动化办公）软件的阶段，而在国外市场Yammer（一个企业社会化网络服务平台）做得非常火。

与此同时，微博在中国也发展成为一种潮流，智能手机日渐普及。因此，罗旭团队一致认为企业移动办公和沟通是未来的大趋势，并下定决心在企业移动应用领域专注发展。有了好的方向和产品概念，还需要快速行动，于是罗旭团队开始研发产品并制订市场导入计划。

2012年9月，纷享销客正式上线。产品上线后，罗旭开始寻求A轮融资。由于纷享销客是最早一批做企业移动互联网应用的公司，因此与当时大热的ToC应用市场相比，完全是一个反差。大多数风险投资都不看好纷享销客，有一个投资人甚至当面对罗旭说产品不行，坚持不了多久就会死亡。

然而，罗旭依然没有放弃寻找投资人。在多次被拒绝之后，罗旭找到了IDG资本。早在美国企业级应用兴起的时候，IDG资本就已经在中国本土成立了企业创新小组，开始布局ToB企业的投资计划。同样看好企业级市场以及对未来ToB应用趋势的一致观点成就了纷享销客和IDG资本的默契合作。就这样，纷享销客拿到了300万美元的A轮融资。

志同道合的投资人总是可以陪创业者走得更远。如今纷享销客已经融了E轮，而IDG资本除了是纷享销客A轮的主投外，也是随后几轮融资的跟投主力。

纷享销客最初的着眼点是协同办公，名字为"纷享平台"，对标产品是Yammer。但是，这种模式随后出现了问题。国内的中小企业基本上都处于生存与发展的初级阶段，协作效率提升可有可无，而加强销售管理和客户管理，提升销售能力和销售业绩才是刚需。

因此，当团队发现国内市场更适合做"销售云"而不是"协同云"的时候，纷享销客开始进行战略的调整。战略调整决议得到了投资方IDG资本的支持，于是，在2013年7月的发布会上，"纷享平台"正式更名为"纷享销客"，产品定位为移动销售管理SaaS（软件即服务）服务。

产品刚转型的时候，定位于做销售管理，但是没有CRM模块，于是研发团队立即着手做CRM。与此同时，纷享销客开始进行B轮融资。由于产品不完善，而且转型后运营数据不乐观使得很多投资人怀疑罗旭团队是否能做好销售管理。

5个月过去了，罗旭依然没有找到有投资意向的投资人。这时，纷享销客的资金链告急，团队遇到了前所未有的压力和困难。在2014年春的时候，事情发生转变。SaaS市场开始热起来，而且团队做出了第一版CRM，纷享销客对于转型之后的发展决心和产品规划也得到了北极光创投的肯定，最终收获了北极光领投的千万美元B轮融资。

在一系列的战略调整和融资支持下，纷享销客的市场慢慢打开了，精准定位了市场需求点。2014年6月，纷享销客的企业用户突破5万家，包括CCTV、汽车之家、新浪乐居、京东方等众多知名企业。

接下来，纷享销客遇到了发展中的第二个转折点，即选择线上模式还是线下模式。线上模式的好处是轻量级、市场大、人力成本少，而线下模式被公认为是落后、繁重、高成本的。但是罗旭认为："销售管理软件的使用，在中国市场的成熟度尚浅，我们需要做的不仅是让用户知道我们，更多的是要帮助用户更好地使用我们的产品，如果把这个过程比作长跑的话，那最后最关键的一米，就是服务，用户只有拥有了服务，才会深入地使用产品，获取价值。"

在罗旭的坚持下，纷享销客最终选择了做线下模式，以线上为辅。同时，纷享销客提出"五星级服务"，致力于为用户提供完善的服务和指导，最终帮助用户实现销售业绩的突飞猛进。

纷享销客大力拓展市场，并实现了全国24小时电话回访服务，72小时服务人员到达服务，构建了完善的销售服务体系。市场反应非常快，纷享销客在同行业中迅速发展，在一年中实现了10倍速跨越式发展，一举成为行业内的领跑企业。

罗旭认为，A轮看的是创业者的见识，B轮看的是产品的发展力，C轮得靠市场说话，让用户点赞。纷享销客在SaaS市场的表现得到了众多资本方的认可，很轻松就获得DCM领投的5000万美元C轮融资。

随着互联网的不断深化发展，SaaS行业也迎来了爆发性发展。纷享销客作为行业内销售垂直领域发展最快体量最大的企业，开始打造集成平台。此时，纷享销客的数据说明了市场的巨大潜力，国内中小企业市场对于SaaS的需求强劲。

从2014年起，纷享销客的营收持续保持每3个月翻一倍，一年内销售收入增长近12倍，活跃用户累计付费转换率为47.7%，续费率为75.2%，首次付费后增购终端数企业占比22.3%。75%以上的企业用户选择续费使用足以表明他们对纷享销客的产品和服务是认可的，这也是衡量一个SaaS产品成功与否的关键指标。

纷享销客的突出表现使得D轮融资非常顺利。2015年7月，纷享销客得到了亚洲对冲基金领投，DCM、IDG资本和北极光创投跟投的1亿美元D轮融资。

拿到D轮融资后，纷享销客在分众楼宇、网易、腾讯新闻客户端等媒体投入近1亿元的广告。各种市场营销手段使得纷享销客的市场影响力进一步拉升。

2016年3月，纷享销客继续完成E轮融资，领头方为中信产业基金，高瓴资本、DCM、北极光创投及IDG资本均参与跟投。纷享销客没有透露此轮融资的具体融资额。随后，纷享销客宣布将进行全新战略升级，由之前的移动销售管理工具升级为一站式移动办公平台，其办公版免费，而品牌名也由原先的"纷享销客"更名为"纷享逍客"。

在变化莫测的市场里，拿融资仅仅是起点，而不是目的。纷享销客在几轮融资的支持下一步步实现构想，充分印证了最初对于企业市场和企业移动办公趋势的看法。正如罗旭所说的："融资不是目的，而是能够帮助你走向成功，最重要的是你的选择和坚持。"

然而，一年内完成3轮融资对于大多数创业公司来说是非常困难的，只有像纷享销客一样极少数的优秀创业公司可以实现。一般情况下，创业公司会顺应自身发展，根据发展需求来确定融资阶段。

如果项目仅仅是一个创意或者项目，还没有成立公司或者公司刚刚成立不久，此时的融资就是种子轮融资或者天使轮融资。当今的互联网巨头企业都是依靠着天使投资的支持发展壮大起来的，如谷歌、苹果、Facebook，以及BAT三巨头百度、阿里巴巴和腾讯。

按照互联网企业的发展速度，天使轮融资之后的一两年，产品就走向成熟，用户量也有了一定基础，此时就可以进行A轮融资了。拿到A轮融资之后，如果用户数继续增长，业务发展态势良好，再过半年或者一年企业就进入了B轮融资阶段，紧接着是C轮、D轮……企业融资是有一定规律的，不能太急躁，一切以产品业务发展和企业发展为主。

4.3 漫漫融资路，看创始人柴可如何撑下来

"大姨吗"创始人柴可将融资历程分为3个阶段，分别是为生存而融资、为发展而融资、为竞争而融资。不同的融资阶段有不同的融资目的，所以也应当有不同的融资策略与方法。制订融资内部计划时，创业者应当把握节点和节奏，在正确的时间、合适的阶段拿需要的钱，这样的融资才能帮助创业者，最终对投资人也是有利的。

4.3.1 夜路的开始：先勇敢地投资自己

2009年，柴可开始第一次创业，项目名称为"友乐活网"，产品是糖尿病线上管理软件。他的创业种子资金50万元是他大学毕业后在加拿大Westjet航空公司工作挣来的。

柴可给大家的启示是，在开始创业的时候，自己投资自己是非常重要的。如果你拿出自己的全部身家全身心投入创业事业里，这表明了一种信心和决心。如果你自己都不敢投资自己，说明你对自己都没有信心，还为自己留了后路，那么你创业的时候就没有破釜沉舟的决断和魄力。最终的结果是你不会全力以赴，一遇到困难就想要放弃，而且这还会导致你的团队没有足够的信心，投资人更是不敢对你投资。

不要总是抱怨投资人的钱不好拿，你应当首先问一问自己，你给自己投资了吗？投资了多少？是不是自己的全部身家？

有些创业者可能会说：我没有钱，没有钱就没办法做事情。在这些创业者心里，没有钱就不能做事，这种想法是不对的。创业者应当有拿不到钱也要做事的决心。当你有决心的时候，就会想办法把事情做成，这样别

人才会愿意帮你，给你投资。

如果你对投资人说：只要你给我钱，我就能把事情做成，那么投资人多半会觉得你不靠谱，不会给你投资。因为靠谱的创业者的心理都是非常强大的，创业的决心也非常大，不管能不能拿到钱。

当你走上创业之路的时候，就应当抱着一种走到底、不半途而废的决心。如果没有义无反顾创业的坚定意志，你不仅无法打动自己，也无法打动团队，更不能说服投资人。

4.3.2 漫漫长夜：没钱的时候要想办法挣钱养活产品

柴可的第一个创业项目并不成功，糖尿病的线上管理软件上线后用户量非常低，日活跃量最差的时候只有一个人，这是柴可没有想到的结果。

由于产品不赚钱，而且还在持续花钱，柴可筹集的创业种子资金只维持到了2010年10月。在这种情况下，柴可只能硬着头皮去找投资人。结果在预料之中，没有一个投资人愿意投资。于是，柴可及其创业团队不得不通过接外包挣钱。

整个2010年年底，柴可和他的团队疯狂接外包，20多人的团队每月能挣8万元左右，基本上可以应付房租、水电、人工等支出。

在这一段时间里，如何生存下去是柴可思考的唯一问题。他说："这个阶段能挣到钱非常重要。所以我认为创业者没钱的时候，你一定先要想挣钱的问题，而不是想融资。融资是杠杆，但永远不是根本。"

马化腾最初创立QQ时的经历与柴可类似。2000年，QQ发展迅速，用户达到500万，并且仍有继续增长的趋势。看着注册人数不断增长，马化腾的内心是非常纠结的，因为QQ用户量的增加意味着扩充服务器费用的增加。当时QQ每月的服务器托管费就需要一两千元，这给成立不满两年的腾讯带来巨大压力。为了解决资金问题，马化腾和他的团队只能夜以继日地做一些小活，目的是养活QQ。

柴可和马化腾的经历告诉创业者，创业是一个漫长的过程，在最艰难的时候一定要想办法养活产品。这不仅考验了创业者的毅力与耐力，也决定了创业能够否取得最终的成功。

4.3.3 黎明前的黑暗：数据好看不怕没有人投资

2012年，柴可和他的创业团队终于走过了最艰难的时期，他们做的"大姨吗"APP得到市场认可。在没有任何广告营销的情况下，"大姨吗"用户数每天增加800个。直到2012年3月，"大姨吗"用户数达到26万。

柴可本以为拿到融资应该不成问题了，但是现实很残酷。虽然数据不错，但是投资人依然不愿意投资。面对投资人提出的一系列问题，柴可和他的团队根本答不上来。

投资人提问的问题包括：你借鉴的模式是什么？下一步怎么做？发展规划是什么？市场份额预测是多少？如何证明预测的合理性？盈利模式是什么？什么时间实现盈利？

关于借鉴模式，"大姨吗"找不到借鉴对象。下一步计划，柴可和他的团队还没有明确。其他问题，他们更是无言以对。怎么办？只能咬牙坚持。

尽管产品已经有了核心用户，甚至发展到一定的用户规模，用户反馈也不错，但是大部分投资人还是选择继续观察，因为他们没有看到盈利点。

在这种情况下，创业者不需要着急，只要继续做产品，总会有投资人投资的。

4.3.4 黎明前的曙光：团队执行力

2012年6月，"大姨吗"获得真格基金领投的数百万元天使融资。柴可认为，真格基金之所以选择投资"大姨吗"，是看中了团队的执行力。这种执行力可分为历史执行力、当下执行力和未来执行力。

历史执行力是指创业团队在之前做了什么、怎么做的、做成了什么。以柴可团队为例，在"大姨吗"之前，他们始终在做健康领域的产品，包括糖尿病、减肥、中医调养健康问答、医药企业的销售代表定位系统等。从ＴｏＢ到ＴｏＣ，"大姨吗"之前的项目几乎都失败了。但是失败经验的沉淀也是投资人看重的一大因素。

当下执行力是指创业团队现在在做什么、项目现状是什么、做到了什么程度。当下执行力可以通过数据表现出来。"大姨吗"当前的用户数据是非常乐观的，足以表明柴可团队的当下执行力非常强。

未来执行力是指创业团队将来想要做的事情，未来执行力需要通过历史执行力和当下执行力证明。也就是说，通过判断历史执行力和当下执行力，投资人便知道创业团队的未来执行力强不强。

关于执行力的重要性，柴可说道："一定要把整个融资PPT里面的每一页都放到执行层面上来，而不要去空讲任何东西——这是我们拿到真格第一笔150万元人民币投资之后，反思的一点。"

4.3.5 融资三部曲：生存、发展、竞争

大姨吗的融资历程如表4-2所示。

表4-2 大姨吗的融资历程

时间	轮次	融资金额	投资方
2012年6月	天使轮融资	数百万元	真格基金、天使湾创投
2013年4月	A轮融资	500万美元	贝塔斯曼亚洲基金、真格基金
2013年8月	A+轮融资	数百万元	蔡文胜
2013年9月	B轮融资	1000万美元	红杉资本领投，贝塔斯曼跟投
2014年6月	C轮融资	3000万美元	策源创投领投，红杉资本和贝塔斯曼跟投
2015年7月	D轮融资	6200万美元	汤臣倍健
2015年10月	E轮融资	1.3亿元	海通开元投资有限公司、汤臣倍健、创始人柴可

根据柴可对融资阶段的划分，"大姨吗"的融资过程也分为生存、发展、竞争3个阶段。为生存而融资的阶段到来十分不易，是柴可和他的团队历经漫漫长夜迎来的。在这一阶段，投资人到底看中什么，柴可说了自己的经验："天使投资人在早期阶段，一定是70%看人，20%看项目，10%看运气。人其实是非常重要的一个部分。投资人会看你为什么创业，有没有坚持，以及你的方向。"

黎明前的曙光充满了希望，而太阳升起的时刻最是令人激动。在为发展而融资的阶段，"大姨吗"获得贝塔斯曼亚洲基金500万美元的融资。这时，"大姨吗"用户已经达到一定规模，服务器也到了极限，这为给用户提供更好的服务带来了瓶颈。这时，柴可提出要做24小时客服，追求极致的服务。正是对"大姨吗"发展的思考促成了此次融资。

对"大姨吗"来说，红杉资本领投的B轮融资是为竞争而融资。对于这一阶段的融资，柴可总结了三方面的经验，如图4-4所示。

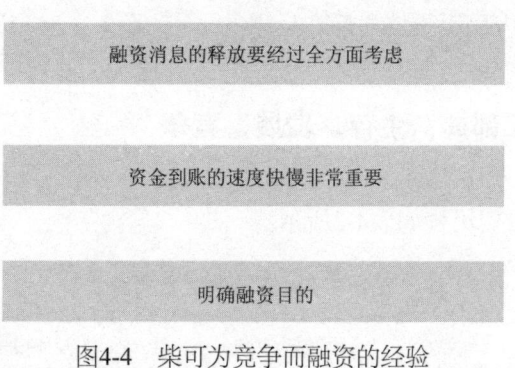

```
┌─────────────────────────────┐
│ 融资消息的释放要经过全方面考虑 │
└─────────────────────────────┘

┌─────────────────────────────┐
│  资金到账的速度快慢非常重要  │
└─────────────────────────────┘

┌─────────────────────────────┐
│         明确融资目的         │
└─────────────────────────────┘
```

图4-4 柴可为竞争而融资的经验

第一，融资消息的释放要经过全方面考虑。释放融资消息首先要考虑的问题是什么时候释放融资消息合适。创业者应当分析自己所处的行业和状态，再决定快放还是慢放。需要注意的是，释放融资消息不一定要放大资金数，也不一定要快放，应当具体情况具体分析。

第二，资金到账的速度快慢非常重要。互联网时代的竞争是争分夺秒的。迟到一天就可能被竞争对手赶超。因此，创业者融资的时候应当与投资人约定好资金到账时间，并写在投资协议里。

第三，明确融资目的。融资不是目的，融资是为了让项目获得更好的发展。所以，创业者不能只是因为竞争对手而去融资，这样会导致过于关注竞争对手而忽视了自己的根本目的：争夺用户和市场，获得更多盈利。

创业应当谨记，融资只是工具，是创业成功的桥梁，只有通过桥梁到达彼岸才是融资的目的。融资目的的实现意味着创业项目大获成功。

第5章
商业计划书的撰写流程

通常来说,投资人在约你见面谈项目之前已经收到了你的商业计划书。可以说,商业计划书是投资人对你的第一印象。如果第一印象没有抓住投资人,那么你想要得到投资就很难了。因此,当你开始写商业计划书的时候,心里应当有大纲,然后在大纲范围内,有条不紊地呈现你的想法。

5.1 公司基本情况

商业计划书的第一部分内容应当是介绍公司的基本情况，包括公司叫什么、公司在哪、公司是什么性质、公司股东有哪些、控股结构是怎样、创业团队的组成是怎样、团队成员如何分工等。

5.1.1 公司基本简介

作为商业计划书开篇的第一个部分，公司基本简介部分首先要介绍的就是公司名称及所在地点，让投资人知道你的项目在哪个地区。这与自我介绍是一样的，一个第一次见面的人首先想要知道的是你叫什么名字，来自哪里。公司基本简介部分可以参照表5-1组织语言。

表5-1 公司基本简介

基本信息	具体内容
公司名称	
公司注册地	
注册资本	
企业类型	
公司成立时间	
法定代表人	
主营产品或服务	
主营行业	
经营模式	
联系人	
电话	
移动电话	

需要注意的是企业类型部分，企业类型包括有限责任公司、股份有限公司、合伙企业、个人独资等，还需要说明其中国有成分比例和外资比

例。另外，说明自公司成立以来主营业务、注册资本等公司基本情形的变动也需要做出说明。

5.1.2 公司股东及控股结构

商业计划书中关于公司股东以及控股结构是怎样的需要重点说明。如果投资人对公司当前的融资情况一无所知，很难付出信任。将这一点介绍清楚，可以提高自己公司及项目的信任背书，吸引更多的投资人关注和参与。做完公司基本简介后，可以列表说明目前股东的名称及其出资情况，如表5-2所示。

表5-2 公司主要股东及控股结构

股东名称	出资额	出资形式	股份比例	联系人	联系电话
甲方					
乙方					
丙方					
丁方					
戊方					

如果创始团队已经搭建完整，投资人会重点关注股东控股结构方面的信息。股东控股结构不仅可以反映创业公司的现在，还可以看到公司的未来，因此创业者应当向投资人展现一个健康合理的控股结构。至于股权架构的搭建，我们在第3章已经有详细讲述。

5.1.3 创始团队及其分工简介

天使投资人投资时最看重的因素就是创始人团队。有一些阵容强大的创始人团队，在项目还仅仅是一个想法的阶段就能拿到投资。因此，在撰写商业计划书时，创业者应当重视对创始团队及其分工方面的介绍。

以去哪儿网为例，一起看其创始团队成员及其分工简介，如表5-3

所示。

表5-3 去哪儿网的创始团队成员及其分工简介

职务	姓名	负责业务	毕业院校及创业经验
首席执行官	庄辰超	2005年5月,庄辰超与戴福瑞、道格拉斯在北京共同创立了去哪儿网及其运营公司北京趣拿信息技术有限公司。庄辰超就任去哪儿网总裁,领导公司整体运营。2011年6月,庄辰超出任首席执行官,全面负责去哪儿网的战略规划和运营管理	毕业于北京大学本科电子工程系;1999年,庄辰超曾在著名的中文体育门户网站鲨威担任首席技术官;在美国华盛顿工作4年,担任世界银行系统架构的核心成员,设计并开发世界银行内部网系统
首席财务官	孙含晖	2010年1月,孙含晖加入去哪儿网,出任首席财务官。孙含晖主要负责财务运营、兼并收购、投资者关系、法律事务、CPM销售等多项工作	毕业于北京理工大学,并获得中国注册会计师资格;在世界四大会计师事务所之一的毕马威会计师事务所工作多年;曾任马士基中国有限公司财务副总经理、微软中国研发集团财务总监等职务
首席技术官	吴永强	2007年3月,吴永强加入去哪儿网,出任首席技术官。吴永强主要负责技术研发等相关工作	毕业于北京理工大学,后取得香港中文大学工商管理学金融方向硕士。曾任雅虎中国技术总监以及艺龙旅行网技术总监
执行副总裁	彭笑玫	2005年6月,彭笑玫加入去哪儿网,出任执行副总裁。彭笑玫主要负责业务发展、搜索业务销售和旅游度假业务发展等相关工作	毕业于哈尔滨工业大学、中欧EMBA高级工商管理硕士。历任新闻集团旗下网站ChinaByte制作人、民网网络管理员、Agenda公司项目经理、Suntendy America纽约公司总经理等职务;鲨威体坛的创始成员之一

续表

职务	姓名	负责业务	毕业院校及创业经验
副总裁	张泽	2008年4月,张泽加入去哪儿网,出任副总裁。张泽主要负责酒店产品及新业务	本科毕业于上海医科大学,后取得美国康奈尔大学的酒店管理硕士、中南财经政法大学高级管理人员工商管理硕士学位。曾任锦江之星市场部总监、中国旅游协会休闲度假分会市场营销专业委员会副主任委员
副总裁	谌振宇	2010年3月,谌振宇加入去哪儿网,出任副总裁。谌振宇主要负责去哪儿网的产品和无线业务。目前,谌振宇和他的团队致力于将去哪儿网旅游产品无线化,随时随地"聪明"用户的旅行	毕业于武汉水利电力大学。在百度工作期间历任工程师、技术经理、大搜索部门高级经理等职位;是中文RSS聚合门户——抓虾网创始人之一,并担任首席技术官
副总裁	杨威	2008年3月,杨威加入去哪儿网,2011年7月任副总裁。杨威主要负责去哪儿网的机票和交易平台业务。在去哪儿网工作期间,历任高级产品经理、产品总监、高级总监。先后负责机票搜索、机票及酒店交易系统、消费者及客户支持等业务	毕业于北京大学,获双学士学位;曾任深圳航空公司收益管理项目经理、收益管理副经理,期间建立的运价管理体系得到了行业领先公司的认同和沿用

创业公司可以参照表5-4和表5-5介绍创始团队及其具体分工。

表5-4 董事会成员名单

职务	姓名	负责业务	联系电话
首席执行官			
首席技术官			
首席财务官			
执行副总裁			
副总裁			

表5-5 公司内部部门设置情况

序号	部门名称	负责经理	人员数	联系电话
1	研究开发部			
2	生产部			
3	商务部			
4	行政			
5	质控、质保部			
6	财务部			
7	工程设备部			
8	顾问委员会			

需要注意的是，如果创业团队成员的背景有优势，也可以做简要说明。例如，有成员来自清华大学、北京大学或者哈佛大学、斯坦福大学，名校背景会给项目加分不少。因为越是名校，课程设计越是严苛，对学生的学习能力要求越高。如果创业者的学习能力强，那么在变化无常的商业环境中，可以迅速接受和利用新的商业模式，并因此产生更多的价值。因此，有名校背景的创业者更容易吸引投资人的注意。

当然，如果你的团队没有大背景，智商和学习能力也可能非常高，但是需要通过其他途径证明给投资人看。介绍创始团队及分工的时候，不妨先看看自己的成员有哪些加分项，然后做重点介绍。

5.2 行业情况

介绍完公司的基本情况后，接下来需要介绍公司所处行业的基本情况，包括行业及市场前景概述，目标用户的需求及购买力大小、是否拥有专门技术、版权、专利或者配方，产品与同类竞品对比有哪些优势等。本节以手艺饰品公司撰写的商业计划书为例，看具体应当撰写哪些内容。

5.2.1　行业及市场前景概述

投资人选择投资项目时肯定会关注项目的市场前景，而创业者选择创业项目时也会优先选择市场前景看好的行业。全面的市场前景描述应当包括市场规模、企业的发展潜力和预期、预期市场份额、扩展业务的机会大小等。

下面是手艺饰品公司撰写创业计划书时对市场前景的分析：

"饰品成为了当代年轻人各个节日送礼的一大热门，深受广大女性的吹捧，可见人们对饰品的需求。饰品行业的发展尽头十足，如雨后春笋般蓬勃发展，但是随着饰品店的增多，饰品店间的竞争必将日趋激烈。

个体经营、分布零散的小打小闹因无法在竞争中求得生存，最终都会走上加盟连锁、统筹分布的道路。并且各种饰品店都存在着设计款式雷同的缺陷，远远无法满足当代年轻人追求独一无二的需求。虽然现在各种饰品连锁店经营者进入的形式各有不同，但不管其背景如何，要想在饰品行业中树起一面大旗，找到立足之地，找对特色项目永远是最关键的一步。

众所周知，产品可以复制，技术可复制，但创意无法复制，手工饰品因而发展起来。手工饰品的个性化不但能满足当代女性爱美的需求，还能满足当代年轻人追求独一无二的需求，更是节日送礼的最佳选择。

因为我们手工饰品所拥有的设计团队是由一些民间的手工制作者以及热衷于设计的创意爱好者进行设计和制作的。不仅仅是设计独一无二、纯手工制作，而且我们公司将对各种节日量身设计代表性作品，会员顾客还可以到店里与设计人员交流，为自己设计专属的饰品。"

在个性化需求越来越明显的趋势下，该手艺饰品公司纯手工制作的特色定位确实符合市场需求。唯一不足的是，缺少市场调查数据说明。如果加上真实的市场调查数据，说服力更强，投资人很容易就能判断市场前景是否真正乐观。

2016年是属于互联网的新时代，我们总结了2016年最有市场前景的十大行业，包括互联网服务行业、教育和培训行业、农业、旅游行业、文化娱乐行业、生物医药行业、健康管理行业、老年用品和服务行业、智能家居、信息安全分析行业。如果你的创业项目所属行业为以上十大行业之一，或许更容易受到投资人的青睐。

5.2.2 目标用户的需求及购买力

说完市场前景，还需要看目标用户的需求及购买力。上述案例中，手艺饰品公司的商业计划书对目标用户的需求及购买力的说明为："试图寻找更漂亮、更时尚的饰品来装扮自己是女人的天性，因而对个性化饰品的需求更是有增无减。而现在节日送礼更是流行之所趋，虽然节日送礼的商品各不相同、种类繁多，但是送礼追求个性化更是年轻一代的一道亮丽风景线。而我们手工饰品公司正好利用到了个性化这一点，既满足女性爱美的需求，更满足年轻一代人对送礼个性、时尚的需求，这就形成了良好的供需关系。"

另外，该手艺饰品公司定位了三大客源，分别是追求时尚、个性的广大女性，追求独一无二的年轻一代人以及各个节日送礼人群。

众所周知，女性消费人群的购买力普遍高于男性，手艺饰品公司将女性作为目标用户是有一定优势的。在目标用户需求定位及购买力方面，唯品会堪称经典案例。

唯品会最初由奢侈品转型到大众名品就是看准了女性消费人群的消费需求，决定不断满足这一群体。在唯品会一亿注册会员中，女性用户占据80%以上，为唯品会贡献了将近90%的销售额。

阿里巴巴的创始人马云说过："电商者，得女人者得天下！"由此可见，现代女性消费者倾向于独立与自主，有着旺盛的消费需求与消费能力。这一特征给创业者带来了无限机遇，同时也提出了更大的挑战。"她经济"时代已经来临，而唯品会较早地察觉到了这个商机。

唯品会洞察和顺应了女性用户的消费习惯，致力于满足并超越女性用户的心理需求。例如，基于用户数据分析采取惊喜营销，成为首家登录微信朋友圈的电商；顺应女性用户中"晚购族"和"床购族"的需求开设晚8点移动特卖专场；在2009年抢先发力移动端特卖等。

唯品会最初从奢侈品转向服装尾货顺应了用户需求，并因此有了用户基础。之后唯品会开始进行品类扩张，大量增加新品与专供品的比例。可以说，唯品会依靠代售品牌尾货起家，从与大品牌合作发展到与本土品牌合作，从尾货折扣发展到新品上市的首发模式，一直致力于打造最完善的购物流程和最优质的用户体验。

百恩百公司的创始人黄若是中国电商界骨灰级领军人物，他认为评价一个电商企业是否成功主要看3个要素：模式；经营效率；顾客留存率。在这三方面，唯品会的表现都非常优异。在进攻"她经济"的过程中，既保证产品足够时尚、大牌，又要保证产品的客单价不能太高，这对买手的要求非常高。唯品会积累了大量关于用户偏好和消费行为的数据，而强大的买手团队和"特卖"模式使唯品会拥有了深度维系女性用户的法宝和强大的产品掌控力。

综上所述，创业者首先要精准定位目标用户需求，确保目标用户的购买力较强。在此基础上，你才能让投资人相信你的创业项目是有巨大潜力的。

5.2.3　与同类竞品对比突出产品优势

下面是手艺饰品公司商业计划书中，对比分析竞争对手的内容：

"目前饰品行业的发展劲头十足，存在各种档次的饰品专卖店、销售点。商店里充满着各种款式、各种层次的产品，充分满足了消费者日益增长的需求。顾客的可选性增多了，也是对我们的一种极大的挑战，因此要做好一切迎接困难的准备。竞争对手：国际著名饰品连锁品牌乔伊丝饰品、ayiya、饰全十美、花之恋和哎呀呀等。与之相比，我们各有优势和劣势。表5-6是我们与哎呀呀全国连锁饰品的优势与劣势比较。

表5-6 手艺饰品公司与哎呀呀饰品优劣势对比

	手艺饰品公司	哎呀呀饰品
优势	1.店铺处于高校周边，更能得到当代年轻人的青睐； 2.产品都为个性化，满足当代年轻人追求独一无二的心理； 3.与顾客互动，满足顾客好学心理； 4.我们让一些产品循环利用，既环保又节约资源； 5.纯手工制作，品质保证，并且产品无雷同现象	1.交易的产品范围更广，覆盖范围更大； 2.成立时间久，并且是全国连锁，实力雄厚，经验丰富； 3.知名度高，客户对象广； 4.拥有网上副营，销量更多
劣势	1.交易的物品品种有限； 2.知名度不高，市场窄	1.产品涉及范围太广，品质得不到保证； 2.产品设计雷同，且很多由市场批发，不能满足顾客追求个性的需求

虽然有竞争，但是并不是说我们没有发展的余地。像淘宝网和京东商城一样，虽然有淘宝网这样强大的竞争对手，但是它能找到自己的核心竞争力。而我们手艺饰品是靠纯正的手工制作而发展的，光靠独一无二的特点就能备受当代年轻人的青睐，这是其他饰品店所没有的，并且，我们有代表节日的独特设计以及和顾客交流，让顾客想学的制作样品，满足他们好学心理的同时，可以让顾客所送的礼物更有意义性，这就保证了我们饰品店的吸引力。同时也能让我们在激烈的竞争中取胜。"

大部分创业项目都有竞争对手，即使创业者没有在商业计划书里面提到，投资人也会自己思考，根据自己掌握的消息咨询查出来。因此，创业者最好在商业计划书里将竞争对象写出来，然后与之相比，分析双方的优劣势。当然，在分析优劣势的时候，要把自身的优势突出出来，吸引投资人。

这样既可以避免被投资人认为思虑不周，还不影响项目在投资人心中留下好印象。

5.3 产品研发

产品还没有研发出来与产品已经推向市场的融资情况绝对是不一样的。这也是一些投资人决定是否投资的考虑因素。这一部分应当包括产品成品演示、依据产品功能结构图的研发架构、当前研发阶段、已投入和计划再投入的研发资金是多少等。

5.3.1 产品成品演示

项目能够引起投资人的关注，很大一部分原因在于创业者对产品的展示。好创意有了，接下来要做的就是向投资人描述清楚这个创意，让投资人能够在短时间内了解你的创意。如果有现成的产品Demo图或者视频，可以加在商业计划书里。

一个优秀的风险投资人每周接触到的商业计划书多达几十个，但其时间是有限的。因此，创业者在演示产品的部分，应当假设投资人对该产品技术或者行业术语很陌生。投资人不会浪费时间，去弄明白一个他们不懂的创意或者产品。另一方面，在演示产品部分，需要准确地描述其理念。创业者必须让投资人理解产品的基本结构，并让投资人觉得可信。

具体来说，怎样将产品演示环节加入商业计划书呢？美国创业孵化器公司Y Combinator积累了大量的经验，尤其是在帮助创始人向投资人演示产品方面。产品成品演示应当注意以下4个方面，如图5-1所示。

一	在商业计划书里加入产品Demo图或者视频
二	描述语言应简洁清晰
三	讲出产品的核心创意
四	引用数字和图片

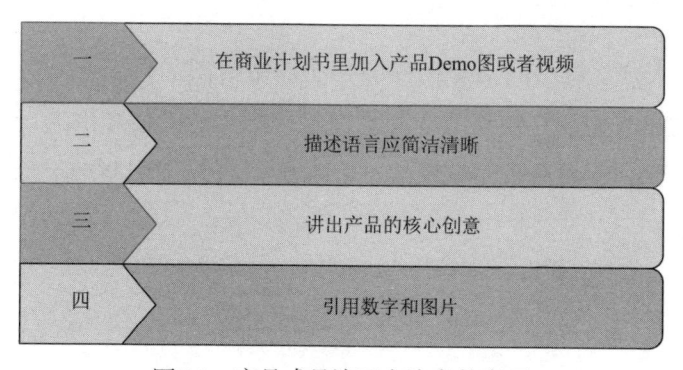

图5-1 产品成品演示应注意的事项

第一，在商业计划书里加入产品Demo图或者视频。一个Demo演示的说服力胜过千言万语。Demo演示可以模拟用户场景需要，不用介绍每一个功能。在产品成品演示环节，创业者可以加入产品Demo图或者视频，这样有利于投资人阅读商业计划书的时候更直观地了解产品。

第二，描述语言应简洁清晰。描述产品的语言应当简洁清晰而不要模糊抽象。一些创业者认为自己的产品在未来发展中可能会有若干种可能性，不想刚开始就界定产品范围，这种做法是错误的。如果你将借助Web的数据库系统向投资人介绍"可以提供人们分布式共享信息的应用平台"，那投资人不会感兴趣。创业者的主要目的不是说明自己的产品将会演变成什么样子，而是让投资人认识到产品的成长潜力。

第三，讲出产品的核心创意。投资人不会花费太多时间钻研商业计划书，如果你的产品不能在几秒钟内吸引投资人，那么意味着你失去了这次机会。所以，创业者应当在产品演示环节突出产品的核心亮点。

第四，引用数字和图片。大多数创业者可能会因为最初的用户量、访问量小，不愿意引用数据。事实上，引用一些关键数据可以加深投资人的印象，这比单纯的描述更能吸引投资人注意。

另外，商业计划书中太多的文字会让投资人感到单调，可以适当加入图片展示你的产品。需要注意的是，文字和图片结合要恰到好处，让投资人看得舒服。

5.3.2 依据产品功能结构图的研发架构

很多人分不清产品信息结构图和功能结构图。首先我们帮助大家理解两者之间的关系。信息结构图是指将产品功能的信息根据一定逻辑关系一一罗列。下面是我们整理的一个生活类APP的信息结构图，如图5-2所示。

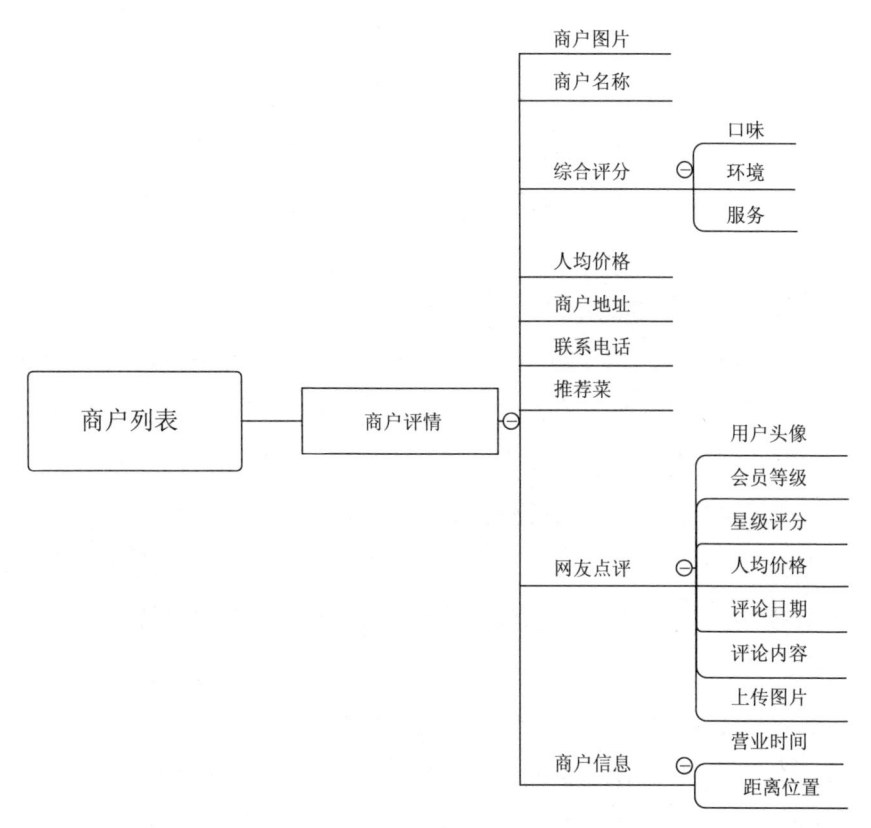

```
商户列表 ── 商户评情 ┬── 商户图片
                    ├── 商户名称
                    ├── 综合评分 ┬── 口味
                    │            ├── 环境
                    │            └── 服务
                    ├── 人均价格
                    ├── 商户地址
                    ├── 联系电话
                    ├── 推荐菜
                    ├── 网友点评 ┬── 用户头像
                    │            ├── 会员等级
                    │            ├── 星级评分
                    │            ├── 人均价格
                    │            ├── 评论日期
                    │            ├── 评论内容
                    │            └── 上传图片
                    └── 商户信息 ┬── 营业时间
                                 └── 距离位置
```

图5-2　一个生活类APP的信息结构图

信息结构图与数据库的结构类似，作用是表达和展示信息，使得用户可以直观看到APP上面呈现的东西。掌握好信息结构图是写产品需求文档（PRD）的前提，信息结构图要求把产品上面可以呈现的信息罗列清楚。

与之相对应的，什么是产品功能结构图呢？功能结构图就是将产品的功能结构、逻辑表达清楚，作用是表现产品的使用操作功能。功能结构图是产品原型的结构化表现，要求创业者对产品的板块、界面、功能和元素做到心中有数，然后用思维导图工具记录下来。这样就形成了完整的功能结构图。

当创业者梳理产品功能的时候，自然而然就会思考功能有哪些表现方式，跳转到什么样的网页上以及网页之间的互相关联等。例如，微信的搜索功能的表现形式有文字搜索和语音搜索两种。同时，搜索入口在信息、通信录等多个地方，使得用户操作非常方便。

做产品功能结构图通常是为了梳理研发结构，具象化地展现产品原型，此时还存在一些不完善的地方。例如，是否符合产品逻辑，是否符合用户体验等问题还没有经过细细研究，只是为了把控产品的全局观，梳理研发架构。

程成是一位退休的大学教授，平时比较清闲，想要找一份出国留学培训类的工作赚点钱。由于网上的招聘信息太杂，大多是不靠谱的，程成一直没有找到合适的工作。有一次，他向朋友翟静诉说苦恼。说着说着，他灵光一闪：翟静是做软件的，不妨做一个找出国留学培训的应用。程成把想法告诉了翟静，翟静表示认同，但提出了钱和团队的问题。

程成表示："我认识一个投资人，之前我们聊过，他有兴趣。只要我们制作出的产品原型结构能够得到他的认同，钱的事情可以解决。团队的问题好说，咱俩分工，我在线下负责招出国留学培训老师入驻咱们平台，管控他们的教学质量。你负责线上开发APP和线上营销。我这边退休的同事多，第一批出国留学培训老师很好找。至于财务、人事、行政人员等管理人员我来解决。"

在程成的鼓励下，翟静辞去了原来一家大型企业软件工程师的工作，与程成一起创业。程成首先做了基本需求分析，他们做的是垂直领域的出国留学培训信息平台。对于用户来说，他们需要的是：第一，快速找到需要的出国留学培训老师；第二，价格标准化规范化；第三，出国留学培训老师的教学品质有保障；第四，出国留学培训老师足够安全。

相对应的，这款APP需要提供的服务是：第一，快速便捷的出国留学培训老师筛选搜索功能；第二，制定统一的定价标准并在平台上执行；第三，对出国留学培训老师的教学能力进行考核；第四，对教学的流程进行规范化的培训；第五，对出国留学培训老师进行身份认证和背景调查。

另外，考虑到交通方面，按照就近原则给用户推送出国留学培训老师近的家教老师，从而提高整个平台出国留学培训老师的工作效率。线上工作看似很简单，就是展示所有的出国留学培训老师的信息，然后给出选择功能。然而，细化之后，翟静发现产品功能结构是比较复杂的，包括账户系统、出国留学培训的个人页面、出国留学培训的列表表面、交易系统、聊天系统、预约系统。研发架构问题相应就有以下6个方面。

（1）账号系统：板块有哪些？怎么做得有吸引力？

（2）出国留学培训的列表界面：根据什么排序？分几种筛选方式？如何搜索？

（3）出国留学培训的个人页面：要展示哪些个人信息？能不能看到历史评价？

（4）交易系统：是全额付款还是定金+尾金，还是只有定金的形式？线上支付和线下支付都可以吗？

（5）预约系统：是线下电话沟通时间，还是可以在线直接选择时间？

（6）聊天系统：是否要设置用户可以实时跟家教老师聊天的功能？

程成将他们做好的产品功能结构图以及依据产品功能结构图的研发架构展示给他认识的那位投资人看，非常顺利地拿到了500万元的天使投资。

程成和翟静等人经过一年多的奋战，他们的软件终于正式上线了。翟静对程成说："你可真是把我害苦了，就因为你的一句话，我把好端端的工作都辞了。为了这个应用，我天天熬夜，几乎搭进去半条命，不过好在扛过来了。虽然过程中遇到了各种各样的困难，但是看着越来越多用户对我们应用的好评，感觉再辛苦也值了。"

产品功能结构图往往决定了从创意到执行的中间环节上的工作难度，通过这一部分内容，投资人可以对项目是否能够真正落地形成初步判断。因此，制作商业计划书时，创业者应当向投资人展示产品的功能结构图以及依据产品功能结构图的研发架构，以便于投资人对产品有一个大体认识。

5.3.3 当前研发阶段

产品研发项目可分为7个阶段，包括新品开发准备阶段、新品开发可行性分析与评审阶段、新品开发项目行动计划编制与评审阶段、新品设计/开发与评审阶段、新品验证/确认与评审阶段、新品市场投放阶段、新品开发总结与回顾阶段。在商业计划书里，创业者需要说明产品处于哪一阶段。

在新品开发准备阶段，创业者需要做3项工作：一是做新品概念设想市场调研，目的是确保公司的新品设想市场调研活动能够符合并促进公司整体战略和新品战略的达成和发展，并保证新品概念设想融合技术和经营的可行性；二是做新品设想的筛选，目的是基于公司产品规划和资源条件进行新品开发决策，确保新品开发能够增强企业的核心竞争力。与此同时，保证创业团队对新品开发决策达成一致意见，以实现新产品开发过程的资源保障；三是成立项目管理小组，根据新品开发的性质，确保产品经理人有能力负责项目管理工作。

新品开发可行性分析与评审阶段的主要工作是新品开发可行性分析，目的是合理计划新品开发资源投入，控制开发项目风险，确保分析过程中提出的技术可行性方案能够实现。

新品开发项目行动计划编制与评审阶段的主要工作是设计新品开发总体规划方案，确保新产品开发总体规划方案建立在客观评估公司资源条件的基础上，并符合公司的新品开发任务要求，确保团队人员充分理解并认可总体规划方案中的人员调度和进度安排。

新品设计/开发与评审阶段的主要工作是新品设计与开发，作用是确保新品设想报告中的功能需求在原型样机上逐一得到实现和验证，并且新品设计与开发的工作进度和预算必须符合总体规划方案的要求。

新品验证/确认与评审阶段的主要工作是通过生产和市场验证并确认新品设计中存在的问题，确保下阶段新品量产与市场投放活动的正常进行，使得新品能够以技术转让等形式得到价值实现。

新品市场投放阶段是研发取得最终成果的阶段，表明项目研发顺利完成，产品顺利进入市场。

新品开发总结与回顾阶段的主要工作是管理和分享产品开发过程中积累的经验和知识，创业者应当保证新品开发的设计文档齐全。具体的产品研发流程如图5-3所示。

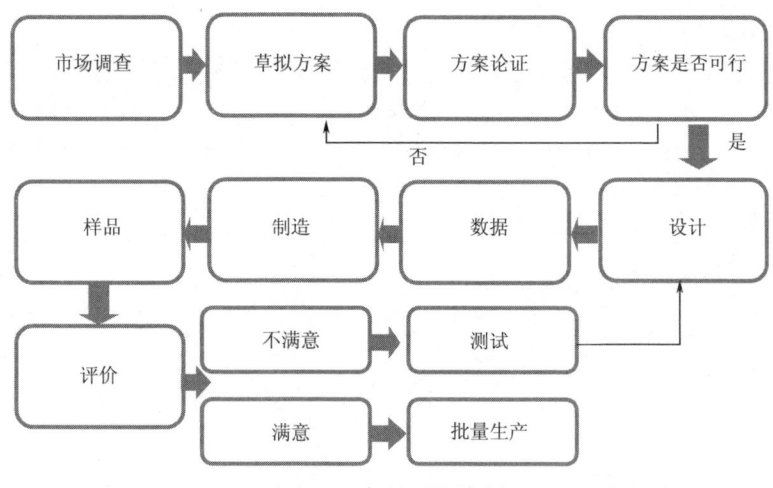

图5-3　产品研发流程

创业项目是否能够取得成功很大一部分原因在于研发工作是否能够顺利进行。研发工作不仅仅是技术层面的产品开发工作，而是技术与管理相结合的工作，甚至更多是管理工作。因此，创业者需要在商业计划书里说明产品当前的研发阶段和研发情况。

5.3.4　已投入和计划再投入的研发资金

在产品研发部分，投资人需要知道已经投入多少资金，计划再投入多少资金，这将会帮助投资人对投资金额多少有一个大致判断。产品研发所需的总资金可以根据产品研发预算计算得出。项目研发经费支出预算表如表5-7所示。

表5-7 项目研发经费支出预算表

科　　目	预　　算
新产品设计费	
工艺规程制定费	
研究设备及设施折旧额，用于研究开发的原材料、半成品试制费	
用于研究开发的一次性仪器和设备购买费用	
用于研究开发的原材料、半成品试制费	
技术图书资料费	
中间试验费	
研究人员的工资	
外包研究费用	
与技术开发有关的其他费用	
合计	

通过产品研发需要的总资金与已投入资金，可以计算得出产品研发计划再投入的研发资金。

北京迅杰科技有限公司制作的商业计划书分两部分介绍了产品研发资金的投入情况。

一是投资组合方式。该商业计划书描述道："在产品研发过程中，大量的资金周转使创业团队很难单凭自身的经济实力进行产品研发，产品研发需要的总资金为600万元，研发周期为2年，是一个研发周期较长、资金投入量较大的研发项目。所以，一般采用投资的多种组合运用，一方面可减低融资的压力，有助于资金的流通；另一方面可相对降低创业的风险，顺利研发产品。本项目产品研发的资金来源有两个渠道：①自有资金，②社会融资。"

二是资金动作方式。该商业计划书描述道："自有资金全部用于产品研发；此外还缺少的资金，则向社会融资。本项目产品研发需要的总资金（含资金利息）共计600万元，自有资金为120万元，占总投资的20%。计划再投入资金为480万元，占总投资的80%。"

5.4 市场营销

从产品研发、生产到营销推广，任何一个环节都关系到创业项目能否顺利进行。因此，很多创业者认为投资人只重视产品，不重视营销推广的想法是错误的。创业者应当在商业计划书里写清楚产品的商业模式及营销策略和方法。

5.4.1 商业模式

互联网时代的商业模式可谓是多种多样。尽管项目的商业模式可能还没有成形，但是这一部分依然需要具体来写。因为投资人可能会根据你所描述的商业模式的可行性做出投资判断。

下面归纳了五类商业模式，创业者据此思考自己的商业模式属于哪一种。五类商业模式如图5-4所示。

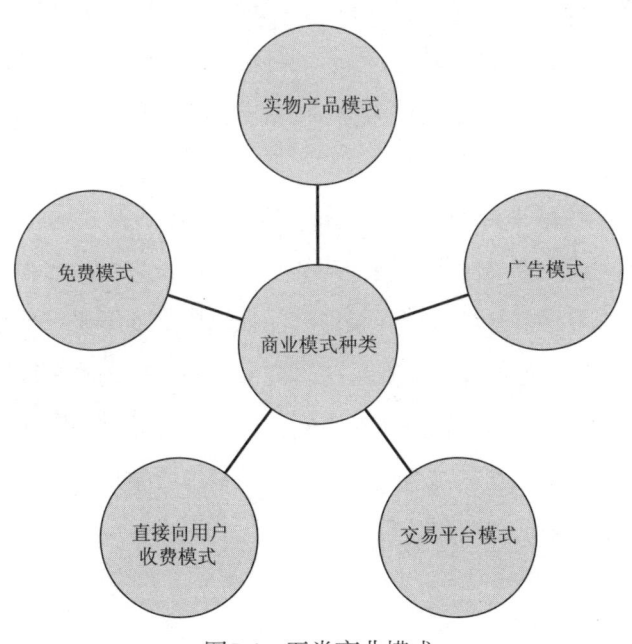

图5-4 五类商业模式

1.实物产品模式

实物产品模式是指产品为某种实物物品,用户可以直接购买和使用这一物品,也就是通常所说的商品/货物。实物产品模式非常简单,分为4种:一是自己生产,自己销售,即自己负责产品的生产和销售;二是外包生产,自己销售,即把产品的生产环节外包出去,自己仅仅负责将产品销售给用户;三是只生产,不销售,即自己仅仅负责生产产品,由分销商负责产品销售;四是不生产,只销售,即自己作为分销商负责产品的销售或者为产品销售提供交易市场。

实物产品模式的前提是有实物物品作为产品。如果产品不是实物,用户无法直接购买使用,那么就用到了下面的商业模式。

2.广告模式

自从广告成为Google的主要盈利渠道以后,广告就成为互联网行业首选的商业变现模式。广告模式主要有导量、卖推广位、一对一换量3种。

(1)导量。

导量的方法有很多。拥有巨大用户群的超级APP会将自己建设成一个平台,如微信。微信的钱包功能里有大众点评、京东优选的入口,这不仅是因为腾讯注资了大众点评和京东,还因为微信的平台建设。微信用户每一次从微信入口进入其他产品,甚至细化到是否产生了购买行为,这个产品都需要向微信付费或者分成。在这个过程中,微信基本主导了付费的标准。

某些本身就是平台的产品,是通过竞价排名的方式进行导量的。例如,淘宝、大众点评、应用市场等此类平台产品,它们的盈利方式是直接给商家导量。用户打开淘宝搜索某件产品显示出来的结果并不是随机的,淘宝后台会根据自己的算法以及用户对商品显示规则的限制计算排名。用户看到的产品前后展示位置以及左右侧的广告位置都是商家花钱购买的。如今,"双十一"狂欢购物节又将来临,商家纷纷争抢好的广告位,拿下好位置的商家销售量必然有了保障。

（2）卖推广位。

一位用户结束了一局植物大战僵尸，在即将进入下一关的时候，突然跳出来一个其它游戏的广告。如果用户下载了推荐游戏，就能得到一定数额的奖励。这个工作不是植物大战僵尸的APP自己做的，而是交由第三方的移动广告平台开展。第三方移动平台全盘负责广告业务，按期结算，通过分成获取利润。

广告位有各种各样的形式，包括用户打开APP时的全屏广告，APP最下方的小插屏都是一种广告位。广告位的收费形式也有很多，如按广告的展示次数收费、按用户的点击次数收费、按用户的下载安装或购买次数收费等。广告费用的高低与操作的复杂程度有关。在APP产品线多而且用户量非常大的情况下，企业也可以自己操作广告平台，如腾讯旗下的广点通、百度旗下的百度联盟、360奇胜效果联盟等。

（3）一对一换量。

一些用户量不是很大，而且精力充沛的公司，会通过一对一换量模式变现。例如，美图秀秀APP内置的推荐版块常常推荐几十款甚至上百款APP，就像一家小型应用商店。而美图秀秀推荐的APP里也有美图秀秀的下载方式。

量级相对较小、用户群固定的APP适合使用这种一对一换量的变现方式。这类APP经常可以找到"志同道合"的APP进行数量对等的用户导入。如果用户数量相差较多，就需要用钱来弥补其中的差异。

3.交易平台模式

交易平台模式包括3种，分别为实物交易平台、服务交易平台、资金沉淀模式。

实物交易平台模式是指为用户进行商品交易提供平台，平台方从中收取佣金。阿里巴巴就是这种商业模式，佣金是其主要的收入来源。

服务交易平台模式是指为用户提供和获取服务提供一个平台，平台方从中收取佣金。58同城、滴滴出行都是这种商业模式。

资金沉淀模式是指通过为用户保管资金而赚取投资收益回报的模式。

很多互联网金融、O2O企业都是寄希望于这种模式的。

4.直接向用户收费

直接向用户收费模式包括定期付费模式、按需付费模式两种。

定期付费模式是指用户付钱后获得一定时间内的服务。定期付费的单笔付费金额比较小，门槛较低。例如，15元购买爱奇艺VIP资格用户，可以在一个月内免费看会员电影。

按需付费模式是指用户实际购买服务时支付相应的费用。例如，在爱奇艺里看一部付费电影需要花费5元，这就是按需付费。

5.免费模式

免费模式是指通过产品或服务的免费吸引用户，再通过增值服务等方式获取利益的商业模式。免费模式具体分为产品免费，附件收费；产品免费，增值服务收费等多种。索尼和任天堂以低于成本的价格卖游戏机，然后用很高的价格卖游戏光盘就是产品免费，附件收费模式。

5.4.2 营销策略和办法

在商业计划书中关于产品/服务的市场营销部分，创业者应当给出具有优势的营销策略或者方法，向投资人证明你有能力打入市场。下面以苹果公司的饥饿营销策略为例，来看营销策略对创业公司发展的积极意义。

饥饿营销是指商家故意调低产量，从而达到调控供求关系、制造供不应求现象、维持产品较高售价和利润率，并维护品牌形象、提高产品附加值的目的。简单来说就是，如果卖早餐的商家想要顾客多买自己的包子，会先断粮一周，让顾客打从心里想要吃到包子，然后在一周后饿虎扑食。饥饿营销具有两面性，创业公司有可能通过这种策略赢得了全球市场，也有可能因为过度的饥饿营销让消费者失去了耐心。

苹果公司通过饥饿营销调节供求关系，成功制造出产品供不应求的局面。在各种品牌公司实行饥饿营销的实践案例中，苹果公司是最有影响力的。从2010年苹果公司发布iPhone4开始，苹果公司一发布新品，我们就会在各地看到苹果产品屡屡脱销的场景。

消费者狂热的追捧与产品的全线缺货造成了供需矛盾,苹果公司如愿以偿地使市场处于一种相对饥饿的状态。饥饿营销有利于苹果保持其产品价格的稳定性,获得产品升级的主导权以及对渠道、产业价值链的控制权。或许,苹果公司真的存在产能不足的问题,但我们依然看到了饥饿营销策略在其品牌推广中的成功运用。

苹果公司发布iPhone4手机之前,对于新一代手机的信息奉行完全保密的原则。苹果公司只是告诉市场,有新一代苹果手机即将面市,之后的很长一段时间里,关于iPhone4手机的任何信息都搜不到。当消费者非常渴望动用所有渠道获得产品信息时,乔布斯终于现身苹果的开发者大会对新产品做了隆重的发布介绍,称iPhone4"再一次,改变世界"。

随着iPhone4面市,各种宣传铺天盖地而来,与之前的安静形成强烈反差。由于消费者在这段期间被吊足了胃口,此时的他们犹如久旱遇甘霖,热情高涨,于是纷纷踊跃购买。但是不管市场对iPhone4的呼声多高,苹果公司始终坚持通过与运营商签订排他性合作协议、分享运营商收入的方式,耐心地开拓市场,在下一代产品发布之前,时不时地让消费者处于缺货的等待之中。

苹果公司的资本与实力雄厚,所以才能在市场上制造饥饿感,让消费者为苹果产品而疯狂。而且更值得我们注意的是,苹果公司能够不断地制造出一个又一个"新的饥饿"。苹果产品在全球范围内上市的传播曲线是专属的,如图5-5所示。

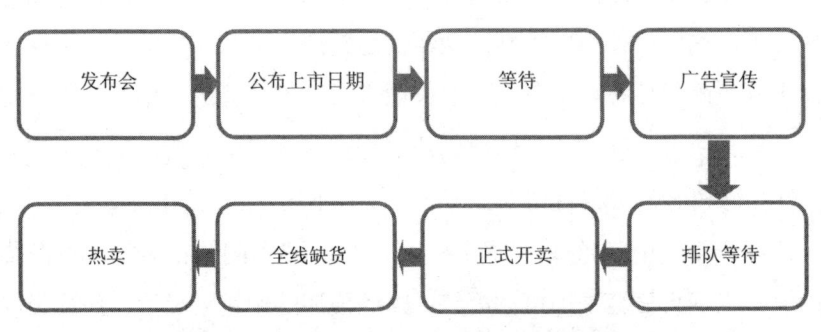

发布会 → 公布上市日期 → 等待 → 广告宣传 → 排队等待 → 正式开卖 → 全线缺货 → 热卖

图5-5　苹果产品在全球范围内上市的传播曲线

良好的营销策略是品牌推广的关键，对创业公司来说尤其重要。任何大企业都是在不断认识自我、改善自我的过程中发展起来的。无论是哪种营销策略，创业公司都要把它用得恰到好处，然后向投资人证明打入市场的无限可能性。

5.5 融资计划

融资计划是商业计划书里必不可少的内容，是投资人重点关注的一项内容。融资计划应当包括融资额度、出让股权与价格、资金用途和使用计划、通过亏损预测量化投资风险、投资人享有的监督和管理权利、投资人对公司事务的参与程度以及退出方式等。

5.5.1 融资额度

创业者的融资额度就是投资人需要投资的金额。我们在4.1一节中讲到可以根据公司发展阶段和现金流确定大于实际需求的融资金额。对于初创公司来说，融资金额有一个更简单的计算方法，那就是通过运营成本估算。一般情况下，一年半的运营成本是一个比较合适的数值，左右浮动10%都可以。

之所以说是一年半的运营成本，是因为一年的运营成本太少，使用起来比较紧张。这就造成几个月后又得找投资人，无法将自己的精力集中在创业之上，这对公司有弊无利。两年的运营成本又太多，就好比用现在的估值去募集两年后需要的资金，对公司来说是不合算的。毕竟初创公司的成长是非常快的，在两年内估值翻几倍都是很常见的。所以用两年的运营成本作为融资金额会浪费初创公司的股权，不利于公司的发展。

计算一年半的运营成本时，需要注意以下3个问题：第一，不需要是准确值，找到大概范围即可；第二，财务模型的使用要灵活，预算表仅供参,如果严格按照预算表去执行则太过死板;第三,保证营收/毛利增长大于成本增长,营收/毛利增长大于成本增长说明公司的发展比较顺利,否则说明公司的经营出了问题。

在实践过程中,有些创业者将房租、员工薪资、广告营销等费用一项一项摊开来计算,这是比较原始的做法。当前使用比较广泛的模型为"运营成本=人员薪资×乘数"。在美国等发达国家,一家公司的运营成本=员工薪资×2。在中国,一家公司的运营成本=员工薪资×10。例如,你的公司一年半时间里的员工薪资为40万元,那么这一年半的运营成本大概为400万元。

根据上文所说的融资额度要大于需求金额的做法,如果初创公司计算出一年半的运营成本为400万元,那么融资金额可以在500万元左右。

5.5.2　出让股权与价格

创业出让的股权比例需要根据融资额度和公司估值计算。上面讲了如何计算融资额度,下面一起看如何计算公司估值。

2016年5月,苹果公司以10亿美元入股滴滴出行,占股4%,滴滴出行投后估值为250亿美元。也就是说,滴滴出行的投前估值为240亿美元。

很多人在估值认识方面有误区,如投资人给了1亿美元估值,投资人投资1千万美元,占10%的股份,这种说法是不对的。因为这种说法没有说清楚估值是投前还是投后。

如果1亿美元估值是指投后估值,那么投资前对公司的估值只有9千万美元,投资人投资后占股为10%,如果说1亿美元估值是投前估值,那么投资后公司估值为1.1亿美元投资,投资人投资后占股约9.09%。

在过去,投资人都是以投前估值为根据进行投资的。例如,公司的投前估值为1000万元,投资人出资额为200万元,那么公司的投后估值就为1200万元。而投资人的占股比例就为200/1200≈16.67%。

在投融资活动普遍只有一两个投资人参与的时候,投前估值的说法比较流行。即在公司xxxx万元估值的基础上融资xxxx万元。随着参与一轮融资活动的投资人人数增加，使用投前估值开始变得不方便，于是投后估值越来越常用。在投后估值确定以后，不管投资人人数及融资金额是否发生变动，投资人的占股比例都是非常容易计算的。

在估值与出让股权方面，创业者有一些问题需要注意，如图5-6所示。

一　创业者需要进行自我估值

二　互联网创业公司估值一般高于传统行业公司

三　首轮融资拿出的股权一定不要超过30%

四　具体股权比例与融资金额有关

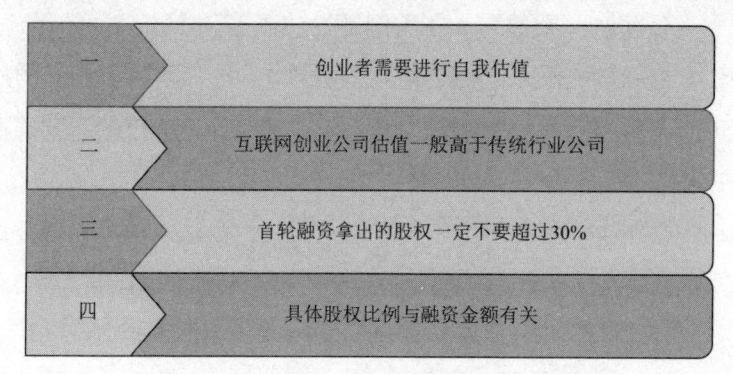

图5-6　估值与出让股权方面需要注意的问题

第一，创业者需要进行自我估值。在制定商业计划书的时候，创业者需要对公司进行自我估值。以天使轮融资为例，天使投资人对创业公司的估值范围一般为200万～500万元。如果创业者自身对公司的估值不超过200万元，有可能是因为自身缺乏创业经验，也有可能是创业公司的发展前景不大好。如果创业者自身对公司估值高于500万元，由天使投资企业对创业公司估值500万元上限法可以知道，天使投资人很难被创业者说服，因为他们认为这种投资不划算。

第二，互联网创业公司估值一般高于传统行业公司。在互联网时代，互联网公司的发展速度及发展前景远远好于传统行业的公司，公开上市的可能性更高。互联网行业的兴起已经让投资人推翻了以往对创业公司的评估方法。对一些发展潜力巨大的互联网创业公司，投资人并不局限于传统的评估方法，有时会突破500万元的上限投资额。

考虑到互联网公司价值起伏大的特点，投资人对互联网创业公司的价值评估范围由传统的200万～500万元提升为200万～1000万元，还有一些投资人把上限提到2000万元。

第三，首轮融资拿出的股权一定不要超过30%。创业公司在首轮融资时应当谨慎考虑给投资人多少股权，低于30%的比例已经成为一种行业规则。因为投资人会陆续进来，如果首轮融资就拿出太多股权，会缩小下一轮投资人的空间，更不要提还有第三轮融资了。一般情况下，初创公司在首轮融资时，拿出低于30%的股权最合理。

第四，具体股权比例与融资金额有关。如果公司需要的融资金额比较小，那么拿出的股权也相应较少。例如，融资100万元，公司投后估值1000万元，那么出让的股权比例为10%。

当创业公司的项目尚处于萌芽期的时候，创业者最好不要执着于高估值，应当本着有钱就拿的态度实现快速融资。毕竟，在刚开始创业的时候，最重要的是先将想法变为产品生产出来。另外，高估值不一定有利于公司的发展。当初创公司在首轮融资时就拿到一个高估值，下一轮融资就需要更高的估值。这意味着初创公司必须在两轮融资之间实现非常巨大的增长。

一旦创业者无法应对高估值带来的增长压力，将会进入被动局面。创业公司的估值与出让股权是紧密联系的，创业者需要谨慎把握两者之间的关系。

5.5.3 资金用途和使用计划

2015年8月，婚嫁O2O平台婚派网对外宣布获得由启赋资本提供的2000万元的天使轮融资。婚派网创立于2015年3月，创始人为于洪涛。婚派网是一个借助于婚礼规划师切入到婚嫁O2O，通过互联网工具对线上线下资源进行整合，为结婚提供全方位服务的互联网平台，婚礼规划师运用自身的从业经验，为用户提供从婚纱摄影、婚礼到珠宝等一整套的建议服务。

婚派网对自己的定位是一站式的婚庆服务网站，与其对接的有婚宴、珠宝、婚礼策划、婚纱等商家。在一个完整的产业链里，每一个行业都应该找到合适和不同的商家入驻，当然这是个庞大的工程。

目前，婚派网还处在发展阶段，还在不停地尝试。在现阶段，整个婚派网平台还没有真正意义上面向市场，目前的用户大多数是来自线下的熟人。婚派网通过团队之前积累的人脉资源，建立了品牌口碑。拥有第一批新人用户后，婚派网根据实际情况以及用户的反馈做出调整，等到整个平台的服务体系完善之后，就是公司跑马圈地的时候了。

创始人于洪涛说："我们团队和投资人见面聊了一次之后，融资就基本上搞定了。与竞争对手相比，婚派网能够融资主要有两个优势。第一个优势：在这个行业里，婚派网团队不仅具备互联网思维，还拥有足够的婚庆领域的从业经验。第二个优势：掌握用户真正的需求。"

用户在筹备婚事的过程中通常会遇到服务质量不可靠、消费陷阱、消费不透明的问题。服务质量不可靠，这一点只有体验之后才可以判断服务的好坏，在前期是无法验证的。而消费陷阱，商家在前期以低价吸引用户，在用户实质消费过程中又会增加其他的消费项目。消费不透明，是指用户对于消费的项目并不清楚。

一个平台如果能解决这些难点，为用户的消费体验及服务质量提供保障，那么这个平台将会受到资本和用户的同时青睐。婚派网融资时，对资金用途做了全方面规划。融资资金会用在3个方面，一是用于打磨线上产品，也就是对PC端和移动端APP的建设；二是打算建立服务标准化体系；三是建立规模优势。

婚派网把资金重点用在这3个方面，可看出其对项目的有力掌控程度，知道公司应该注重哪些方面，在向投资人伸手要资金时也会有充分的理由。很多创业者往往只顾着向投资人要钱，却不知道向其说明资金用途，让投资人不能信服，遭到投资人拒绝。

在以往的融资案例中，创业者对资金用途的描述是"一般企业目的"，其实这是远远不够的。创业者应该详细列出每笔资金的用处。创业团队拿到融资后主要有3种用途，如图5-7所示。

图5-7 融资用途

一是开展项目。大多数创业者进行融资的目的都是开展项目，打入市场。在这一部分，应当写清楚具体的财务规划，如产品研发花费、广告投入花费、租用场地花费等。

二是扩充创业团队。在开展项目过程中，创业者会发现人才短板，此时应当舍得花钱把人才吸引到团队里。假如公司进入发展转折期，团队却没有什么变化，发展速度就会受到限制。所以，创业者应当舍得用投资人的钱扩充创业团队。

三是挖掘商业模式。商业模式是不断发展变化的，所以创业者需要时时刻刻不忘探索和优化商业模式。与此同时，还需要检查优化商业模式或者新商业模式的效果，保证钱花到实处。

创业者在决定怎么规划资金分配时，可以将投资人需求作为出发点去考虑。如果创业者将所筹集来的资金，用在投资人所愿意看到的用途上，并且公司也会因此而获得不错的发展，那将是一举两得的事情。

5.5.4 通过亏损预测量化投资风险

专业的投资人都懂得投资的两面性，一面是高风险，一面是高收益。投资的风险来源于多种因素，其中项目自身的失败风险是投资的主要风险。作为投资人，不希望创业者仅仅给自己画大饼，还希望创业者坦诚项目经营风险。因此，创业者应当在商业计划书向投资人简要说明项目风险以及自己的风控能力。

只要意识到项目有失败的风险，通过亏损预测量化投资风险就显得比较容易。一个优秀的创业者会将项目确定性的部分和不确定性的部分明确地告诉投资人，让他们知道到底面临什么样的风险，这一点是非常重要的。

有一些创业者不愿意坦诚未来的风险，项目失败后因为欠下巨额投资而潜逃，最终毁了自己的名声。遭遇巨大的风险后，创业者往往会选择破产清算而不是继续运营。而投资人绝不会愿意投资有可能因为亏损太多而有倒闭的公司。

预测亏损的过程有助于创业者想清楚如何执行自己的点子。如果计算出相关数字后，发现自己一旦失败，公司就会倒闭，那就代表公司负担不起这个项目的潜在亏损。在这种情况下，寻找投资人是比较困难的，但也有少数投资人愿意冒较大的风险投资。

罗维奥公司在开发愤怒的小鸟项目时，推算出最大的亏损范围在30万元以内。这笔钱完全可以测试出这个游戏成功或失败，但就算失败，公司也不会受到太大影响。后来，这个游戏获得了超高的投资报酬率，给公司带来了巨额盈利。

亚马逊推出Kindle阅读器时也通过同样的方法计算出即便项目失败，公司经营也不会受到太大影响，最后项目也非常成功。亚马逊创始人杰夫·贝索斯（Jeff Bezos）说："如果你常常研发产品，而且有能力忍受任何一次的失败，那你永远都不会面临堵上整个公司命运的局面。回顾我们开发Kindle项目时，我也只是下了一个赌注。如果你经常下注，而且尽早下注，任何一个赌注都不会赔掉整个公司的未来。"

杰夫·贝索斯的意思是只要你有能力负担自己所下的赌注，即便最后全都失败了，也在你的承受范围内。换句话说，无论你下注的规模有多大，只要在公司完全可负担的范围内就是没有问题的。对投资人来说，更愿意投资那些创业者有能力负担失败风险的创业公司。

5.5.5　投资人享有的监督和管理权力

投资人参与投资后，就是公司的股东，依法享有监督、管理等基本股东权力。下面细数《中华人民共和国公司法》（以下简称"《公司法》"）赋予股东的十大权利，创业者可以根据具体情况写进商业计划书里。

1.股东身份权

《公司法》第31条规定："有限责任公司成立后，应当向股东签发出资证明书。出资证明书应当载明下列事项：公司名称；公司成立日期；公司注册资本；股东的姓名或者名称、缴纳的出资额和出资日期；出资证明书的编号和核发日期。出资证明书由公司盖章。"

第32条规定："有限责任公司应当置备股东名册，记载下列事项：股东的姓名或者名称及住所；股东的出资额；出资证明书编号。记载于股东名册的股东，可以依股东名册主张行使股东权利。公司应当将股东的姓名或者名称向公司登记机关登记；登记事项发生变更的，应当办理变更登记。未经登记或者变更登记的，不得对抗第三人。"

2.参与重大决策权

《公司法》第36条规定："有限责任公司股东会由全体股东组成。股东会是公司的权力机构，依照本法行使职权。"

第37条规定："股东会行使下列职权：决定公司的经营方针和投资计划；选举和更换非由职工代表担任的董事、监事，决定有关董事、监事的报酬事项；审议批准董事会的报告；审议批准监事会或者监事的报告；审议批准公司的年度财务预算方案、决算方案；审议批准公司的利润分配方案和弥补亏损方案；对公司增加或者减少注册资本做出决议；对发行公司债券做出决议；对公司合并、分立、解散、清算或者变更公司形式做出决议；修改公司章程；公司章程规定的其他职权。对前款所列事项股东以书面形式一致表示同意的，可以不召开股东会会议，直接作出决定，并由全体股东在决定文件上签名、盖章。"

3.选择、监督管理者权

根据《公司法》第37条可知，股东会有权选举和更换非由职工代表担任的董事、监事，决定有关董事、监事的报酬事项，审议批准董事会和监事会或者监事的报告。

《公司法》第152条规定："董事、高级管理人员违反法律、行政法规或者公司章程的规定，损害股东利益的，股东可以向人民法院提起诉讼。"

4.资产收益权

《公司法》第34条规定："股东按照实缴的出资比例分取红利；公司新增资本时，股东有权优先按照实缴的出资比例认缴出资。但是，全体股东约定不按照出资比例分取红利或者不按照出资比例优先认缴出资的除外。"

第186条规定："清算组在清理公司财产、编制资产负债表和财产清单后，应当制定清算方案，并报股东会、股东大会或者人民法院确认。公司财产在分别支付清算费用、职工的工资、社会保险费用和法定补偿金，缴纳所欠税款，清偿公司债务后的剩余财产，有限责任公司按照股东的出资比例分配，股份有限公司按照股东持有的股份比例分配。清算期间，公司存续，但不得开展与清算无关的经营活动。公司财产在未依照前款规定清偿前，不得分配给股东。"

另外，第74条规定："有下列情形之一的，对股东会该项决议投反对票的股东可以请求公司按照合理的价格收购其股权：公司连续5年不向股东分配利润，而该公司5年连续盈利，并且符合本法规定的分配利润条件的；公司合并、分立、转让主要财产的；公司章程规定的营业期限届满或者章程规定的其他解散事由出现，股东会会议通过决议修改章程使公司存续的。自股东会会议决议通过之日起60日内，股东与公司不能达成股权收购协议的，股东可以自股东会会议决议通过之日起90日内向人民法院提起诉讼。"

5.知情权

《公司法》第33条规定："股东有权查阅、复制公司章程、股东会会议记录、董事会会议决议、监事会会议决议和财务会计报告。股东可以要求查阅公司会计账簿。股东要求查阅公司会计账簿的，应当向公司提出书面请求，说明目的。公司有合理根据认为股东查阅会计账簿有不正当目的，可能损害公司合法利益的，可以拒绝提供查阅，并应当自股东提出书面请求之日起15日内书面答复股东并说明理由。公司拒绝提供查阅的，股东可以请求人民法院要求公司提供查阅。"

6.关联交易审查权

《公司法》第16条规定："公司向其他企业投资或者为他人提供担保，依照公司章程的规定，由董事会或者股东会、股东大会决议；公司章程对投资或者担保的总额及单项投资或者担保的数额有限额规定的，不得超过规定的限额。公司为公司股东或者实际控制人提供担保的，必须经股东会或者股东大会决议。前款规定的股东或者受前款规定的实际控制人支配的股东，不得参加前款规定事项的表决。该项表决由出席会议的其他股东所持表决权的过半数通过。"

第21条规定："公司的控股股东、实际控制人、董事、监事、高级管理人员不得利用其关联关系损害公司利益。违反前款规定，给公司造成损失的，应当承担赔偿责任。"

7.提议、召集、主持股东会临时会议权

《公司法》第39条规定："股东会会议分为定期会议和临时会议。定期会议应当依照公司章程的规定按时召开。代表1/10以上表决权的股东，1/3以上的董事，监事会或者不设监事会的公司的监事提议召开临时会议的，应当召开临时会议。"

第40条规定："有限责任公司设立董事会的，股东会会议由董事会召集，董事长主持；董事长不能履行职务或者不履行职务的，由副董事长主持；副董事长不能履行职务或者不履行职务的，由半数以上董事共同推举一名董事主持。有限责任公司不设董事会的，股东会会议由执行董事召集和主持。董事会或者执行董事不能履行或者不履行召集股东会会议职责的，由监事会或者不设监事会的公司的监事召集和主持；监事会或者监事不召集和主持的,代表1/10以上表决权的股东可以自行召集和主持。"

8.决议撤销权

《公司法》第22条规定:"公司股东会或者股东大会、董事会的决议内容违反法律、行政法规的无效。股东会或者股东大会、董事会的会议召集程序、表决方式违反法律、行政法规或者公司章程,或者决议内容违反公司章程的,股东可以自决议之日起60日内,请求人民法院撤销。股东依照前款规定提起诉讼的,人民法院可以应公司的请求,要求股东提供相应担保。公司根据股东会或者股东大会、董事会决议已办理变更登记的,人民法院宣告该决议无效或者撤销该决议后,公司应当向公司登记机关申请撤销变更登记。"

9.退出权

《公司法》第35条规定:"公司成立后,股东不得抽逃出资。"但是这并不影响投资人享有退出权。

第74条规定:"有下列情形之一的,对股东会该项决议投反对票的股东可以请求公司按照合理的价格收购其股权:公司连续5年不向股东分配利润,而该公司5年连续盈利,并且符合本法规定的分配利润条件的;公司合并、分立、转让主要财产的;公司章程规定的营业期限届满或者章程规定的其他解散事由出现,股东会会议通过决议修改章程使公司存续的。自股东会会议决议通过之日起60日内,股东与公司不能达成股权收购协议的,股东可以自股东会会议决议通过之日起90日内向人民法院提起诉讼。"

此外,第182条规定:"公司经营管理发生严重困难,继续存续会使股东利益受到重大损失,通过其他途径不能解决的,持有公司全部股东表决权10%以上的股东,可以请求人民法院解散公司。"

10.诉讼权和代位诉讼权

《公司法》第149条规定:"董事、监事、高级管理人员执行公司职务时违反法律、行政法规或者公司章程的规定，给公司造成损失的，应当承担赔偿责任。"

第151条规定："董事、高级管理人员有本法第149条规定的情形的，有限责任公司的股东、股份有限公司连续180日以上单独或者合计持有公司1%以上股份的股东，可以书面请求监事会或者不设监事会的有限责任公司的监事向人民法院提起诉讼；监事有本法第149条规定的情形的，前述股东可以书面请求董事会或者不设董事会的有限责任公司的执行董事向人民法院提起诉讼。监事会、不设监事会的有限责任公司的监事，或者董事会、执行董事收到前款规定的股东书面请求后拒绝提起诉讼，或者自收到请求之日起30日内未提起诉讼，或者情况紧急、不立即提起诉讼将会使公司利益受到难以弥补的损害的，前款规定的股东有权为了公司的利益以自己的名义直接向人民法院提起诉讼。他人侵犯公司合法权益，给公司造成损失的，本条第一款规定的股东可以依照前两款的规定向人民法院提起诉讼。"

事实上，投资人作为股东享有的权利包括但不限于上述10条，创业者应当根据投资人的具体情况在商业计划书中说明投资人关心的部分权利。

5.5.6　说明投资的退出方式

对于投资人来说，投资的目的只有一个，那就是在未来的某个时间内获得盈利并顺利退出。没有投资人愿意将自己的利益与被投企业永远绑在一起。甚至从本质上来说，投资就是为了退出，而且退出越快资金的使用效率越高。

如果商业计划书里没有提到明确的投资退出方式，投资人会认为商业计划书不完整，就像一篇没有结尾的文章一样是不合格的。因为当投资人阅读完商业计划书对项目的设想和规划后，还有两个问题想要得到创业者的解答，一是他的投资资金如何退出，二是他将获得多少回报。这两个问题直接关系到投资人此次投资是否成功，因此投资人会格外关注。

为了回答投资人的疑问，创业者需要在商业计划书的最后说明公司未来为投资人提供的退出方式，包括上市的可能性、被兼并收购的可能性，以及回购、清算的可能性。另外，任何一种退出方式都应当让投资人明了他的投资回报率。一般来说，为了获得投资人的信赖，争取到投资人的投资，创业者可以在可靠的市场增长预测数据的基础上估算企业在若干年后的价值，并据此预测投资人的回报。

需要注意的是，投资人最终想要得到的是现金回报，而不是为投资而投资。因此，创业者需要描述的是怎样使投资人最终以现金的方式收回其投资。投资人的退出方式主要有4种，创业者可以对这4种方式进行描述，然后指出最可能的退出方式是哪一种。

1.公开上市

第一种退出方式就是公开上市。公开上市后，公司的股票可以在证券交易所自由交易，投资人可以自由买卖持有的股份。上市是投资人最理想的退出方式，可以实现投资回报最大化。

对投资人来说，股市飙升的股价和更高的估值是极具诱惑力的，但是上市对公司的资质要求较严格，手续比较烦琐，成本过大。因此，创业者不需要向投资人保证公司未来会上市，但是可以描述未来上市的可能性，投资人看准项目后往往愿意赌一把。

2.并购

并购是指大型企业或者上市公司通过购买其他公司的部分或全部股权或资产从而控制其他公司。在并购过程中，原有投资人的股份将会被稀释后继续持有或者直接退出。在描述这种退出方式时，创业者可以讲出几家行业内有可能对公司感兴趣并有可能采取收购行动的大型集团或上市公司。

投资人通过并购的方式退出不受上市条件的限制，具有复杂性低、花费时间少的优势。并购的退出方式适合创业公司稳步发展但是达不到上市条件，也不想经过漫长等待期，而投资人急于退出的情况。对于被收购的公司来说，可以共享对方企业的资源与渠道，有利于提升公司的运转效率。

不足的是，并购的收益率低于上市退出，而且被收购后的公司很难保证自主权。同时，对公司进行合理估值等也存在不小挑战。

根据行业内公布的数据，2016年上半年并购退出案例超过上市退出，这意味着并购退出已经成为重要的退出渠道。同时，随着行业的逐渐成熟，并购也是整合行业资源最有效的方式。

3.回购

回购是指投资人可以通过股东回购或者管理层收购的方式退出。回购价格的计算方式有以下两种。

一是按投资人持有股权的比例计算，相当于待回购股权对应的投资款加上投资人完成增资出资义务之日起每年以复利率8%计算的投资回报，加上每年累积的、应向投资人支付但未支付的所有未分配利润（其中不满一年的红利按照当年红利的相应部分计算金额)的价格。

二是由投资人和代表公司50%投票权的股东共同认可的独立第三方评估机构评估的待回购股权的公允市场价格。如投资人要求，待回购股权的价格可根据红利派发、资本重组和其他类似情况经双方协商进行相应调整。

通常情况下，股东回购的退出方式并不理想，只是保证了当目标公司发展不好时，投资人所投资金可以安全退出。

4.清算

创业者不会希望自己的公司发生清算，投资人也不希望。因为通过公司清算来退出投资是投资人获益最少的退出方式。但如果公司经营失败或者其他原因导致上市、股权转让等不可能时，投资人就只能通过这种方式退出。

在商业计划书中向投资人说明退出方式后，还应当重点提一下预计的投资回报。例如，创业者可以在商业计划书里这样说："如果一个投资人以2000万元购买公司20%的股份，4年后公司上市且有8000万元的税前收益，8000万元乘以我们这个行业的价格收益乘数6，就是4.8亿元，这就是公司的价值。取其中的20%你就得到9600万元，而你的投资不过2000万元。假定这30%的股份在4年后售出，投资收益率为4.8倍。"

第6章
筛选最佳投资人

有一个创业者朋友称他的早期项目正式宣布死亡，周围的人都感到非常吃惊，因为前不久才听说他拿到某投资机构的投资条款清单了，现在却突然因为资金链断裂而死亡。原来，这家机构给了投资条款清单后，要求朋友暂时不要找其他的投资人，他们愿意投钱，结果却是一拖再拖。朋友数次联系对方，都被告诉合伙人正在协商。朋友等了两个月，对方却说不投了。此时，找投资人已经变得非常被动，朋友最终还是因为资金问题关闭了项目。面对筛选投资人难题，创业者应当如何做？

6.1 对投资人进行初判断

上面所说的案例并不少见，对于投资机构品牌，大多数宣传的都是投资大佬多、给钱多、投后管理对创业者各种扶持。但事实上的他们如何，创业者很难了解到。所以，判断和筛选一个好的投资人对创业者来说是一件比较困难的事情。但是，创业者还是可以通过一些方法了解投资人，下面会具体讲到如何判断投资人的好坏。

6.1.1 不要看重投资人的名气

创业者难以判断投资人的好坏是一个严重的行业问题。因为信息不对称和阅历问题，许多20多岁的年轻创业者不能做好这件事情，有些30多岁甚至40多岁的创业者也做不好。因为选错投资人而造成的悲剧非常多。

例如，有一个创业者年轻没有经验，在天使轮接受了一家大公司高管100万元的天使投资。后来，这个天使投资人用了1年时间使用各种手段增加自己的股份，成为了公司的第一大股东。随着公司估值的增长，投资人的100万元已经成为上千万美元。而且，在1年的时间里，这个年轻的创业者一直感激这位天使投资人，抵抗所有来自外界风险投资人的友善建议，却不知自己进入了这位天使投资人设下的圈套里。

很多创业者选错投资人的原因都是相似的，那就是听信了投资人的一面之词，没有全方位了解投资人。下面我们总结了创业者刚认识投资人时对其进行初步判断的注意事项。

首先，切忌用投资人的名气推测投资人的好坏。从一方面来说，很多有名气的投资人也有可能食言、刻意打压创业者。另一方面，现在的投资人很多都是互联网从业者转行而来的，他们有可能本身就是一些领域的专家，虽然名气可能不是很大，但其实非常了解行业知识。这样的投资人往往在基金内部有着决定性的影响力，所以当你与他们交谈的时候，不能迷恋头衔以及大佬光环，否则就会因为你的判断失误错失优秀的投资人。

6.1.2 看投资人对行业的理解

避免过于看重投资人的名气是创业者判断和筛选投资人时需要注意的第一个问题，其次要注意的是看投资人对行业的理解如何。创业者因为选择不懂行的投资人造成创业悲剧的案例也不乏有之。

赵铭是一位30多岁的手游公司CEO，尽管创业团队有着超强的执行力，但是陈旧的游戏题材和玩法使其难以找到有投资意向的投资人。有一次，一位投资人找到赵铭，表示要投资500万元，并告诉赵铭："如果你们做好了，500万元就算是投资，如果做不好，就算是借钱给你们。"

尽管这位投资人对手游行业一无所知，但是赵铭还是接受了这笔钱，因为懂行的投资人都不愿意投资他们。最终的结果是截至游戏发行花费了将近300万元，但因题材和玩法的原因没有公司敢大推，少得可怜的用户根本难以维持该游戏公司的正常运营。在这种情况下，投资人要将钱撤出来，利息为10%，赵铭不得已选择了破产清算。

赵铭之所以落得最后破产的下场与错信了投资人不无关系。如果当初能够找一个领域内的投资人，在投资人的帮助下改变游戏题材和玩法，游戏公司也不至于破产。

投资人对行业的理解还是非常重要的，创业者应当重点关注这一问题。当创业者问投资人重点关注哪些领域的时候，一些投资人会泛泛地表示"移动互联网、O2O、大数据、智能硬件，我都有关注"。这说明他在回避你的问题，害怕暴露自己的短板。如果投资人告诉你他重点关注的领域，然后说出自己对行业的看法，那么这样的投资人是比较有诚意的。

6.1.3 看投资人提供的资源

看投资人提供的资源是创业者判断和筛选投资人需要注意的第三个问题。创业者应当让投资人将承诺提供的资源写下来，保证其落到实处。好的投资人可以给你介绍很多人，有可能对你的项目发展起到关键性的推动作用。

硅谷顶级风投机构FRC（First Round Capital）有7位合伙人、20多位全职职工，管理超过4亿美元的资金。FRC积极参与投后管理，为创业公司提供各种资源，因此创业者都以拿到他们的投资为荣。

FRC每年都会定期组织CEO、CFO和CTO的年度峰会。这个峰会上将他们所投资的公司聚集在一起，为大家构建了一个值得大家信任的交流平台。公司管理者可以在这个平台上寻求建议，FRC或者其他创业公司会提供建议。例如，一个CEO表示他们公司的财务一团糟，需要一位CFO，FRC便为他们推荐了一位人选，解决了该公司的财务问题。FRC还经常在平台上向大家普及财务与法务知识，为所投公司的法务和财务风险起到了一定的防范作用。

如果投资人拥有丰富的资金、人才等资源，并积极为创业者提供增值服务，那么其名声一定不会差。所以，当创业者无法判断投资人对行业的了解以及能够提供的资源时，可以选两三个投资人曾经投过的项目，找项目CEO深入了解。由于具有相同的身份，那些被投资过的创业者通常会据实相告。

需要注意的是，投资人如果随口就说"我跟xxx关系不错，后期可以介绍给你认识"，那么他说的不一定是事实。

如果你们所说的"xxx"是一个圈内大佬，那么这个投资人或许只是在利用这个大佬来抬高自己的身价，真实情况是他手中的资源并没有你想象中的多，而且还喜欢信口开河；如果他提到的"xxx"是一个没有什么名气但是可以办实事的人，而且他认识很多这样的人，那么这个投资人能力高、资源丰富的可能性比较大。遇到第二种投资人，创业者要珍惜。

6.2 创业者眼中的最佳投资人

融资是一个创业者与投资人相互选择的过程。投资人选择项目时看得更多的是创业团队及项目的质量。创业者选择投资人时不仅看投资人给的钱多少,还看投资人是否具有勤奋、专业、善于合作等素质。

6.2.1 勤奋是最重要品质

在创业者眼中,成功的投资人都是勤奋的。他们的行程通常安排得非常满,创业者在哪里,他们就在哪里。

以著名风险投资人童士豪为例,他的时间都是以小时来计的。童士豪精准掌握并善用时间的品质在业内都是出名的。在中国和美国市场之间跨越,童士豪从来不需要调整时差。无论童士豪身在中国还是美国,工作人员都能深夜收到他的工作邮件。他的助理也总是要绞尽脑汁才能从他紧密的行程表里挤出一点时间应对突发事件。

哪上班互联网垂直招聘网站的联合创始人童小侃与童士豪是斯坦福大学校友。童小侃评价童士豪说:"童士豪是个著名的工作狂,一天只睡3个小时,经常开会到大半夜,然后在酒店游个泳,睡两三个小时之后继续开晨会。"

童士豪深夜工作的情况已经出现了无数次,大家都见怪不怪了。例如,有一次大家在酒店开会从下午到晚上10点多,参会的人都已经精疲力竭,准备休息了。而童士豪和另一位风险投资人李宏玮散会后继续精力充沛地投入到下一个和创业者的会议中。

李宏玮是业内顶尖的女性投资人,曾登上福布斯全球最佳风险投资人排行榜。她经常晚上坐飞机,第二天早晨就要参加会议,精神状态还非常好。

当下创投圈里,创业者对资本的争夺异常激烈,而投资人对早期优质项目的争夺也越来越激烈。加上BAT等巨头公司的战略投资布局,投资人都开始将投资阶段前移做早期。在这种情况下，投资人们都付出了越来越多的时间和精力，争取投资到更优质的早期创业项目。

一般来说，顶尖投资人可以深夜出来和创业者见面。作为创业者，你可以想一下，你所遇到的投资人是否做到了这一点？如果能够做到，说明他具有勤奋的素质，可以加入潜在投资人名单里。

6.2.2　工作狂的背后是热爱

承接上一点，投资人之所以选择做一个勤奋的工作狂，是因为他们热爱投资工作。创投圈是一个需要热情的圈子，对投资人来说，每个人参与投资的热情点可能都不太一样。

李宏玮称，她的使命感是帮助初创阶段的项目发展。李宏玮不仅懂技术，会看产品，还能做管理，这些专业能力在投资过程中发挥了重大作用。李宏玮还表示，她对于早期投资充满了热情，即便是退休了，也会用自己的钱去投资。

"风投女王"徐新与李宏玮的想法类似。徐新表示，她早就实现了财务自由，投资只是因为自己充满热情。

AA投资创始合伙人王浩泽在2016周年庆典活动演讲时表示："做天使投资是很苦很累的一件事，工资只有一个月5000块钱。甚至管理费都不太够花，购买研究报告，出差报销、请客吃饭每个月需要垫很多钱。为什么我们愿意去做这样的事呢？收益是肯定会考虑的，还有很核心的一点，源于热爱，做投资对我而言，首先这不是一份工作，而是一个爱好。之前我自己做过很多事情，只有投资这个事情让我充满了热爱。每个项目，每个行业其实对我来说都有着足够的新鲜感。每投资一个项目，当它成长，当它有了第一个种子客户，有了标杆的企业，有了收入，有了后续的融资的时候，当他每上一个新台阶的时候，就像自己的一个个孩子一样，看着他去成长，有着非常好的成就感。"

AA投资参与投资了很多天使轮的技术创新驱动的TMT项目。比如云帐房、兜行、DailyCast等。AA投资之所以选中了这些投资项目，是因为他们认为这些项目能够改变行业，并因此有一种成就感。例如，他们投资云帐房是看中未来机器人有机会替代人工；他们投资兜行是看中项目在企业培训学习方面带来新的思路，有助于"90后"的员工快速融入企业文化；他们投资DailyCast是希望给To C用户带来快乐。

王浩泽称："我觉得这些都是我们对这个行业的热爱。我希望我们的投资不光是回报，而且能够改变一些什么。我投的行业是企业服务。从更加长远的一点来讲，我希望我们投的企业这些软件，这些SaaS不仅仅是卖一套软件，它包含了一套理念，也包含了一套行为行事的方法。"

王浩泽还以华为为例，说明了自己投资的野心："中国到目前为止，运营管理方面最成功的一个公司我觉得是华为。华为其实经历过几个周期，在2003年、2004年的时候，当时任正非力排众议，采用了IBM管理咨询的方案，包括后面核心的一套系统，建立了以人力资源、研发、财务三方面为核心的管理体系。这是一个很重要的基础，也间接造就了华为今天的成绩。华为也是到目前为止唯一一个横跨To B、To C和To G三个领域都做得非常好的公司。我们希望我们的产品和服务能够给客户带来价值，往更大的来说，帮助中国的企业去降低成本、提高效率、增加收入。从全世界角度来说，帮助所有中国企业去提高竞争力，这是我最大的一个野心，这也是我对这个行业的热爱。"

如果创业者可以遇上一个热爱投资行业而不是单纯为了拿投资回报而投资的投资人，那么一定要抓住机会，争取他的投资。

6.2.3 要能抗压、抗风险

创投圈是一个竞争异常激烈的圈子，这就意味着，圈子里的从业者要能抗压，能抵抗风险。只有抗压性好，能够抵抗风险的投资人才能适应这个弱肉强食的圈子。

刘刚是湖南一餐饮公司的老板，公司盈利非常不错，身家达到上千万元。为了赚更多的钱，刘刚开始频繁地参与项目投资。然而，由于缺乏专业的投资知识，刘刚投资的项目大多数都以失败告终。刘刚因为经受不住打击试图跳楼自杀，最终被救下。事实上，刘刚缺乏专业知识，没有抗压和抗风险能力，并不是合格的投资人。

抗压和抗风险能力是优秀投资人必备的一项能力。以"股神"沃伦·巴菲特（Warren Buffett）为例，他非常擅长预想投资风险和挫折。考虑到股权投资的高风险，巴菲特常常做最坏的打算："我从来都不会期望通过投资股权赚钱。当我投资股权的时候会假设公司第二天即将倒闭。"巴菲特对风险的设想，造就了伯克希尔-哈撒韦公司伟大的投资事业。

投资人的最终目的都是获利，但真正在每年年终盘点时盈利的投资人却并不多。因此，投资人需要常常自我反省。投资之前，投资人首先应该考虑的不是能够赚多少钱，而是考虑最坏的情况，是否可以保证成本。投资人要明确自己能够承担的最高亏损比例、最大金额是多少。

不是任何人都能够承担投资失败的风险的。投资人必须具备一定的风险控制能力与手段，投资人可以考虑这样几个问题：如果投资项目发展不好致使自己出现亏损时，会不会对自己造成致命打击？在优质项目缺乏的时候，能否耐心等待好的项目诞生？自己的投资标准与习惯有没有不恰当之处？自己有没有时常反思的习惯，通过总结经验教训及时改正错误？

如果投资人没有一套成熟的投资模式，再加上风险控制能力较低，投资股权可能会造成重大损失，这样就不如将资金存到银行得到稳定的微薄利息更划算。

2007年，美国爆发了次级按揭房贷危机，致使全球经济市场受到重创。在这一事件中，次级按揭借款人是最大受害者。下面用次级按揭借款人所犯的错误，来提醒广大投资人如何避免在未来投资生涯中犯下类似错误。

美国次级按揭贷款危机的起源为美国众多次级信用者，即收入不高或工作不稳定的人。他们被美国按揭贷款中介机构的花言巧语所蒙蔽，没有考虑清楚就购买了他们根本负担不起的房子，并负担上高额的按揭贷款。

按揭贷款中介机构经常使用的一个非常有趣的谎言就是房地产会越涨越高，如果不买将来必定会后悔。如果放眼未来10年、20年，这种说法是非常是有道理的，因为随着时间推移物价上涨是必定的。但是这不表示买房在任何时间去做都对，尤其是对于收入低下的人群。

次级按揭贷款中介商为了自己获利，不仅会编织谎言欺骗那些没有负担能力的人去买高价房，而且在征信时造假，完全不查实客户的年收入与年支出。更让人气愤的是，他们在贷款的利息条件上做手脚，引诱大家向他们借款。例如，20万美元的房贷，他们会说可以借18万～20万美元，而前3年利息非常优惠，只有3%。

许多人经过计算发现，如果借20万美元，每年只需交6000美元的利息，而借10万美元的正常利息为6500美元（正常30年贷款利息约6.5%）。两者相比，当然是借20万美元更优惠。再加上通过转卖房子即可大赚的引诱，很多人都选择了贷款买房。然而，这些美国民众没有看到的是，贷款20万美元第四年的贷款利息将会升至7%以上。到时候，贷款人不仅要负担起每年2.1万美元的利息，还要开始偿还本金。

因此，投资人切忌只看片面，应当从全局考虑，做出财务规划，最重要的是要考虑情况最坏时自己是否能够承担风险。

信诚基金管理公司董事、英国保诚集团大中华区投资基金总裁曹幼非称："如果一般美国人家庭收入不高，或者失业的话，要考虑还可以撑多久，毕竟这世界的变数很多。所以当您被迫卖房时，最大的亏损是多少？如果失业的机会大的话，现有的存款，可否让你撑过这一段找工作的中断期？"

对于投资人来说，投资一个成功的项目可能盈利几十甚至几百倍，但在失败的情况下就会损失全部。所以投资人一定要考虑最坏的情况，做最坏的打算。创业者之所以对大型风险投资机构情有独钟，一是因为其资金实力雄厚，二是因为其抗压和抗风险能力强。

6.2.4 看好项目后就不离不弃

什么是最佳投资人？最佳投资人就是投资你的项目后不离不弃，愿意持续投"滋养"你。具体来说，投资人的"滋养"主要表现在两个方面。

首先是资金，即最初的滋养。资金是创业者的子弹，是创业者在市场上攻城略地的必备武器。如果缺少资金，等待创业者的唯一结局就是项目失败。因此，遇上对的投资人，他会根据项目的发展情况及时提供资金帮助。

另外，最好的投资人还应当在后续轮次融资时提供帮助。那些只是带来一次性资金支持的投资人算不上最好的投资人。如果你的投资人不仅给你带来最初的资金，还在品牌上提高了下轮融资的成功概率，甚至会主动帮你找其他投资人，那么恭喜你，遇到了一位非常好的投资人。

其次是资源，即最重要的滋养。对于初创团队，资金之外的战略、资源、人才方面的支持也非常重要。投资人向创业者投入最初的资金后，提供后续的资源支持是一种比较理想的投资状态，既有助于项目的长久发展，也能在很大程度上提升投资回报率。

小米的创始人雷军与凡客诚品的创始人陈年的友谊被传为佳话。在陈年创业困难时，雷军曾多次挺身而出，为其出谋划策，帮其渡过难关。

凡客诚品起初是一家卖衬衣的公司，后来发展成为一家电子商务公司，产品品类越来越多，规模也越来越大，甚至还有了一支专门做物流的队伍。凡客诚品在服装界的超高知名度与雷军的帮助不无关系。

陈年和雷军相识于卓越公司。卓越当时的大股东是金山和联想投资，雷军和王树彤都是个人股东，而陈年是卓越网的执行副总裁。在卓越网，雷军是领导者，陈年是执行者，而王树彤是门面担当，所以雷军认为他和陈年是卓越网的创始人。2004年9月，卓越网被卖给了亚马逊，雷军和陈年都获得了一笔资产。

2005年4月，陈年辞去卓越网的职务，去找雷军商量可以做什么事，雷军建议陈年做"我有网"，一种类似于5173的游戏道具交易平台。雷军认为，陈年在电商领域游刃有余，而道具交易其实也是电商的范畴，所以陈年做这个肯定行。但是游戏对于陈年来说，并没有什么吸引力，所以我有网创立没多久就倒闭了。公司失败以后，陈年非常失落，于是回老家待了半年，在那半年里他写了一本小说叫《归去来》。

受PPG（批批吉服装网络直销公司）营销模式的启发，陈年打算复出做凡客诚品，雷军非常赞成。于是，凡客诚品于2007年10月面市。由于运营"我有网"亏损了很多，因此陈年在开发凡客诚品时没有多少资金，只有股份。于是，陈年开始将这些股份送给张亮、董江勇等高管以及投资人。在这些人的帮助下，凡客诚品的知名度迅速提升上来。

凡客诚品是用免费的流量做宣传，但是如果想把公司做成品牌，这些远远不够。于是雷军建议陈年找风险投资人投资。陈年找了很多天使投资人都没有成功，后来，雷军把联创公司创始人冯波和IDG公司的创始人林栋梁推荐给陈年，让陈年找他们为凡客诚品投资。

冯波和林栋梁是两种不同类型的人。冯波的气质与陈年相似，比较注重精神方面的追求，而林栋梁的气场更接近雷军。所以陈年负责找冯波谈投资，雷军则帮忙去找林栋梁筹集资金。与两位创始人面谈后，他们表示愿意为公司出资。因此，陈年成功筹集了由联创和IDG公司提供的200万美元的资金。有了这笔资金，陈年将公司成功运营起来。

此后，凡客诚品又进行了多次的融资，而且融资的金额一轮比一轮高。有段时间凡客诚品越做越大，甚至做到可以上市的程度。但是这种规模只是一种假象，并为凡客诚品濒临倒闭埋下了伏笔。本来凡客诚品是以销售服装为主的互联网公司，后来线上又增加了其他类别的商品，而且库房里积攒了大量存货，身为创始人的陈年并没有意识到问题的严重性。

大量堆积的库存终于到达极限，并使得凡客诚品一系列的问题都暴露出来，最终引发了裁员、清库存、再裁员的恶性循环，资金也出现问题。然而，幸亏有雷军这位好兄弟护着陈年。雷军推荐的那些投资人，在公司出了那么多问题之后，不仅没抽资，在以后的几轮融资仍然给予了支持。

雷军还将小米成功的方法传授给陈年。在雷军的帮助下，陈年重新找到了方向。凡客诚品开始致力于衬衣品牌。如今凡客诚品为了转型成功，进行了第七次融资，而此次融资最大的支持者就是雷军。在雷军的领投下，软银赛富、IDG、联创策源、淡马锡、启明、中信、和通等股东均参与了本轮投资。

此轮的融资金额超过1亿美元。这笔资金为凡客诚品整个生产供应链提供了有力保障。经过长时间的筹备，凡客诚品开始大量削减产品的品类及款式，并且以提升品质、做高品质单品为目标。

凡客诚品新一轮的融资如果没有雷军做领投人，后面不会进行得那么顺利，因为很多投资人就是因为雷军的品牌背书才敢向凡客诚品投入资金的。

凡客诚品的案例告诉大家，找投资人就要找雷军这样的靠谱投资人。他们不仅可以自己出资帮助你，还能帮助你拉来可靠的投资人，最重要是在你遇到困难时不离不弃，帮助你走出困境。

6.2.5 具有未来感

股权投资事业与商业领域的哲学有关，需要投资人看趋势，具有未来感。很多经验丰富的著名投资人都将思维拨到了3～5年以后。他们思考的是未来，所有的体系也都建立在这一点上。具有未来感的投资人从来不会在乎投资项目现在是否盈利，他们愿意帮助创业者是因为他们看好项目未来的巨大成长。

美国纽约的顶级风投人弗雷德·威尔森（Fred Wilson）就是一个具有未来感的投资人。弗雷德·威尔森认为，未来行业与投资的3个大势分别是社会结构的网络脱媒化、产品和服务的定制化以及每个人的节点化。弗雷德·威尔森选择项目时非常注重大势对整个社会的影响，通过把握未来大势，他还建立了一个寻找与大势相符的投资项目的思考框架。

弗雷德·威尔森提到的第一个大势是网络脱媒化。他认为："旧式结构现在还可以工作，只是在当今后工业化时代显得效率低下而已。大家已经看到这一大势在媒体行业的显著影响，在其他行业，去层级趋势也已经逐步显露出来。例如，Airbnb（旅行房屋租赁社区）对酒店业的影响、Kickstarter（专为创意产品项目融资的众筹平台）对创意行业的影响，以及Codecademy（在线学习编程知识网站）和Duolingo（语言学习平台）对培训业的影响。"

弗雷德•威尔森提到的第二个大势是产品和服务的定制化。在工业化大生产时代，将产品和服务打包销售给用户是最有效率的方法。然而，现在通过产品目录获得最佳的服务项目是人们对各个行业运营模式的期待。

例如，服装类APP，因为服装的颜色、款式、尺寸等都是比较灵活的，每个选项可以为用户提供多个选择。例如，用户可以利用21cake推出的APP随时随地订购蛋糕，并根据个人需要指定送达地点。客户可以选择蛋糕的不同口味、不同形状，并且可以在蛋糕上写上专属的字符。

弗雷德•威尔森称："新闻业，包括借贷和资产管理在内的银行业，受到在线课堂冲击的教育业、科研行业、娱乐业等都经历着这一趋势。"

弗雷德•威尔森提到的第三个大势是每个人的节点化。智能手机的普及将所有人都变成了网络中的一个节点。作为网络中的一个节点，每个人都可以在任何时候非常轻易地联系到另一个人，这是当前最明显的一个大势。弗雷德•威尔森表示："打车应用Uber就是在这种大势中发展壮大起来的。另外，移动支付和约会应用（如Tinder）也都将受益于这个趋势。"

弗雷德•威尔森通常都是根据以上3个大势选择投资项目的。弗雷德•威尔森本人每年的投资项目只有一两个，与其他投资人相比算是非常少的。弗雷德•威尔森所在的Union Square Ventures公司每年投资的项目也不多，大约为10个。

弗雷德•威尔森认为，符合上述大趋势的创业公司有三类，如图6-1所示。

图6-1 符合大趋势的创业公司的种类

（图中三个圆圈分别为：一、比特币类；二、健康护理类；三、数据泄露整治类）

弗雷德·威尔森非常看好比特币的发展。弗雷德·威尔森认为："比特币是构成互联网基础设施的一层，是一种互联网协议。未来的几年里，企业家们将通过这项协议发展出大量的顶级新技术和服务。比特币不受任何银行和政府控制的这一特性使得其本身就成为了一个非常值得投资的大趋势。"

BitPay比特币支付平台相当于线上支付龙头Paypal的比特币版本。BitPay可以向商家提供各种支付的后端技术支持以及前端购买按钮的嵌入服务。在交易过程中，BitPay接受用户的比特币，然后将比特币换算成真钱，打到商家的账户里。由于BitPay大大降低了交易成本和时间，而且商家拿到手的还是真钱，因此受到了很多用户的青睐。尤其是跨境交易，商家接受汇款的流程非常麻烦，而且手续费高昂，而BitPay则通过比特币降低了交易成本。

截至2016年，BitPay已经完成270万美元的种子轮融资以及金额高达3000万美元的A轮融资。BitPay的种子资金是由李嘉诚通过旗下私人创投基金维港投资（Horizons Ventures）与其他投资者共同注资的。其A轮融资由英国维珍航空创办人查理德·布兰森(Richard Branson)以及雅虎创办人杨致远领头的财团注资，公司估值为1.6亿美元。BitPay的A轮融资是比特币界有史以来最大的一笔融资。

早在投资之前，查理德·布兰森就已经和BitPay签订了合约。查理德·布兰森表示，他之所以选择投资BitPay，是因为他坚信银行正面临重大的改革和创新，而维珍航空已率先进入"替代支付"（非现金支付）的模式。

查理德·布兰森还说："在振奋人心的货币革命中，比特币作为一种服务，将会持续建立消费者对数字货币的信心，推送数字货币的发展，而BitPay或许就是下一个独角兽。"

弗雷德•威尔森认为，健康护理类创业公司也是值得投资人关注的一类公司。以Union Square最近投资的健康护理公司Human Dx为例，该公司提供健康护理行业合作的解决方案与上面提到的3个大势有很多相符点。

另外，数据泄露整治类公司也是投资人应当重点关注的领域。弗雷德•威尔森说："工业革命带来了工业污染，但人们意识到治理污染已经是一个世纪之后的事情了。在信息革命正在进行的当下，数据泄漏也造成了一种污染。政府和谷歌这样的互联网公司正是利用了这些泄露出来的数据才能监控人们的行为。当你允许谷歌成为你的身份提供商时，你就已经把自己的一举一动都暴露在了谷歌面前。"

弗雷德•威尔森认为，未来会出现一种互联网协议，保护用户的身份信息、隐私和数据，使其不会被任何机构所利用。因此，数据泄露整治类公司是符合大势的领域之一。

第7章
融资谈判博弈论

创业者与投资人是利益共同体,双方的目的都是把创业公司做大,让公司快速增值,上市或者被大集团收购。然而,创业者与投资人的矛盾也是与生俱来的。投资人投资创业公司的最终目的是获得回报并退出,所以在拿出钱的时候就已经在考虑怎么把钱收回来。而对创业者来说,公司是自己一手创建的,自己永远都不会退出,除非发生公司倒闭或者失去控制权等意外状况。因此,掌握一些融资谈判技巧对创业者来说是必要的。

7.1 与投资人谈判必备英文单词

风险投资人："我们研究了一下你的Deal，有创新的Business Model，健康的cash flow和revenue，founder和team也不错。稍后我会给你一份Term Sheet，你们看看。签字后我们就开始做DD，顺利的话两个月就都搞定了。"翻译如下：我们研究了一下你的项目，有创新的商业模式，健康的资金和收入情况，创业团队也不错。稍后我会给你一份投资条款清单，你们看看。签字后我们就开始做尽职调查，顺利的话两个月就都搞定了。现在，夹着英文单词说话在创投圈里非常流行。创业者跟投资人打交道，不学点英文是不行的。下面介绍10个基本的英文单词。

7.1.1 Deal：项目

Deal是指项目，如投资人说"我们有很好的Deal资源"，意思是"我们有很好的项目资源"。

对投资人来说，排队等待自己挑选的创业公司太多了，通过他们各自的名字去称呼他们太麻烦了，而统称为"项目"则是一个简单的方法。

就像综艺选秀节目一样，不到最后，所有参赛者对评委和唱片公司来说都是选手。他们不会记住每个选手具体叫什么，他们都是"选手"。

但在创业者心里，自己一手创建的公司就像自己的孩子一样。不管规模大小，盈利状况好坏，创业者都会全心全力经营自己的公司。当然，创业者通常会给公司取一个好听的名字。

但在投资人那里，所有等待自己选择的创业公司都是"项目"。除了项目，Deal的另外一个意思是"交易"。也就是说，投资人的每一次投资行为都是一笔交易，即用钱买股份。

财务投资人更倾向于将投资项目称作"Deal",而战略投资人常常将被投资公司称为"Project"。因为战略投资人的投资行为是基于长远战略考虑的,被投资公司能否产生直接的投资回报倒是次要。他们的投资行为更像是一个系统工程,所以将被投资公司称为"Project"更贴切。

7.1.2 Business Model:商业模式

Business Model是指商业模式,如投资人说"给我讲讲你们的Business Model",意思是"给我讲讲你们的商业模式"。

"Business Model"这个单词听起来有些高深和陌生,但如果知道它的意思就是商业模式,就很好理解了。我们在5.4.1小节中讲了互联网时代的几种商业模式,要想拿到投资人的投资,创业者必须用最短的时间告诉投资人你打算怎样从用户那里获得盈利。

不同的企业、不同的业务,商业模式也有所不同。有的商业模式比较简单,如携程的订房、订票,是向入驻企业收取提成;有的商业模式比较复杂,如当当网的图书业务,需要有库存、运输等;还有的商业模式很直接,如电子商务网站等。

创业者介绍商业模式的时候,首先需要描述业务流程,告诉投资人客户是谁,产品或服务是如何运转到用户端的。另外,业务合作伙伴有哪些,他们分别有什么作用以及收入分配都是投资人关心的。

最关键的是商业模式的可行性问题。投资人会想要知道你的商业模式是不是已经得到市场验证,现在有没有产生盈利。如果没有,投资人想要知道你还需要多长时间才能盈利。

需要注意一点,如果投资人要求你描述公司的商业模式,不需要说得天花乱坠,简单清晰就好。任何商业模式的实质都是买和卖,不管卖衣服还是卖软件。如果你向投资人宣称商业模式是全球首创,那往往意味着你的商业模式很复杂,投资人可能会离你远远的。

7.1.3　Cash Flow：现金流

Cash Flow是指现金流，如投资人说"你们的Cash Flow还太小"，意思就是"你们的现金流还太小"。

"现金流"的全称为"现金流量"，是指企业在一定时期的现金和现金等价物的流入和流出的数量。最优质的现金流应当是保持流动性与收益性之间的平衡。

现金流的来源主要有3种渠道：一是经营活动产生现金流，如销售产品、市场推广、人员工资等；二是投资活动产生现金流，如购买或变卖固定资产等；三是融资活动产生现金流，包括银行贷款、股东投入、外部融资等。

如今，大多数企业还处于一种传统经营状态，由自身的盈余来决定是否进行再生产，从小到大，如滚雪球一般慢慢地发展。在互联网时代，传统的经营模式给成长中的企业带来了巨大的威胁。在竞争日趋激烈的市场环境中，企业如不能实现快速发展，就会被竞争对手吃掉，被市场淘汰。下面以京东为例来看现金流的重要性。

来自京东对外公开的数据显示，2009～2012年，京东净收入分别为29.19亿元、85.83亿元、211.29亿元、413.81亿元；在这4年里，京东净亏损分别为1.03亿元、4.12亿元、12.84亿元和17.29亿元，累计亏损35.28亿元。

2013年前三季度，京东依旧大幅增收，较2012年同期增长70%，由288.07亿元增长到492.16亿元。2013年前三季度，京东扭亏为盈，实现盈利6000万元。然而，2014财年报告显示，京东2014年营收1150亿元，同比增长66%，但还是亏损50亿元。

仔细研究京东的盈利与亏损，只有2013年是赚钱的，其余都是巨亏。在这种情况下，伴随着京东的连年亏损，其扩张速度从2009～2014年扩大了几十倍，这种速度简直就是狂飙。

有人认为京东连年亏损，迟早要倒闭。中国著名营销人翟子休指出：

"决定一个企业的生死,不在于盈利还是亏本,而是在于现金流。一个现金流50亿级企业,假设每年亏500万元,连续亏100年才亏5亿元,只要现金不断流转,活几百年没有问题。赔钱的企业只要有现金流,就可以耐心等待时来运转;而赚钱的企业没有了现金流被憋死的比比皆是,如清末的胡雪岩富可敌国,但挤兑风潮让他一夜倒闭就是明证。"

刘强东非常懂得现金流的重要性。在金融市场狂奔的同时,不断掠夺的市场份额也为京东带来了无数的隐秘财富。相关数据显示,京东全年的现金流达到3000亿元,包括1000亿元左右的京东平台上第三方入驻商家的营业额,即供货商为京东沉淀的货款现金流,第三方商家给京东支付的店租、推广费,以及京东原始融资的几十亿美元。强大的现金流为京东实现更宏伟的目标提供了保障。

对创业者来说,如何维持稳定的现金流呢?下面总结了两种方法。

第一,通过经营活动保证现金流源源不断。公司要想长期正常运转,需要保证现金流入的速度大于流出的速度。试想一下,如果公司业务还在经营,但是已经没有钱给员工发工资,没有资金用来交房租,问题就大了。

第二,通过融资为公司带来更多的现金流。风险投资人做决定之前,必定会看企业的经营活动是否能够产生收入,即现金流入。如果是,那么说明公司的商业模式是被市场认可的,投资人会更愿意投资这样的创业公司。如果一点收入都没有,投资人不太可能会为公司注入现金。因此,投资人为公司带来的现金流更像是锦上添花,指望投资人的钱救急是非常困难的。

可以说,风险投资融资、银行贷款、股东追加投资等渠道是补充现金流入的重要渠道。另外,创业者应当严格控制现金流,尽量提升资金的使用效率。

7.1.4 P/E：市盈率

P/E是指市盈率，如投资人说"我们只能给10倍P/E"，意思就是"我们只能给10倍市盈率"。

市盈率即公司市值（或每股价格）除以公司利润（或每股盈利）所得出的比率。其中，P是指公司每股价格（Price），E是指每股盈利（Earning）。

上市公司的市盈率是投资人给项目投资时的参考指标。计算公式为投后估值（P）= P/E倍数 × 上一个年度公司的利润（E）。如果某行业的上市公司平均市盈率为30倍，对于同行业内规模相差不多的非上市公司，投资人会将倍数打折，至多20倍。如果这家公司规模还比较小，处于快速发展期，那还会继续打折到10倍左右。

如果一家创业公司上一年的利润是3000万元，采用10倍市盈率，投资后估值就是3亿元。如果投资人投入4500万元，那么股份占比就是15%。

市盈率法适用于发展期或成熟期的公司，而早期项目估值一般不采用这种估值方法，因为早期项目很可能还没有产生利润。若用市盈率法来估值，需要将上述公式中"投资后下一年度利润"代替"上一个年度公司的利润"。由于投资人投资的是早期项目的未来，是对公司未来的盈利能力给出当前的价格，因此投后估值（P）= P/E倍数 × 下一个年度公司的利润（E）。

例如，如果某互联网初创公司预测融资后下一年度的利润是1000万元，公司的估值大概就是1亿~1.5亿元。如果投资人投资1000万元，公司出让的股份是7%~10%。

早期项目的价值主要取决于创业团队、技术、商业模式等非财务指标，需要投资人判断项目未来的发展前景，所以没有经验的投资人做不好这个事情。

7.1.5　Valuation：估值

Valuation是指估值，如投资人说"你们的Valuation是多少"，意思是"你们的估值是多少"。估值就是评估公司的价值，以便计算投资人出钱后换走公司对应的股份比例。

下面总结了5种估值方法，创业者可以据此给自己的公司估值。5种估值方法如图7-1所示。

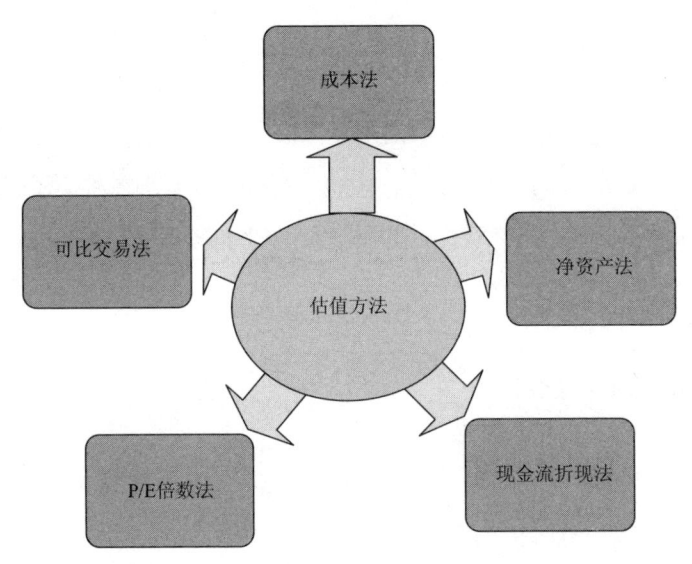

图7-1　估值方法

成本法是比较保守的估值方法，计算方法是看创业者把公司做到当前的规模花了多少成本，或者说看别人需要花多少钱才能做成这种规模。

净资产法是对创业者不利的估值方法，这种计算方法只考虑公司的净资产，不考虑公司的发展前景、市场地位、团队以及知识产权等无形资产的价值。对于互联网、咨询公司等轻资产的公司来说，净资产法估值是创业者无法接受的。

关于现金流折现法的介绍非常多，但是这种估值方法对初创公司来说是非常不可靠的。因为初创公司的现金流预测是不太准确的，基于不准确的现金流折现出来的公司估值当然也不靠谱。现金流折现法适用于即将上市的成熟公司。

P/E倍数法即市盈率法，是使用最普遍的估值方法。例如，市场认可的国内创业板上市公司的平均市盈率为100倍。如果一个创业项目跟这些上市公司的条件相似，理论上这个创业项目也可以按照100倍来给公司估值。例如，该公司去年的利润是500万元，公司价值就是5亿元。当然，实际操作中，投资人为了赚钱，一定会降低倍数，毕竟项目还没有上市，如果投资人愿意给10倍已经是不错的结果。

可比交易法是比较现实的估值方法。也就是说，先找出同行业中规模、收入水平与投资项目大体相同的公司，看投资人投资的时候给了多少估值，投资项目估值就定在该数值附近。

如果你的创业项目非常热门，投资人抢着投资，那么你可以趁此机会要一个高估值。但如果你费尽心思才找到一个有投资意向的投资人，在估值方面你就会比较被动。

7.1.6 Option：期权

Option是指期权，如投资人说"你们的团队现在有Option吗"，那么投资人的意思是"你们的团队现在有期权吗"。

每一轮融资进入的投资人基本上都会要求公司重新设置期权池。期权是创业者在融资之前为未来引进高级人才而预留的一部分股份。公司员工满足条件后可以行使期权，以事先约定好的价格购买公司相应的股权，从而取得股权。

投资人之所以会要求在投资之前公司就把期权预留出来，是为了避免公司员工在行使期权购买股份的时候，自己的股份被稀释。例如，投资人要求占股20%，期权池为20%，那么创始人持有的股份不是80%，而是60%。

当然，作为管理团队的一分子，创业者也可以获得期权奖励。对创业公司来说，设立期权池有两个好处：一是便于有足够的股份吸引未来加入公司的人才；二是有足够的股份用于奖励现在的员工，但是避免每次向员工发放股票时都需要走一遍增发股票的法律流程。

关于期权发放量，不同的岗位发放量是不同的。经纬中国合伙人邵亦波分享过他创办易趣公司时期权发放的标准。例如，对于VP（副总裁）级别的管理人员，如果是天使轮融资之前进入公司的，发放2%~5%期权；如果是A轮融资前后进入公司的，发放1%~2%期权；如果是C轮或接近IPO时进入公司的，发放0.2%~0.5%期权。对于核心管理人员，包括CTO、CFO等，可以参照VP的2~3倍发放。如果是总监级别的人员，参照VP的50%或者30%发放。

一般来说，期权都不是一次性兑现的，而是分为4年兑现。第一种是4年成熟期，每年兑现25%；第二种是满两年后成熟50%，以后每年兑现25%，4年全部兑现；第三种是第一年兑现10%，以后每一年兑现30%，4年全部兑现。

为了避免投资人问起期权问题时，创业者不知从何答起，创业者应当在融资之前就设置好期权池。

7.1.7 Founder：创始人

Founder是指创始人，如投资人说"你们几个Founder的背景和经验不错"，那投资人的意思就是"你们几个创始人的背景和经验不错"。

关于判断谁是创始人的问题，我们在3.1.1小节中已经有详细介绍。那么，投资人是如何审视创始人的好坏呢？图7-2是投资人看中创始人的4种素质。

图7-2 投资人看重创始人的4种素质

（图中四个圆圈："合作能力"、"社交能力"、"计划能力"、"领导和决策能力"）

第一，有合作能力。在互联网信息时代，合伙人机制已然成为年轻人创业的主流模式。这就对创始人提出一个要求，创业伙伴之间应当有配合默契的合作能力。

戴维·帕卡德（David Packard）与比尔·休利特(Bill Hewlett)是惠普公司的两个联合创始人。他们将惠普公司从一个默默无闻的小公司发展成为全世界第三大电脑公司，创立了著名的"惠普之道"。

戴维·帕卡德与比尔·休利特相识于斯坦福大学。他们一起拟订了一份创业计划。然而，当他们的创业计划即将开始的时候，整个美国经济一片萧条，于是他们不得已搁置了这个计划。毕业后，戴维·帕卡德加入了通用电气公司，而比尔·休利特继续深造。

两人始终都在等待机会，当美国经济开始复苏的时候，两人决定实现他们的创业梦想。戴维·帕卡德和比尔·休利特在硅谷一间车库创立了惠普，然后开始了近半个世纪的合作关系。惠普的成功一部分取决于市场机遇的来临，还有一个重要因素就是两位创始人具有超强的合作能力。

第二，有社交能力。社交能力在创业过程中的作用越来越大。人脉圈子为创始人带来了越来越多的创业信息、资金和宝贵经验。扩大社交圈子，结交更多朋友，获得更多信息和更大发展成为创始人走向成功的捷径。

创始人的社交能力弱，很有可能在创业之初就失败了。因为他们无法凭借有说服力的表白赢得投资人的资金支持和客户的业务支持。另外，如果创始人的社交能力不够好，很难说服员工认可他的事业，员工就不会拼死拼活地为其打江山。可以说，社交能力就是创始人借力打力的捷径。因此，创始人应当多参加行业内举办的各种交流活动，提升自己的社交能力。

第三，有计划能力。目标清晰的创业计划是创始人能够带领团队做出产品的基础。创业团队再优秀，如果没有明确的创业计划，也做不成大事。一般情况下，风险投资人会通过商业计划书判断创始人是否具有这种品质。我们在第5章已经详细讲述了如何撰写商业计划书，创始人可以参考一下。如果商业计划书条理清晰，目的明确，能够说服投资人，那么投资人会很愿意相信创始人的计划能力。

第四，有领导和决策能力。创始人是创业团队的带头人，所以必须具备领导和决策能力。即使场面混乱不堪，创始人也应当比别人更快、更准确地判断问题的所在，并以自己的认识来处理问题。

著名投资人李开复在选择项目的时候就极其看重创始人的领导和决策能力。李开复表示他所投资的创始人必须"是一个富有吸引力、有人格魅力的领导者"。创业的过程一定会出现各种各样的困难，这就要求创始人有凝聚力，即便遭遇挫折也能让团队成员保持信心，死心塌地地跟随。

作为一个创始人，你是否拥有以上4种素质？如果具有，你应当比其他人更容易获得投资人的好感。如果项目没有大问题，拿到投资就不在话下。

7.1.8 Term Sheet：投资条款清单

Term Sheet是指投资条款清单，也叫投资意向书。如果投资人说"我马上给你一份Term Sheet"，那投资人的意思就是"我马上给你一份投资条款清单"。

如果你已经跟投资人交流了很多次，你是不是感觉一切尽在掌握，拿到投资不是问题了？事实上，只要投资人还没有说"Term Sheet"这个单词，你就不能对拿到他的投资抱太大希望。

如果投资人给你一份投资条款清单，这意味着投资人有意向投资你的项目。投资条款清单中的大部分商业条款不具有法律效力，排他性条款、保密条款除外。作为投资人对创业项目产生兴趣到最后投资的中间环节，投资条款清单发挥了承上启下的作用：即在释放并确认双方合作意愿信号后，初步搭建投资框架，双方对核心条款建立共同认知。

作为投资框架，投资条款清单的内容包括了投资结构、投资额、占股比例、交割条件、董事任命权、知情权、反稀释权、共售权、优先清算权等条款内容。

签下投资框架协议后，投资人会开始尽职调查，最后与创业者达成投资协议。当前很多投资人甚至不与创业者签署投资框架协议，而是直接开始尽职调查和合同谈判。据统计，在签订投资框架协议的项目中，有25%～33%最后成功达成正式投资协议。

然而，由于投资条款清单不像正式的投资协议一样具有法律效力，因此在后续签订投资协议的时候很可能会对其中的条款进行修改，比如投资金额。

你可能会产生疑问，从投资框架协议到正式投资协议，说好的投资金额为什么会发生变化？投资人与创业者达成正式投资协议的条件是投资人对尽职调查的结果满意。所以，很多投资机构在尽职调查或者是内部调理过程中会对项目进行平衡投资回报和风险管控两个层面上的分析，然后试图给投资行为添加一些风险保护。这就导致投资方有可能会减少占股比例和投资金额，以降低投资风险。

当然，对于创业者来说，降低已经谈好的投资金额不是什么好事。但是，只要能投资，说明投资人还是看好公司有做大做强的潜力的。因此，对于投资人在投资框架协议中谈好的投资金额和占股比例，但到正式投资时缩水的事情，应对的最好方法就是在投资人的钱到账之前不要拒绝其他投资人的投资意向和可能性。只有手中的筹码越多，才能把融资失败的可能性降到最低。

另外，投资人也有可能在尽职调查后决定增加投资额度。此时，决定权在你的手上，是不是接受投资人更大的投资金额应当视项目的具体情况而定。

从整体来看，我们不能否认投资条款清单的框架作用，所以创业者依然需要重点关注投资条款清单。

7.1.9　DD：尽职调查

DD是Due Diligence的简称，是指尽职调查。如果投资人对你说"下一步我们会去做DD"，那么他的意思是"下一步我们会去做尽职调查"。

投资人跟创业者见面后对项目的简单调查不是尽职调查，主要是为了了解行业和市场，以做出初步判断。此时，投资人基本上会先以创业者对公司本身的介绍为基础。一旦投资人发现项目有潜力，有了投资意向，跟创业者签署了投资条款清单，接下来的事情就是做全面的尽职调查了。

投资人的尽职调查一般包括市场调查、法律调查、业务调查、财务调查、人员调查等。其中，市场、业务、人员方面的调查可以聘请专业律师做，也可以由投资机构内部的人来做。而法律调查则通常由专业律师来完成，财务调查一般要请专业审计师来完成。

尽职调查从开始到结束的整个时间一般为几个星期，只有少数经验丰富的专业投资机构只需要几天仔细的现场调研就可以做出最终投资决定。在尽职调查过程中，投资人首先会给创业者发一份几页到几十页不等的尽职调查清单，要求提供公司的历史变更、重大合同、财务报告、财务预测、管理员背景、供应商以及客户名单等资料。然后，投资人会仔细参观公司，与公司中高层管理人员交谈。投资人还有可能会咨询公司的律师和贷款银行、供应商、客户以及管理人员曾经的上司和同事。另外，投资人还有可能会调查信息提供者，以保证信息的真实可信。

尽职调查不仅是企业证明自己拿到融资的机会，也是发现问题、改善提高的机会。面对流程烦琐的提问和查证，创业者应当耐着性子积极配合，不能敷衍，指望蒙混过关。

尽管投资人在尽职调查中发现了很多问题，但只要问题不大，通常不会影响投资人做出投资决定，但是投资人会要求创业者把发现的问题一一解决，然后他们才会投资。如果投资人发现了重大问题或者不可解决的问题，这种情况投资人一般会直接放弃投资。例如，投资人发现公司使用的技术成果是从其他公司偷来的或者公司当前官司缠身等。

另外，创业者选择投资人的时候也需要做尽职调查，了解投资人的情况。投资人一般会说他们能够提供很多资源和增值服务，创业者需要验证他们所说的是否是真实情况。创业者需要了解的内容包括投资人在业内的名声如何、是否难以对付、投后管理效率高低、有什么增值服务、介入公司管理的程度如何、后续融资能否提供帮助等。

7.1.10　IPO：首次公开发行

IPO是Initial Public Offerings的简称，是指首次公开发行。首次公开发行通常意味着上市，尽管理论上也有首次公开发行后上市失败的可能。如果投资人说"你认为公司几年之内可以IPO？"那他的意思是"你认为公司几年之内可以上市？"

投资的目的是获得回报退出，由于公司通过上市带来的增值最大，也就是说投资人获得的回报更多，因此上市是投资人最理想的退出渠道。图7-3是上市退出的3个优势。

投资人出售股份更容易

股份有了公开的市场价格

风险投资基金可以通过股份分配实现退出

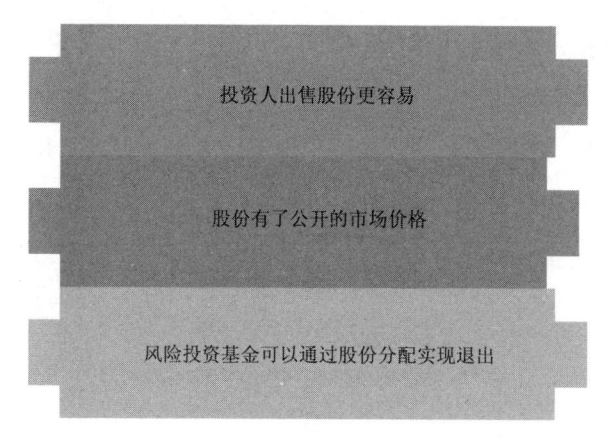

图7-3　上市退出的3个优势

第一，投资人出售股份更容易。公司上市后，投资人可以在证券市场直接把持有的股份出售给散户，实现快速套现。如果公司没有上市，投资人要想退出需要找一个接盘侠，不仅需要时间，还有可能找不到。

第二，股份有了公开的市场价格。公司上市后，股份价格就成为市场调节的公开价格。众所周知，信息掌握最多的人议价能力最高，而投资人在公司上市前就已经对公司有充分了解，所以议价能力相对较高。相比之下，证券市场里的散户对公司的了解最少，很容易高价购入公司股份。另外，公司上市后的股份价格远远高于上市之前的价格，所以投资人通过将股份出售给散户可以实现回报的最大化。

第三，风险投资基金可以通过股份分配实现退出。由于上市公司股份流通便利，跟现金相差不多，因此风投基金寿命期结束时，在股市行情不好的情况下，投资人可以选择不变现手里的股份，而是将股份分配给出资人。在这种情况下，出资人可以等待时机自行处理股份，以实现利益最大化。但如果公司还没有上市，出资人一般不会接受这样的股份。

对投资人来说，股市飙升的股价和更高的估值是极具诱惑力的，但是上市对公司的资质要求较严格，手续比较烦琐，成本过大。通过1.3一节中上市操作流程的讲述可以知道上市是一件复杂的事情。因此，创业者不需要向投资人保证公司未来会上市，但是可以描述未来上市的可能性，投资人看准项目后往往愿意赌一把。

7.2 投融资谈判四大重点

投资人表明投资意向后，会就一系列问题与创业者展开沟通交流，这一过程通常被称为"投融资谈判"。在谈判过程中，投资人会争取一系列条款来保护自己的权利和利益，而创业者也需要与投资人协商，尽可能维护企业及管理层的利益不受损害。下面来谈谈投融资谈判过程中尤需注意的四大重点。

7.2.1 公司估值：估值区间的合理化

估值从来都是投融资谈判中的重点。不同行业、不同规模的公司使用的估值方法也都不一样。我们在7.1.5小节中对估值方法做了详细介绍，这里不再赘述。

在与投资人谈估值时，创业者应当学会报价技巧。报价最好高过预期的底牌，这样可以为后面的谈判留出周旋的余地。一旦进入谈判过程，投资人会不断降低估值，而不会抬高价格。所以，创业者最初应当报一个高于预期的价位。

报价是有标准的，创业者报价前要明白当前的公司值多少钱。一般来说，高科技创业公司按照市盈率法计算估值比较合适。例如，高科技行业规模大小相近的上市公司市盈率为50，那么非上市公司的市盈率倍数打个折扣，按照30计算。另外，当前这家非上市高科技公司的年利润为200万美元，则创业者在谈判时公司估值就应该是6000万美元。

创业者可以在这个基础上向投资人报价。如果公司还没有产生利润，还可以以销售额为基础，按照行业的平均利润率进行估值。例如，制造业利润率超过35%，估值可以是最近一期的年度销售额或预计下一年的销售总额乘以2；批发业利润较低，估值可以是年度销售额乘以0.5；商业零售业的公司估值可以是年度销售额乘以1。我们说的是一般情况，具体情况则要具体分析。原则上不应偏离这一基础太远。

另外还有一个办法是根据"支点价格原理"报价。这个办法是以创业者的目标估值为支点，投资人给出的估值比创业者的目标估值低多少，创业者最初报价就比自己的目标估值高多少。例如，说创业者的目标价格是500万美元，对方给出400万美元，创业者就应该要600万美元。

总之，谈判的最终结果一定是双方都认可的结果，这就对估值的合理提出要求。投资人不会接受不合理的高估值，这就导致融资失败；创业者不会接受不合理的低估值，投资人也会因为交易失败而浪费了好的投资机会。

因此，无论估值最终是多少，都应当具备合理性，能够说出估值的理由来。

7.2.2　团队期权及创始人股份行权计划：各让一步

张峰是一家网游公司的创始人，现在正在准备A轮融资。一家外资背景的风险投资机构表示有投资意向，并按照国际惯例要求将创始人拥有的股权设置行权计划。具体内容是限制张峰在一定期限内对持有股份的转让权，如果张峰在行权计划未满前离开公司，则无法获得全部股权，未行权部分将自动消失。另外，期权激励计划也会设立行权期，分几年向团队发放，以保证管理团队为公司的服务期限。

对于投资人要求的创始人行权计划，张峰表示难以理解。张峰认为，无论是自己持有的股份，还是给管理层的期权奖励，都应当是一次性获得。张峰想不通，他们本来就拥有公司的全部股份，为什么在投资人进入后要变成分几年获得。

事实上，投资人的要求是合理的，因为他们对张峰的网游公司估值比较高。而该网游公司作为初创公司之所以被投资人看中，主要是因为投资人看中了创业团队的执行力。在这种情况下，任何投资人都会锁定团队，要求团队在未来的几年内为公司的发展做贡献。更何况，行权计划只是保证了创始人及其管理团队在一定时间内不能离开公司，若离开则会损失一部分未行权股份，并不影响创始人作为公司控制人拥有的一切相关权力。

对于行权计划，该投资机构还表示，行权计划已经是他们的底线，也是他们公司的投资政策，如果张峰不同意，他们就不会投资。

经过沟通协商，张峰与投资人各让一步，最终达成一致。行权计划的框架依然有，但是行权计划的时间缩短了，即加速资金到位后的行权计划，将计算行权计划的起始结束时间提前。这一方案既体现了张峰及其管理团队对公司经营的信心和对投资人的尊重，也体现了投资人的投资诚意。

一般来说，投资人不太可能会放弃团队期权以及创始人股份行权计划，但是创业者可以与其协商双方各让一步，争取最大程度地保护自己的权益。

7.2.3 拖售权：保障团队利益

拖售权也叫强制出售权、领售权等，是投资人考虑到退出时有可能行使的权利。一般是指公司在一个约定期限内没有实现上市，而投资人有权要求主动退出，并强制性要求公司创始人股东和管理层股东与自己一起向第三方机构转让股份。

创业者可能想不通，投资人要想退出只要把自己的股份卖了就好，为什么要求大家一起卖？理由很简单，第三方出于战略考虑，接受投资人转让的股权时倾向于购买公司大多数股权，而单一的投资人一般不会拥有公司太多股权。因此，若想达成交易，投资人就需要让其他股东与自己一起出售公司股权。拖售权就保证了投资人可以通过这一方式顺利退出。

周士雄是一个胸怀大志的创业者，他把自己创建的软件公司当成自己一生的事业，从未想过要出售公司。在这种情况下，处于谈判阶段的投资人提出了拖售权条款。周世雄以及创业团队担心投资人有可能会连同其他竞争对手对他的公司进行恶意收购，因此拒绝了投资人的这一条件。双方的谈判因此陷入僵局。

事实上，存在一个折中方案可以在保持投资人拖售权的同时为该权利增加双重条件，保护创业者的利益。图7-4是可以增加的拖售权限制条件。

- 限制发起拖售权的股东人数
- 给拖售权的触发增加股权比例条件
- 延长行使拖售权的时间
- 限制收购公司的第三方主体
- 设定其他股东的优先购买权

图7-4　可以增加的拖售权限制条件

第一，限制发起拖售权的股东人数。如果限制发起拖售权的股东人数，则增加了拖售权的行使难度，因为很多时候各个投资人的意见都是不一致的。建议周士雄可以与投资人协商约定半数以上的股东同意才能发起领售权，而不是所有股东都能单独发起。

第二，给拖售权的触发增加股权比例条件。触发拖售权条款的股权比例越高行使难度就越高。例如，当发起拖售权的全部股东持有股权总计超过2/3以上时才可以行使领售权。周士雄可以向投资人争取这一条件。

第三，延长行使拖售权的时间。延长行使拖售权的时间是对投资人的有利约束，如要求投资人不能在投资3年内使用拖售权或者约定交割5年后才启动拖售权等。延长拖售权的行使时间可以防止投资人违背设立该项条款的初衷而滥用该权利。与此同时，延长时间可以给企业更长时间的自我发展机会，对创业者来说是有利的。如果投资人答应这一条件，周士雄也应当做出让步接受这一条款。

第四，限制收购公司的第三方主体。限制收购公司的第三方主体的主要作用是防止道德风险。例如，与投资人签约时约定行使拖售权时购买公司的第三方主体不能是竞争对手、投资人投资的其他公司、与投资人有任何关联的公司以及个人等。这一方法是杜绝投资人在利益驱动下发生贱卖公司行为的最好方法。由于周士雄以及创始团队最担心的就是投资人伙同其他竞争对手恶意收购公司，因此限制收购公司的第三方主体是他们必须争取的限制条件。

第五，设定其他股东的优先购买权。一般情况下，公司的原有股东享有优先购买权。这样一来，当投资人行使拖售权出售公司的股权时，公司创始人或其他股东能够以同样的价格和条件购买其出售的股权，从而避免公司被第三方恶意收购。优先购买权条件也可以从一定程度上解决周士雄担心的问题。

图谋不轨的投资人毕竟是少数，大多数投资人要求拖售权条款是为了保护自己的权利。因此创业者大可以接受这一条款，然后加上限制条件。

7.2.4　保护性条款：不束手束脚

大多数投资人一般不直接参与公司的日常运营和管理，为了保障自己的权利不受侵害，投资人通常会要求设置保护性条款。保护性条款一般会列出一系列涉及公司运营问题的重大事项，在发生这些事项时，创业者必须征求投资人的同意，避免对投资人不利局面的发生。以一票否决权条款为例，投资人指派的代表董事对公司经营的重大事项拥有一票否决权，只要投资方不同意，公司不能进行任何变动。

一般情况下，投资人会派驻代表进入董事会，拥有投票权。那么，投资人为什么还要求保护性条款呢？众所周知，董事会的法律职责是为公司的利益而工作。但有的时候，公司的利益与投资人的利益是不一致的，而且股东会和董事会一般由占股最多的创业者控制，因此即便投资人是董事会成员，也需要通过其他渠道来保护自己的利益。

常用的保护性条款内容为："只要有任何优先股仍发行在外流通，以下事件需要至少持有50%优先股的股东同意：修订、改变或废除公司注册证明或公司章程中的任何条款对优先股股东产生不利影响；变更法定普通股或优先股股本；设立或批准任何拥有高于或等同于优先股的权利、优先权或特许权的其他股份；批准任何合并、资产出售或其他公司重组或收购；回购或赎回公司任何普通股（不包括董事会批准的根据股份限制协议，在顾问、董事或员工终止服务时的回购）；宣布或支付给普通股或优先股股利；批准公司清算或解散。"

王辉是一家信息管理公司的创始人。在B轮融资谈判过程中，投资人列出了五六十条保护性条款，连公司购买物资都需要60%的优先股股东一致通过。王辉当然不同意，经过与投资人的多次沟通、讨论，这些条款最终缩减到一半，而不至于使得管理层的经营束手束脚。

王辉的例子告诉大家，保护性条款可以接受，但是谈判空间是非常大的。以一票否决权为例，可以限定投资人在特定事项上使用一票否决权的条件。例如，公司以不低于特定估值被收购时，投资人不可以使用一票否决权，避免投资人对回报期望太高，阻止收购的情况发生。更进一步的话，创业者可以将一票否决权的范围限制在对投资人利益有重大损害的事项上。至于最终的一票否决权条款是什么样子，与创业者是否擅长谈判有关。

保护性条款的逻辑是合理的，创业者不需要过于害怕。聪明的投资人都知道公司的成功依靠的是创业团队，即便他们拥有保护性条款，也不会否决那些对公司发展有利的重大决策。如果投资人的保护性条款内容过于苛刻，创业者可以与他直接沟通，双方各让一步通常就能解决问题。

综上所述，保护性条款会在一定程度上干扰公司的正常运营，创业者与投资人谈判此条款时需要考虑如何找到一个适当的平衡。

7.3　投融资谈判三大技巧

对创业者来说，提高投融资谈判时的沟通技巧直接影响着项目的融资效果。创业者作为向投资人要钱的人，处于相对弱势地位，因此常常因为缺乏谈判技巧而导致项目融资失败。那么，面见投资人时，创业者应当使用哪些谈判技巧让项目融资变得相对容易一些呢？下面介绍了三大谈判技巧。

7.3.1 强化项目优势

第一个谈判技巧是强化项目优势。与投资人谈判时，优秀的创业者都善于讲故事，将项目的优势展现出来。创业者是最了解项目的人，深知项目的优势和劣势。因此，创业者需要强调自己的项目优势，给投资人留下深刻的心智印象。

投资人的时间非常宝贵，所以留给创业者谈项目的时间也很短。在短短的几分钟时间里，强化项目优势最好的方法就是引用行业中成功或失败的例子。引用案例可以让投资人通过联想或者对比非常清楚地了解项目大概是什么样子，同时也向投资人证明了自己对领域的了解程度。

与此同时，创业者还需要告诉投资人公司在市场中的地位，包括是处于早期、中期还是晚期，年销售额大概是多少，在市场中占有多少份额等。这样有利于投资人将项目与竞争对手区分开，关注到项目的独有优势。

7.3.2 创造竞争性环境

第二个谈判技巧是创造竞争性环境。一个竞争性环境可以让创业者在谈判中由被动化为主动，这对创业者是非常有利的。聪明的创业者在融资时都会使用这一技巧，创造对自己有利的竞争性环境。下面来看谷歌创始人拉里·佩奇(Larry Page)与谢尔盖·布林（Sergey Brin）是如何使用这一技巧的。

1998年，拉里·佩奇与谢尔盖·布林联合创办了谷歌（Google）公司，专门提供搜索引擎服务。谷歌诞生时连商业计划都没有，但是谢尔盖·布林仅凭个人魅力就从一位斯坦福校友那里拿到了第一笔10万美元的投资。在朋友的一个车库里，拉里·佩奇和谢尔盖·布林开始了艰辛的创业。

谷歌很快就受到了用户欢迎，每天搜索次数超过一万次，并因此得到媒体关注。当拉里·佩奇与谢尔盖·布林意识到谷歌需要扩张的时候，开始寻找风险投资。

拉里·佩奇和谢尔盖·布林向红杉资本的合伙人迈克•莫里茨表明了立场，他们准备融资2500万美元，出让公司20%的股份，融资额度是2500万美元。也就是说，他们自认为当时的谷歌价值1.25亿美元。迈克?莫里茨准备接受他们的报价，投入2500万美元，获得谷歌20%的股份。

结果拉里·佩奇和谢尔盖·布林同时向另一家投资大佬KPCB公司发出了邀约。KPCB的老板约翰·杜尔与红杉资本的迈克•莫里茨做出了同样的决定。两家风险投资公司风格不同，一家比较激进，一家偏向保守，但他们都想独占谷歌20%的股权，而排斥对方。

但是，拉里·佩奇和谢尔盖·布林希望让这两家公司平分这部分股份，联合投资谷歌。在谈判僵持不下的时候，拉里·佩奇和谢尔盖·布林找到另外一家投资公司，这家投资公司给出谷歌1.5亿美元的更高估值。

在这种情况下，约翰·杜尔与迈克•莫里茨选择了妥协，答应了拉里·佩奇和谢尔盖·布林的条件，双方平分20%的谷歌股权。

1999年6月7日，一份震惊硅谷与华尔街的融资公告被正式发布："谷歌从KPCB和红杉资本总共获得了2500万美元的投资，由此两家公司各占有谷歌大约10%的股份。"

约翰·杜尔与迈克•莫里茨的投资是成功的，甚至说是巨大的成功。在谷歌后来上市后，他们的股票价值大约高达30亿美元。但是更成功的是拉里·佩奇和谢尔盖·布林，他们不仅拿到了公司发展所需要的资金，同时还牢牢掌握了控制权。风险资本的进入使得谷歌发展步入一个新阶段。

谷歌案例对我们的启示是，与投资人谈判时，应该与多个投资人进行接触和交谈，让这些投资人相互竞争。由于竞争对手之间互相对抗，创业者将在谈判中拿到最有利的价格和条件。

7.3.3 让律师唱"白脸"

第三个谈判技巧是让律师唱白脸。让律师唱白脸不仅是创业者可以使用的谈判技巧，投资人也经常使用。

投资人唱"红脸"，律师唱"白脸"是风险投资机构非常喜欢使用的谈判方法。具体实施方法是这样的：投资人扮演"红脸"，他们温柔、友好、平易近人，让目标公司的创始人感觉遇到他就是自己最大的幸运，因为这样的投资人几乎照顾到了所有的重要问题。但这时，投资协议来了，里面充满了各种保护投资人利益的苛刻条款，并且很多条款内容与谈判时存在差异。如果你询问投资人，答案一定是"这是律师做的，我不清楚"，律师扮演的角色就是"白脸"。

这种博弈经常出现在融资谈判过程中，投资人扮演红脸吸引创业者，而律师则在所有重大问题上给创业者"制造麻烦"。

事实上，这种谈判技巧就是红脸白脸术。红脸白脸术即在谈判中，位于相同立场的两名谈判者，分别出席两个回合的谈判，第一位谈判者唱"红脸"，第二位谈判者唱"白脸"。

"红脸"的责任就是给对方留下"和平天使"的印象，让他们觉得遇到这种谈判对手是非常幸运的。"白脸"在谈判的第二回合则是给对方制造麻烦和威胁，从而让对方不断妥协。

如果投资人使用了红脸白脸术，创业者要识破它，不要被对方迷惑。当创业者使用这个战术的时候，要有章有法，不能失去分寸。而且人物角色方面性格要吻合，要找具有丰富交易经验的律师扮演"白脸"。

事实上，创业者要想避免与投资人产生正面冲突，就应当使用红脸白脸术，将难缠的事交给律师。这种战术可以帮助创业者与投资人建立良好的关系，而让律师们来做"坏人"。

在使用红脸白脸术的时候，创业者需要注意谁是"红脸"、谁是"白脸"，在融资谈判时，自己作为创始人，是"红脸"，律师作为真正谈利益条款的人，是"白脸"。

7.4 马云是如何与阿里巴巴的投资人谈判的

对接投资人拿到资本是一个复杂而又漫长的过程。而在谈判博弈过程中，双方的经验、信任、胆略甚至直觉都直接关系到最终的结果。创业者应当如何抢占融资主动权，选择适合公司发展的资本，马云传奇的融资经历或许会带给大家诸多启示。

7.4.1 阿里巴巴的融资始末

1999年年初，马云和创业团队依靠筹集的50万元资金在杭州创建了阿里巴巴。阿里巴巴创业团队除了马云之外，还有他曾经的同事、学生以及被他吸引来的各路精英。

当时，马云对大家说："我们要办的是一家电子商务公司，我们的目标有3个：第一，我们要建立一家生存102年的公司；第二，我们要建立一家为中国中小企业服务的电子商务公司；第三，我们要建成世界上最大的电子商务公司，要进入全球网站排名前十位。"

对于当时的阿里巴巴来说，狂言狂语只是某种意义上的生存技巧。阿里巴巴成立初期非常小，18个创业者往往是身兼数职。靠着过硬的实力，阿里巴巴逐渐有了一些名气。来自美国的《商业周刊》还有英文版的《南华早报》最早对阿里巴巴的报道使得阿里巴巴在海外的名气比在国内更大一些。

这时，阿里巴巴的钱用完了，马云开始频繁接触投资人。尽管资金短缺，马云还是精挑细选，连续拒绝了38家投资商。马云后来表示，他希望阿里巴巴的第一笔风险投资除了带来钱以外，还能带来更多的资源，如后续投资和其他的海外资源等。

这时，阿里巴巴CFO蔡崇信通过投行高盛的旧关系为阿里巴巴解决了资金问题。以高盛为主的一批投资银行向阿里巴巴投资了500万美元。这笔资金让阿里巴巴渡过了难关。

完成第一轮融资之后，更多的投资人注意到了马云和阿里巴巴，马云的腰杆也开始硬了起来。很多风险投资人都找上门来，但马云都婉拒了他们。

马云表示："不光是资本在挑选目标企业，我们也有自己的取舍。对那些不能与公司战略兼容的资金，我们一般不接受。而和聪明人在一起，你不用说什么废话，他就能听懂你的业务模式。"

1999年秋，日本软银总裁孙正义约见了马云。当时的孙正义是亚洲首富，见面后，孙正义直接问马云想要多少钱，而马云却说自己并不缺钱。孙正义反问道："不缺钱，你来找我干什么？"马云的回答却是："又不是我要找你，是人家叫我来见你的。"这个经典的回答不仅没有惹怒孙正义，反而令他对马云另眼相看。

随后，马云和蔡崇信很快又见到了孙正义。孙正义试图给阿里巴巴投资3000万美元，占30%的股份。马云经过6分钟的思考，只接受了2000万美元资金，阿里巴巴管理团队仍绝对控股。

2000年，资本市场进入熊市寒冬，并持续到2002年。由于马云在资本寒冬来临之前接受了孙正义2000万美元的投资，因此安然无恙地度过了这段时间。

2003年，互联网的春天开始慢慢到来。2003年7月，孙正义向马云提出二度注资的想法，于是双方约定好几天后在日本东京会面。

到东京后，双方开始了正式谈判。制定好大致框架后，双方在一些细节问题上僵持不下。在谈判会议中途休息期间，马云去了洗手间，孙正义也跟着进去。马云趁机向孙正义提出一个折中方案，融资8200万美元，孙正义很痛快地同意了。在以后的很长一段时间里，马云与孙正义的谈判案例都被圈内人士津津乐道。

2004年2月17日，马云宣布阿里巴巴再获8200万美元的巨额战略投资。这笔投资是当时国内互联网金额最大的一笔私募投资。2005年8月，雅虎、软银再向阿里巴巴投资数亿美元。

按照阿里巴巴上市时的估值计算，仅第一轮2000万美元的投资获得股份的估值就达到580亿美元，回报率达到2900倍。

软银中国资本执行主管合伙人薛村禾称："当年我们放弃别的机会，集中精力投资马云这个团队。我们并不是神仙，一眼就能看到阿里巴巴的未来，也只能看到电子商务这个大方向，但为什么最后选择马云这个团队呢？了解他多一点的人就知道，他能把很多人聚在周围，团队非常厉害。风险投资很重要的是判断团队。"

马云不仅是一名成功的战略家，也是一名优秀的战术家，有很多地方都值得创业者学习。

7.4.2 跟风险投资人谈判时腰挺起来，但眼睛里面是尊重

关于融资谈判，马云是这样说的："跟风险投资人谈判，腰挺起来，但眼睛里面是尊重。你从第一天就要理直气壮，腰板挺硬。当然，别空说。你用你自己的行动证明，你比资本家更会挣钱。我跟风险投资人讲过很多遍，你觉得你比我有道理，那你来干，对不对？"

创业者和投资人是平等的，不仅马云这么认为，事实也应当如此。如果投资人问了你很多问题，你也应当多问他一些。如果在谈判过程中你自己就觉得自己比投资人低一等，那么谈判结果对你有利就是不可能的事情。

面对投资人的时候，你应当问投资人的投资理念是什么。如果公司发展陷入瓶颈，他会怎么办。如果一群投资人争着抢着给你投资，你应当把自己的计划和方法写下来，同时让他们把承诺给的资源都要写下来，这是互相约束的必要措施。

其实，即便你的公司月月亏损，投资人也不怕，只要局面可控。所

以，与投资人沟通交流非常重要，要做到双方充分了解、充分信任。

马云还把创业者和投资人的关系做了非常形象的比喻："跟风险投资人沟通过程当中，不要觉得风险投资人是'爷'，风险投资人永远是'舅舅'。你是这个创业孩子的'爸爸妈妈'，你知道把这个孩子带到哪去。'舅舅'可以给你建议、给你钱，但是肩负着把孩子养大的职责是你，风险投资人不是来替你救命的，只是把你的公司养得更大。"

第8章
应对投资人的尽职调查

拿到投资人的投资条款清单后，创业者接下来将要面对的就是尽职调查。尽职调查实际就像投资人的一个安全阀。尽职调查顺利，对创业者和投资人双方都有利。尽职调查不顺利，投资人除了浪费了时间和精力外，不会受到其他影响，但是创业者则会受到重创。一方面会打击团队士气，另一方面也会损害公司名声，不利于继续展开融资工作。

8.1 对创始人团队的全面调查

大多数创业者都知道完善项目的重要性，而忽略了尽职调查展开后紧接着应该做的一些事。首先一起看看当投资人开始深入调查创始人团队背景时，你该如何准备。

8.1.1 创业团队人格调查

对投资人来说，创业团队人格调查是最简单、成本最低的消除投资风险的方法。创业团队人格调查包括对每个成员进行犯罪背景调查和信用核查。尽职调查时做好创业团队人格调查工作有利于规避创业者拿到投资后逃跑的风险。

创业团队人格调查是必要的。因为投资人不会愿意让一个有过盗用公款前科的人来掌管财务，也不会希望一个有过拖欠贷款记录的人带领团队。

但是从创业者的角度出发，如果已经有过轻罪记录或是有过金融违规等信用问题，并不需要惊慌。因为每个人都有污点，这并不影响他们作为创业者正当经营。有的创业者没有任何污点，但依然可能在以后犯错。所以，当投资人要求对你的创始团队和关键高管执行背景调查时，你们应当坦诚地接受调查。如果认为这是窥探隐私而对其遮掩，投资人反而会对你抱有意见，影响最终的投资决定。

8.1.2 列表履历复核

列表履历复核的主要内容是看第三方推荐人对创业者的评价。一般来说，投资人会要求创业者提供一份联系人列表，这些人充当了推荐人的角色，对创业者的信誉和专业技术水平做出担保。就像相亲的时候，双方愿意听一下亲友团对相亲对象的评价一样。

理想的列表履历复核是业内知名人士的举荐，他们的背书有着举足轻重的效果。必要时，一个口才好的下属也能发挥作用。

对投资人来说，如果创业者找不到推荐人，说明能力不足。他们怎么能相信一个找不到推荐人的创业者可以领导好合作伙伴和员工呢？

即便是找到了推荐人，最后的结果也可能不尽如人意。因为推荐人的赞美可能只是轻描淡写地一笔带过。也就是说，投资人希望从推荐人口中听到他们所关注的创业者具有足以打动全世界的举动和堪称典范的品质。

另外，创业者还需要注意选择的推荐人是否会对自己有负面评价。例如，推荐人对投资人说"他比较难相处""他有点固执己见"等。如果推荐人想要对创业者进行正面评价，在投资人的一再追问下暴露创业者的某些不足，这种情况是很正常的，影响也不大。

因为这种情况下所说的不足基本无伤大雅，投资人不会因此让创业者直接出局。一些投资人甚至反映，他们不相信有十全十美的创业者，人格方面的某些不足恰恰有助于他们更好地了解创业者的人格。

8.1.3 列表外履历复核

互联网技术的发展让投资人非常轻易就能从网上获得创业者背景和经历方面的信息。在尽职调查过程中，投资人不仅会根据创业者自己列出的联系人名单看推荐人对创业者的评价，还会通过在网上掌握的创业者的社会关系列出一份联系人名单，然后分别拜访他们，调查创业者的相关情况，这就是列表外履历复核。

所以，投资人投资时爽快不代表他们容易被欺骗，因为他们很可能在投资之前已经和你周围的伙伴们有过接触了。

投资人认为，如果创业公司正处于一个积极的转折点，而且公司遭遇挑战急需资金的时候，他们很难通过列表履历复核获得有关创业者的真实信息，所以列表外履历复核是非常重要的。

事实上，即便你曾经被人炒鱿鱼或者与某些人是死对头，都不需要担心。投资人都知道，创业者也不是无所不能的人，不可能一个人做好所有类型的工作。投资人进行列表外履历复核的工作就像模式识别，每个投资人都有自己的一套标准，赞赏什么样的品质或者认为哪些性格特征需要摒弃。下面列举了投资人列表外履历复核重点考察创业者的4个方面，如图8-1所示。

- 一　个性是否让人难以忍受
- 二　性格是否偏执
- 三　是否有全局意识和远见
- 四　对竞争的认识是否充分

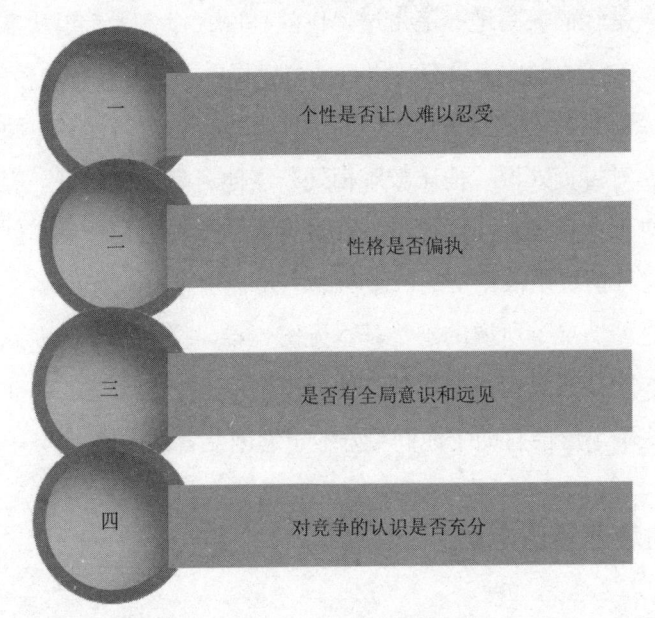

图8-1　投资人列表外履历复核重点考察创业者的4个方面

第一，投资人要看的就是创业者的个性是否让人难以忍受。当然，个性好坏与是否能够取得重大成就没有绝对联系，以史蒂夫·乔布斯（Stere Jobs）和比尔·盖茨（Bill Gates）为例，他们年轻的时候性格都让人抓狂，但是仍然取得了巨大成就。因此，投资人需要知道创业者是否容易相处，但不会因此做出投资或不投资的决定。

第二，投资人还关心创业者的性格是否偏执。事实上，很多投资人都认为偏执是创业公司创始人的必备要素。因为一支优秀的创业团队始终保持着这样的意识：再不行动就要出局了。投资人要的就是那些致力于最短时间内获得最高效益的人。

第三，投资人希望知道创业者是否具有全局意识和远见。对投资人来说，创业者是否拥有超高学历并不重要，履历表上没有蓝筹股公司也没有关系，因为他们在乎的是你对市场有没有超乎常人的敏锐洞察力，并能准确预估市场未来5年的趋势。

有的创业者已经四五十岁，但是他们卖掉了近10亿元的公司然后重新创业，还有的创业者不到20岁，但他们已经全身心投入创业事业中。他们有一点是一样的，那就是都对市场有着狂热的追求。如果投资人问了你一个行业内的问题来衡量你的水平，但是你给不出答案，那么这是一个很严重的事情，投资人有可能会放弃你。

第四，投资人还会考察创业者对竞争的认识是否充分。充分认识面临的最大竞争力是创业者成熟的标志之一。创业者应当认识到，风险投资机构力捧的明星创业公司或者哪个富有的创业者并不是最大的竞争，最大的竞争是市场的需求是否长期持久。

事实上，创业者无法把控列表外履历复核的结果，唯一可以做的就是做好自己。

8.1.4　消费者征信调查

消费者征信调查即投资人选择一些产品的目标消费者，与他们接触，获得他们对创业者的评价。对创业者来说，如果消费者的评价不冷不热，这种情况是非常不利的，因为这有可能会降低投资人对创业者的认可程度。创业者应当提醒投资人关注公司的长期合作伙伴，他们通常会对创业者给出积极评价。

一般情况下，经过消费者征信调查后，如果投资人依然对你感兴趣，他们会把调查反馈拿给你看。这时候，如何回应是影响投资人决定的关键。

首先，你需要判断评价是正面的还是负面的。对于负面评价，不能带有敌意，要巧妙回应。如果某些评价暴露了你的人格缺陷，最理想的做法不是解释，而是用一些问题一笔带过或者尝试换一种角度说明这种人格的优势。

如果公司已经发展到一定规模，那么在创业路程中有人对你不满是正常的。这些人可能是你曾经开除的员工，也可能是与你见解不同对你有看法的人。创业压力非常大，一路上难免与人发生摩擦，所以不需要太过于紧张。正确的做法是提前考虑有哪些说辞可能对自己不利，并准备好妥善的说辞。要注意的是，不可以产生敌对情绪，而应当表现出一种客观、虚心接受的态度。

8.2 财务尽职调查

公司财务是投资人尽职调查的重要内容，因为财务往往能够反映出企业的经营现状以及存在的各种问题。因此，创业者需要在财务方面做好准备，将财务报表等投资人一定会查看的资料整理好，以免到时候手忙脚乱，给投资人留下不好的印象。

8.2.1 资产负债表

在调查公司财务的过程中，投资人主要会看公司的三大财务报表，包括资产负债表、现金流量表和利润表。我们首先看资产负债表。下面对资产负债表包含的项目进行了详细解释。

货币资金是指企业库存现金、银行结算户存款、外埠存款、银行汇票存款、银行本票存款和在途资金等货币资金的期末余额。

短期投资是指企业购入的各种能随时变现，持有时间不超过1年的有价证券以及不超过1年的其他投资。

应收票据是指企业收到的未到期也未向银行贴现的票据，包括商业承兑汇票和银行承兑汇票。

应收账款是指企业在正常的经营过程中因销售商品、产品是提供劳务等业务，应向购买单位收取的款项，包括应由购买单位或接受劳务单位负担的税金、代购买方垫付的各种运杂费等。

应收账款是伴随企业的销售行为发生而形成的一项债权。因此，应收账款的确认与收入的确认密切相关。通常在确认收入的同时，确认应收账款。该账户按不同的购货或接受劳务的单位设置明细账户进行明细核算。对于确实无法收回的应收账款，凡符合坏账条件的，应在取得有关证明并按规定程序报批后，做坏账损失处理。

其他应收款指企业在商品交易业务以外发生的各种应收、暂付款项。

坏账准备是指企业计提的应收款项（含应收账款、其他应收款等），是备抵账户。

预付账款是指企业预付给交易单位的款项。

应收补贴款是企业按照国家规定给予的定额补贴款项。例如，企业按销售量或工作量等，依据国家规定的补贴定额计算并按期给予的定额补贴，应于期末，按应收的或实际收到的补贴金额，计入补贴收入。

存货是指企业在日常活动中持有以备出售的产成品或商品、处在生产过程中的在产品、在生产过程或提供劳务过程中耗用的材料或物料等，包括各类材料、在产品、半成品、产成品或库存商品，以及包装物、低值易耗品、委托加工物资等。一般情况下，企业的存货包括下列3种类型的有形资产：一是在正常经营过程中存储以备出售的存货；二是为了最终出售正处于生产过程中的存货。三是为了生产供销售的商品或提供服务以备消耗的存货。

待摊费用是指已经支出但应由本期和以后各期分别负担的各项费用，如低值易耗品摊销、一次支出数额较大的财产保险费、排污费、技术转让费、广告费、固定资产经常修理费、预付租入固定资产的租金等。

待处理流动资产净损失是指企业在清查财产过程中发现的列支范围尚不明确或责任尚不明确的各种流动资产毁损或盘亏。

一年内到期的长期债券投资是指公司长期债券投资中将于一年内(含一年)到期的投资部分。

其他流动资产是指除货币资金、短期投资、应收票据、应收账款、其他应收款、存货等流动资产以外的流动资产。一般企业"待处理流动资产净损益"科目未处理转账，报表时挂在"其他流动资产"项目中。

长期投资是指不满足短期投资条件的投资，即不准备在一年或长于一年的经营周期之内转变为现金的投资。企业管理层取得长期投资的目的在于持有而不在于出售，这是与短期投资的一个重要区别。

固定资产原价指企业在建造、改置、安装、改建、扩建、技术改造、固定资产计量时实际支出的全部货币总额。

固定资产折旧是指在固定资产使用寿命内，按照确定的方法对应计折旧额进行系统分摊。使用寿命是指固定资产的预计寿命，或者该固定资产所能生产产品或提供劳务的数量。应计折旧额是指应计提折旧的固定资产的原价扣除其预计净残值后的金额。

固定资产清理是指企业因出售、毁损、报废等原因转入清理但尚未清理完毕的固定资产的净值，以及固定资产清理过程中所发生的清理费用和变价收入等各项金额的差额。

在建工程指企业固定资产的新建、改建、扩建，或技术改造、设备更新和大修理工程等尚未完工的工程支出。在建工程通常有"自营"和"出包"两种方式。自营在建工程指企业自行购买工程用料、自行施工并进行管理的工程；出包在建工程是指企业通过签订合同，由其他工程队或单位承包建造的工程。

无形资产是指企业拥有或者控制的没有实物形态的可辨认非货币性资产，包括商标权、专利权等。

递延资产是指本身没有交换价值，不可转让，一经发生就已消耗，但能为企业创造未来收益，并能从未来收益的会计期间抵补的各项支出。递延资产又指不能全部计入当年损益，应在以后年度内较长时期摊销的除固定资产和无形资产以外的其他费用支出，包括开办费、租入固定资产改良支出，以及摊销期在一年以上的长期待摊费用等。

其他长期资产指除流动资产、长期投资、固定资产、无形资产和长期待摊费用以外的长期资产。一般包括经国家特批的特准储备物资、银行冻结存款和冻结物资、涉及诉讼中的财产等。

递延税款借项是指所得税费用小于应交所得税的差额，是采用纳税影响会计法进行所得税核算的企业，预付所得税款的资产。

短期借款是指企业为维持正常的生产经营所需的资金或为抵偿某项债务而向银行或其他金融机构等外单位借入的、还款期限在一年以下（含一年）的各种借款。短期借款主要有经营周转借款、临时借款、结算借款、票据贴现借款、卖方信贷、预购定金借款和专项储备借款等。

应付票据是指企业在商品购销活动和对工程价款进行结算因采用商业汇票结算方式而发生的，由出票人出票，委托付款人在指定日期无条件支付确定的金额给收款人或者票据的持票人，它包括商业承兑汇票和银行承兑汇票。

应付账款是企业（金融）应支付但尚未支付的手续费和佣金。它是会计科目的一种，用以核算企业因购买材料、商品和接受劳务供应等经营活动应支付的款项。通常是指因购买材料、商品或接受劳务供应等而发生的债务，这是买卖双方在购销活动中由于取得物资与支付贷款在时间上不一致而产生的负债。反映企业购买原材料或接受劳务等供应而应付给供应单位的款项。

预收账款是指企业按照合同或者双方约定向购买单位或接受劳务的单位在未发出商品或提供劳务时预收的款项。一般包括预收的货款、预收的购货定金等。

应付工资是指企业对员工个人的一种负债，是企业使用职工的知识、技能、时间、精力，而应给予职工的一种补偿（报酬）；在企业给职工支付工资以后，这项负债即行减少。

应付福利费是指企业准备用于职工福利方面的资金，如职工的医疗卫生费用、职工困难补助费，以及应付的医务、福利人员工资等。

应交税金是指企业应交未交的各项税金，如增值税、消费税、营业税、所得税、资源税、土地增值税、城市维护建设税、个人所得税等。

应付股利是指企业按投资协议规定应该支付给投资者的利润。

其他应交款是指企业需要向国家缴纳的各项款项中除了税金以外的各种应交款项，主要包括教育附加费、车辆购置附加费等。

其他应付款是指企业除应付票据、应付账款、应付工资、应付利润等以外的应付、暂收其他单位或个人的款项，包括应付保险费、存入保证金等。

其他流动负债：用以归纳债务或应付账款等普通负债项目以外的流动负债的资产负债表项目，一般包括或有负债，或有负债是指过去的交易或事项形成的潜在义务，其存在须通过未来不确定事项的发生或不发生予以证实；或过去的交易或事项形成的现时义务，履行该义务不是很可能导致经济利益流出企业或该义务的金额不能可靠地计量。

其他流动负债是指不能归属于短期借款、应付短期债券、应付票据、应付账款、应付所得税、其他应付款、预收账款这7款项目的流动负债。如果以上7款项目的流动负债金额未超过流动负债合计金额5%的，则并入其他流动负债内。

预计负债是指根据或有事项等相关准则确认的各项预计负债，包括对外提供担保、商业承兑汇票、产品质量保证、未决诉讼、重组义务以及固定资产等产生的预计负债。

一年内到期的长期负债是指企业长期负债中自编表日起将于一年内到期的长期负债。

长期借款是指企业向银行或其他金融机构借入的期限在一年以上的各项借款。

应付债券是指尚未偿还的各种长期债券的本息。

长期应付款是指企业除了长期借款和应付债券以外的其他多种长期应付款。主要包括应付补偿贸易引进设备款、采用分期付款方式购入固定资产和无形资产发生的应付账款、应付融资租入固定资产租赁费等。

其他长期负债指偿还期在1年或者超过1年的一个营业周期以上的负债，除长期借款、应付债券、长期应付款等以外的长期负债。

实收资本是指投资者作为资本投入企业的各种财产总额，包括货币资金、实物、无形资产3种。

资本公积是指企业在经营过程中由于接受捐赠、股本溢价以及法定财产重估增值等原因所形成的资本公积期末余额。

盈余公积是指企业从税后利润中提取形成的、存留于企业内部、具有特定用途的盈余公积期末余额。

未分配利润是指企业实现的净利润经过弥补亏损、提取盈余公积和向投资者分配利润后留存在企业的、历年结存的利润。

资产负债表反映了企业在特定时间下的全部资产、负债和所有者权益情况，是投资人对创业公司进行财务尽职调查的重要项目。

8.2.2 现金流量表

现金流量表是反映一定时期内(如月度、季度或年度)企业经营活动、投资活动和筹资活动对其现金及现金等价物所产生影响的财务报表。在市场经济条件下，现金流的多少直接影响着企业的生存和发展。即便企业的盈利能力好，但如果现金流断裂，也会对企业的生产经营造成重大影响，严重时还会造成企业倒闭。现金流的重要性引起了企业内外各方人士的关注，现金流量表在企业经营和管理中的地位也日益重要。

看现金流量表，首先看的应当是现金的净增加额。在企业融资和投资规模不变的情况下，现金净增加额越大说明企业的活力越强。如果现金流量净增加额是负值，则说明企业的现金流量净额减少，这一般是不良信息，因为现金流净额减少会对企业的短期偿债能力造成负面影响。通过现金流量表可以计算出八大比率，如图8-2所示。下面我们来看这八大比率的计算方法和意义。

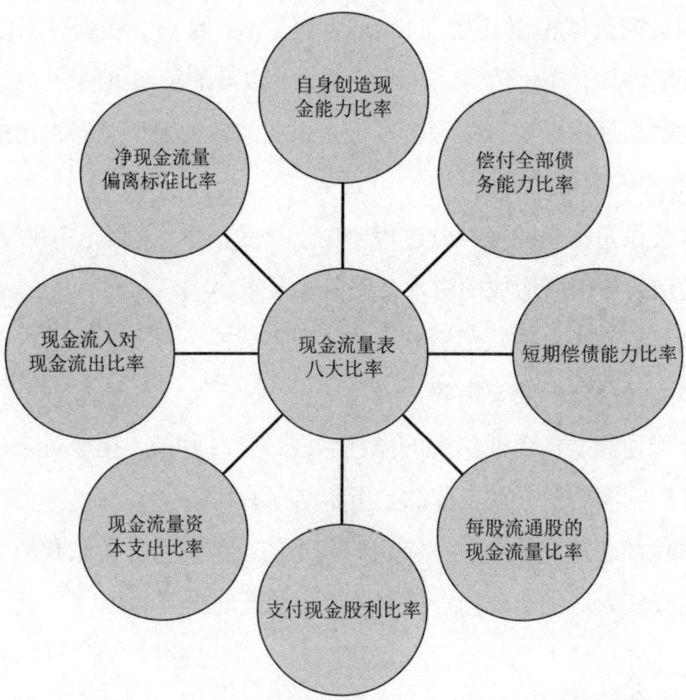

图8-2 现金流量表八大比率

1.自身创造现金能力比率

自身创造现金能力比率=经营活动的现金流量/现金流量总额。自身创造现金能力比率越高说明企业自身创造现金能力越强，财力基础越强大，偿债和对外融资能力越强。尽管企业可以通过对外融资、贷款等途径获得现金流，但是企业经营活动的净现金流量从本质上代表了企业自身创造现金的能力，是偿还企业债务的最终依靠。

2.偿付全部债务能力比率

偿付全部债务能力比率=经营活动的净现金流量/债务总额。偿付全部债务能力比率表示了企业在一定时期内每1元负债由多少经营活动现金流量所补充。该比率越大，说明企业的偿还全部债务的能力越好。

3.短期偿债能力比率

短期偿债能力比率=经营活动的净现金流量/流动负债。短期偿债能力比率越大说明企业的短期偿债能力越好。

4.每股流通股的现金流量比率

每股流通股的现金流量比率=经营活动的净现金流量/流通在外的普通股数。每股流通股的现金流量比率越大,说明企业进行资本支出的能力越强。

5.支付现金股利比率

支付现金股比率=经营活动的净现金流量/现金股利。支付现金股比率越大代表企业支付现金股利的能力越强。这一比率与投资者获得股利回报的多少没有必然回报。股利发放的多少与股利政策有关。如果管理层倾向于用现金流量进行投资,以期获得较高的投资效益,从而提升企业的市值,那么,这项比率指标就没有什么意义。所以,支付现金股比率对企业的财务分析只发挥参考作用。

6.现金流量资本支出比率

现金流量资本支出比率=经营活动的净现金流量/资本支出总额。现金流量资本支出比率主要表示企业利用经营活动产生的净现金流量维持或扩大生产经营规模的能力。这一比率越大,说明企业的发展能力越强;比率越小,说明企业的发展能力越弱。另外,该比率大于1时,说明企业经营活动产生的净现金流量大于维持或扩大生产规模所需的资本支出,其余部分可用于偿还债务,因此可以据此评价企业的偿债能力。

7.现金流入对现金流出比率

现金流入对现金流出比率=经营活动的现金流入总额/经营活动引起的现金流出总额。现金流入对现金流出比率反映企业经营活动所得现金满足其所需现金流出的程度。如果这一比值大于1,那么企业可以在不增加负债的情况下维持再生产;反之,企业会增加负债。这一比率在某种程度上也体现了企业盈利水平的高低。比率越大,说明企业的盈利水平越高,反之,则说明企业的盈利状况不乐观。

8.净现金流量偏离标准比率

净现金流量偏离标准比率=经营活动的净现金流量/(净收益+折旧或摊销额)。净现金流量偏离比率反映了经营活动的净现金流量偏离正常情况下应达到的水平程度,标准值为1。该比率表示企业在存货、应收账款、负债等管理工作上的有效性。如果该比率大于1，说明企业在存货、应收账款、负债等管理工作上措施得当，产生了正现金流量；如果该比率小于1，说明企业在存货、应收账款、负债等管理工作上措施不力，产生了负现金流量。

8.2.3 利润表

利润表是反映企业收入、成本、费用、税收情况的财务报表，表现了企业利润的构成和实现过程。企业内外部相关利益者主要通过利润表了解企业的经营业绩，预测企业未来的利润情况。投资人通过利润表调查获取的信息如表8-1所示。

表8-1 投资人通过利润表调查获取的信息

项目	内容
销售收入与成本	近3~10年销售收入、销售量、单位售价、单位成本、毛利率的变化趋势；近3~10年产品结构变化趋势；企业大客户的变化及销售收入集中度；关联交易与非关联交易的区别及对利润的影响；成本结构、发现关键成本因素，并就其对成本变化的影响做分析；对以上各因素的重大变化寻找合理的解释
期间费用	近5~10年费用总额、费用水平趋势，并分析了解原因；企业主要费用，如人工成本、折旧等的变化；其他业务利润；了解是否存在稳定的其他业务收入来源，以及近3~5年的数据
投资收益	近年对外投资情况，及各项投资的报酬率
营业外收支	有无异常情况
对未来损益影响因素的研判	销售收入；销售成本；期间费用；其他业务利润；税收
收入核查	要有购销合同；要有发票(增值税、营业税发票等)；要有资金回款；要有验收或运费单据；要有纳税申报表；要缴纳相应的税款
成本核查	要有配比的原材料购进和消耗(含包装物)；购进原材料需开有增值税发票；对重要和紧俏的原材料需预付款；购销业务付款周期正常；要有仓管签字的有数量金额的入库单据
生产能力核查	(新建项目需按时建设完工；能正常全面生产；对生产线产能的核查；对耗能的核查(耗煤、耗水、耗电，分月)；对仓储和运输能力的核查；寻找其他与产能相配比的资料

投资人审查企业利润表需要达成4个目的，如图8-3所示。

```
┌─────────────────────────────────┐
│      对损益表存在性认定的检查          │
└─────────────────────────────────┘

┌─────────────────────────────────┐
│      对损益表完整性认定的检查          │
└─────────────────────────────────┘

┌─────────────────────────────────┐
│     对损益表的估价与分摊认定的检查      │
└─────────────────────────────────┘

┌─────────────────────────────────┐
│      对损益表合法性认定的检查          │
└─────────────────────────────────┘
```

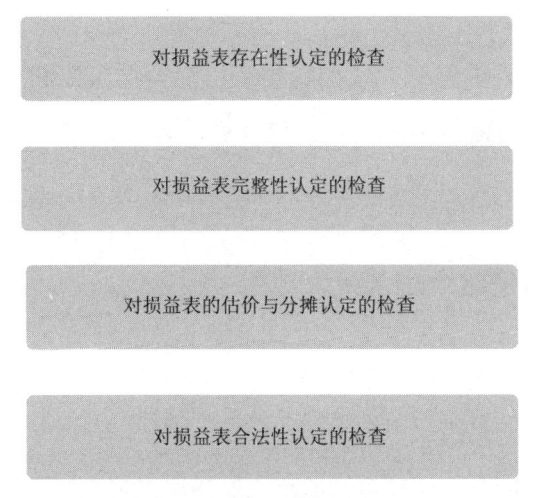

图8-3　审查企业损益表需要达成的4个目的

第一，对损益表存在性认定的检查。具体是指证实企业损益表中的各种收入、费用交易在一定时期确实已发生。

第二，对损益表完整性认定的检查。具体是指证实企业损益表中已包含企业一定期间所有的收入、费用交易而没有缺失。

第三，对损益表的估价与分摊认定的检查。具体是指证实损益表中收入和费用等要素均已按适当的方法进行计价，列入损益表的利润总额、净利润等金额正确无误。

第四，对损益表合法性认定的检查。具体是指证实企业按照法定程序分配利润。

这里需要提醒创业者，不能为了拿到投资向投资人提供造假的财务报表。因为投资人的专业经验丰富，很容易识别出来。一旦被投资人识别，就拿不到投资了。

8.3 投资人经常提问的3个问题

通过整理前人的经验，我们总结了投资人在尽职调查过程中经常提问的3个问题（包括但不限于）。创业者可以对此进行了解然后做提前准备。

8.3.1 你如何使这个想法变为现实

投资人喜欢提问的第一个问题是"你如何使这个想法变为现实？"对此，创业者的回答是否足够细致并不重要，重要的是给投资人一种踏实的感觉，让投资人能够相信你。创业者可以按照以下步骤回答这一问题，如图8-4所示。

一	语言清晰，语气肯定地说明自己的想法
二	给出确定目标用户人群
三	找到具体的资源需求
四	向投资人展示产品模型

图8-4 回答"你如何使这个想法变为现实"的步骤

第一步：语言清晰，语气肯定地说明自己的想法。形容自己的产品时，不可以说"有点像……""似乎是"诸如此类的字眼，而是应当精准描述。与此同时，你需要通过描述激发投资人的想象力。只有让投资人充分了解自己的想法，才能让投资人对想法感兴趣。

第二步：给出确定目标用户人群。如果你对投资人说"每一个人都可能是我的潜在用户"，那投资人大概会认为你太自以为是。要想回答好这一问题，你应当时常想一想："我的产品/服务有哪些早期用户？""大家是否愿意选择我的方案代替其他方案？""谁愿意为我的新产品花费时间和金钱？"想清楚这些问题，你就知道哪些人是你真正的目标用户了。

第三步：找到具体的资源需求。例如，你可以告诉投资人自己想要从哪里实施创业计划、是否需要建立一个网站、自己独自创业还是需要不断扩充团队、实现创业想法最少要多少资金等。如果你对实现想法过程中需要的资源一清二楚，会在很大程度上提升你的说服力。

第四步：向投资人展示产品模型。无论是产品，还是服务，都需要最初的模型。物理模型是从想法到现实的中间环节，可以表明创业者对产品或服务有着清晰的认识和理解，如生产需求、功能、可靠性等。

按照以上步骤回答投资人的问题，相信投资人不会再刁难你。

8.3.2 你如何应对潜在的激烈竞争

投资人喜欢问的第二个问题是"你如何应对潜在的激烈竞争？"投资人一致认为，与创业者谈论竞争话题时的收获是最大的。投资人会通过创业者的回答判断创业者对市场的分析是否细致入微、对市场驱动力的认识是否清晰，以及在竞争中取胜的可能性。

首先，创业者应当对市场竞争有一个充分的认识。市场参与者分为市场领先者、市场挑战者、市场追随者、市场补缺者。对于初创公司来说，面前有3个选择。是成为一名追随者？补缺者？还是成为一名勇敢的挑战者？

其次，创业者必须要慎重选择竞争对手，集中全部资源，瞄准一个对手，将其打败。贾森·詹宁斯（Jason Jennings）是一位著名的企业顾问，他的《大处着眼小处着手——伟大的公司如何创造杰出的业绩》是其最具代表性的畅销书，书中总结了他丰富的公司咨询经历，指出新进企业进入到市场试图满足市场的全部需求，并且与全部人竞争是不可行的，这完全是一个鲁莽且致命的行为。

在竞争激烈的情况下，创业者最好先以同行中最弱的企业为竞争对手，战胜他，然后一步步向前列靠拢。如果你没有找到或者找错竞争对手,企业的资源就不能集中有效地利用。选择竞争对手是一门学问,应该注意从以下3个方面考虑,如图8-5所示。

一　选择竞争领域

二　选择竞争区域

三　选择竞争目标

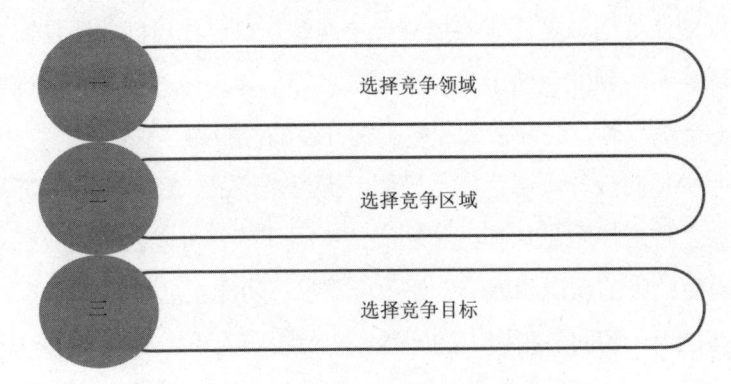

图8-5　选择竞争对手需要考虑的3个方面

第一,选择竞争领域。尽管是同一个行业中也会有很多不同的细分市场。创业者对于细分市场的选择,也就将自己的竞争对手锁定在了这个细分领域中。

第二,选择竞争区域。对于初创公司来说,在某个区域里你主要的竞争对手是这一个,到了另外的一个区域,竞争对手又会换成另外一家。在全国范围甚至全球范围内,竞争对手又将发生变化。所以初创公司的竞争对手应该是多层次的,创业者应该注意这个问题。

第三,选择竞争目标。公司的愿景是创业者对于未来发展的一种预期。公司愿景的预期决定了创业者为之奋斗的目标。在创业者为了目标而努力的过程中,会有很多竞争者进行阻碍。目标相同的公司就是最主要的阻碍,它就是你的竞争对手。

对这3个问题进行清楚的分析,创业者就会发现主要竞争对手是谁。创业者需要对竞争对手有一个清醒的认识,包括在哪个领域以及对实现目标的压力是什么。将竞争对手的情况摸清楚就能很好地回答投资人提出的关于竞争的问题了。

8.3.3 你想过营销的问题吗

投资人喜欢提问的第三个问题是"你想过营销的问题吗？"无论创业团队对产品多么推崇、多么狂热，销售才是实际。对创业者来说，市场营销应当从创业第一天就开始思考。

小糊涂仙酒在澳门上市的时候，营销方式非常新颖。如果按传统的营销方法，就是大打广告，效果是无法预测的。但是小糊涂仙开创性地运用了新型媒介头盔做广告。因为当地交通路窄、人多、行车慢，交通工具以摩托车居多，于是他们发现摩托车的头盔也许是个很好的宣传工具。当印着小糊涂仙的LOGO和广告语的头盔在澳门街头随处可见，成为一道独特的风景时，小糊涂仙也在一夜之间成为家喻户晓的品牌。

回答投资人的营销问题之前，创业者需要将自己培养成为一个名副其实的营销人。图8-6是一个合格的营销人应当具有的4种品质。

有创新的态度

与时俱进，紧跟时代潮流

避免走入思维定势的误区，善于反向思维

善于借鉴其他创新的营销模式

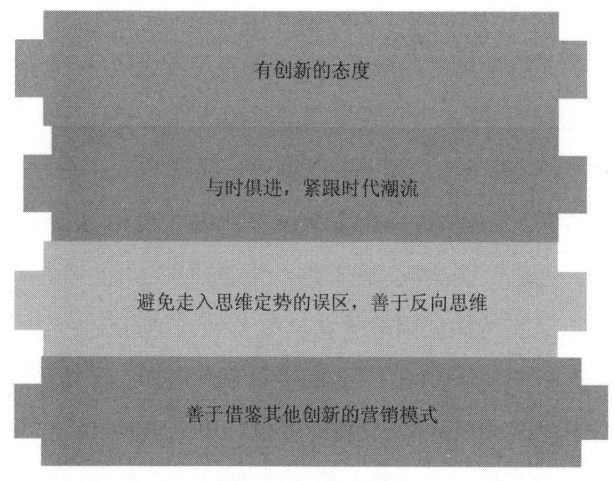

图8-6　一个合格的营销人应当具有的4种品质

第一，有创新的态度。态度决定行为，营销人应该形成"不鸣则已，一鸣惊人"的思维方式，把这种推陈出新的态度保持下去，直至成为一种本能。市场竞争的日益加剧，使得产品与营销手段不断趋于同质化，如果不能想出出奇制胜的招数，就很容易使产品淹没于众多品牌之中。

在营销界流传着一句话："策略即使不能惊天地、泣鬼神，至少也要砸晕一帮人。"所以，营销必须要创新，营销人要培养自己"语不惊人死不休"的意识，时刻谨记"无创新，不策划"的策划原则，甚至对于思考的内容应该是朝思暮想、魂牵梦绕的。

第二，与时俱进，紧跟时代潮流。营销人需要吸收各种各样的新鲜有价值的营销理论，培养自己创新的技能。创新不是靠发散思维的凭空想象，想当然的东西不是创新。

作为一名营销人，必须博采众长，吸收最尖端的知识、学习最新锐的理论来武装自己。只有时刻补充新鲜血液才足以维持营销策划人思维创新所需的营养。罗马不是一天建成的，掌握融会贯通的成熟营销创新技能也不能期望一蹴而就。营销人只能通过长时期的自我学习和磨炼，不断提高自己的思维能力，才有可能形成自己独特的创新理论。

第三，避免走入思维定势的误区，善于反向思维。创新的营销策略需要摆脱常规思维的束缚，充分发挥个人的主观创造性。营销策略的创新与广告创新不一样，广告创意可以如天马行空一般无拘无束，而营销一定是经过严密整合才能应用于现实的一种策略。但是营销策略的"一招鲜"，总是有很大优势的。因此，营销人只有培养发散思维模式，打破常规，才能为企业的正确抉择提供有益的外部刺激，帮助企业在市场上占据有利地位。

第四，善于借鉴其他创新的营销模式。在当前开放的市场上，传统的营销模式已经逐渐被市场淘汰。网络传播与新媒介的盛行使得用户形成了喜新厌旧的习惯，人人都在所难免。

总之，创业者本身也应当是营销人，拥有丰富的营销知识和极强的专业策划能力。这样一来，回答与营销有关的问题就显得游刃有余。

第9章
缔结融资合同必懂的专业知识

投资人比创业者经历过的交易更多,也更了解各种条款和规则,因此创业者需要在融资之前补补课,学习一些与缔结融资合同有关的专业知识。如果创业者没有提前准备,很容易在拿到融资协议时不知所措。在这种情况下,投资人也会趁机占便宜。

9.1 投资条款清单的十大核心条款

投资条款清单是融资协议的框架。从投资条款清单到正式的融资协议，内容变化不大，因此我们一起分析投资条款清单。投资条款清单的条款内容较多，这里总结并分析了十大核心条款，帮助创业者了解这些条款的意义，争取让条款对创业最有利。

9.1.1 优先清算权

在投资条款清单中，优先清算权条款一般表述为："如果公司在上市之前因为某些原因导致清算、转让核心资产或控制权变更，在股东可分配财产或转让价款总额中，投资人首先可以从中分配全部投资款的x倍回报，剩余部分由全体股东（包括投资人股东）按各自的持股比例分配。为实现双方在本协议项下的约定，同时满足相关法律的要求，双方可以用分配红利或法律允许的其他方式实现投资人的优先清算权。"

优先清算权是基本条款，几乎所有的投资人都会要求。然而，近年来，以真格基金为首的天使投资机构逐渐取消了该条款，但仅限于A轮之前的天使投资。

假如创业者接受了100万元的天使投资，公司投后估值为1000万元，投资人占股10%，优先清算权条款为："投资人享有的优先股有权优先于普通股股东每股获得初始购买价格2倍的回报……"

经过两年，公司运营不是很好，被其他公司以500万元的价格并购。创业者本以为手上90%的股份可以分得450万元的现金，对此感到满意。但是事实是，根据协议，投资人要拿走200万元，留给创业者的只有300万元。

这就是优先清算权条款的作用。在硅谷，大部分创业者与投资人谈判时都可以把优先清算权条款删除，但在中国很难。尽管很难，但是你依然可以试一试。如果删除不了此条款，那就要谈好其中的关键点。

对于创业者来说，优先清算权中的优先倍数越低越好。尤其是在天使轮中，优先倍数必须往下压，因为后续融资时的优先倍数会越来越高。如果天使轮就比较高，后面会越来越离谱。跟投资人谈时，你可以先拒绝清算优先权条款，若投资人不同意，再做出让步，但要有底线。

9.1.2 优先分红权

优先分红权指的是公司派分股息时，优先股股东享有优先于普通股股东分配投资额一定比例股息的权利，然后与其他股东分配剩余股息。我国《公司法》规定："股东按照实缴比例分取红利，但是，全体股东约定不按照出资比例分取红利的除外，优先分红权就是基于同股同权的差异化处理。"

在投资条款清单中，优先分红权条款一般表述为："公司同意派发股息、红利时，xx轮优先股股东将优先于普通股股东获得投资额不可累计的xx%的年优先股息，并按转换后的股份比例参与剩余股息的分配。"

投资人要求优先分红权的目的有两个，一是通过股息形式获得投资的红利回报，保证自己优先获得固定收益；当然，发展到现在，对于大多数风险投资人来说，年度分红并不太重要。

二是限制公司分红，防止原有股东发生套现行为。这种做法可以在一定程度上确保资金用于公司发展，从根本上保证投资人实现最大化利益。早期投资中，投资人要求优先分红权的主要目的是第一种，发展到现在，大多数风险投资人并不是很在乎年度分红，要求优先分红权的主要目的是第二种。

从2008～2016年，风险投资/私募股权投资项目出现优先分红权条款的比例平均为29.8%。如果投资人要求这一权利，创业者可以试着拒绝。如果投资人态度坚决，接受这一条款也无可厚非。

9.1.3 对赌条款

对赌条款，即目标公司创始人向投资人承诺，如果公司在规定期限内没有实现约定的经营指标或不能实现上市、挂牌、被并购等目标，或出现其他影响估值的情形时，则创始人必须通过现金、股份或者股份回购形式对投资人进行补偿。

对赌标的一般分为财务绩效、非财务绩效、赎回补偿、企业行为、股票发行、管理层去向6种形式，其中财务绩效是对赌标的中最常见的形式。常见对赌的形式和内容如表4-2所示。

表4-2 常见对赌的形式和内容

对赌标的	达到目标	未达到目标
财务绩效	如果企业完成一定销售额、总利润或税前利润、净利润或利润率、资产净值或几年内的复合增长率等财务性指标，则投资人按照事先约定的价格进行第二轮注资或出让一部分股权给管理层	如企业收入没有达到目标，则管理者应当向投资人进行现金补偿，应补偿现金=（1－年度实际经营指标÷年度保证经营指标）×投资人的实际投资金额－投资人持有股权期间已获得的现金分红和现金补偿；或者以等额的标的公司股权向投资人进行股权补偿，且投资人对公司的管理控制加强，如增加董事会席位等
非财务绩效	如企业能够让超过约定数量的顾客购买产品并得到正面反馈，则管理层获期权；如企业完成新的战略合作或者取得某些重要的专利，则投资人进行第二轮注资等	如企业没有让超过约定数量的顾客购买产品并得到正面反馈，则管理层没有额外期权；如企业没有进行新的战略合作，也未取得重要的专利，则投资人不进行第二轮注资等
股票发行	如果企业成功获得其他投资，并且股价达到，则各股东授予投资人全权处理与出售企业有关事宜的代理权终止	如果企业在约定的期限内未能实现上市，投资人有权要求股东一致同意将企业出售，且各股东委托投资人全权处理与出售企业有关的一切事宜

续表

对赌标的	达到目标	未达到目标
企业行为	若某项特定的新技术成功产业化，则投资人转让规定数额的股权给管理层	若企业无法在一定期限聘任新的CEO，投资人在董事会获得多数席位
赎回补偿	若企业能按约定回购投资人股权，则投资人在董事会获得多数席位或累积股息将被降低	若企业无法按约定回购投资人股权，则投资人在董事会获得多数席位或累积股息将被提高
管理层去向	若管理层实现公司经营目标，则投资人需按照约定的条件追加一定额度的投资	若管理层因未实现公司经营目标或因其他约定的事由而离职或被解雇，则其将丧失未到期授予的员工股或其他期权激励计划

猎云网分析数据显示（数据截至2016年9月9日）："对赌协议成功的比例仅为23%，失败和中止合计占63%，另有14%还处于运行之中。从分类情况看，业绩类相对比较好，成功率也仅为50%；衍生类全部失败；股价类的失败率也很高，到现在为止还没有成功的案例；而上市类也是多数失败或中止（合计64%）。"

2016年3月30日，新三板挂牌公司永继电气发布公告称：

"上海永继电气股份有限公司于2016年1月14日向上海市金山区人民法院递交《民事起诉状》，起诉被告一：东莞市瓦力智能科技有限公司；被告二：陈道群。上海市金山区人民法院目前已受理，受理案件通知书[编号：（2016）沪0116民初1005号]，请求判令如下诉求：要求被告一向原告支付人民币2090万元股权回购款；要求被告一向原告支付以人民币2090万元为本金，按照同期人民银行贷款利率计算的预期利息92160元（暂计至2015年12月23日，实际支付至股权回购款付清之日）；要求被告一向原告支付违约金人民币1000万元；被告二对被告一的上述1~3支付义务承担连带责任；诉讼费、保全费等诉讼费用由两个被告承担。"

2014年1月24日，永继电气在新三板挂牌。一个月后，永继电气宣布与东莞瓦力、吴建锋一起出资设立工业机器人公司——浙江瓦力智能设备有限公司。其中，永继电气以货币形式出资1900万元，占比38%；东莞瓦力以固定资产和无形资产出资2600万元，占比52%；吴建锋以货币出资500万元，占比10%。

另外，永继电气与东莞瓦力还签订了对赌协议："东莞瓦力承诺，在瓦力智能成立之日起一年内主营业务净利润至少达到人民币800万元，如果达不到目标或者永继电气对瓦力智能的运营、管理不满意，永继电气有权要求东莞瓦力在3个月内购买永继电气的股权，股权转让款总额应不低于永继电气实际出资款的110%。"

2015年8月4日，永继电气正式宣布终止对瓦力智能的投资，而此时的瓦力智能成立还不足两年。永继电气方面说，"早在2015年8月14日和12月4日，公司就两次要求东莞瓦力对永继电气持有的瓦力智能38%的股份进行回购，但东莞瓦力没有履行义务。"在这种情况下，永继电气于2016年1月14日正式将东莞瓦力告上法庭。

通过永继电气的官方公告可以看出，永继电气不仅要求东莞瓦力支付2090万元的股权回购款及利息9.22万元，还要求东莞瓦力支付1000万元违约金。永继电气称，之所以要这1000万元的违约金，是因为东莞瓦力和实际控制人陈道群的行为违反了股东协议中的竞业限制条款。同时，永继电气还表示，对瓦力智能的公司经营管理完全失去了信心。

我们不知道永继电气与东莞瓦力的对赌纠纷会如何收场，但足以见识到签订对赌条款的巨大风险。所以，无论公司经营状况如何，创业者还是应坚决避免与投资人签订对赌条款。

9.1.4　排他性条款

排他性条款是指在创业者与投资人约定的期限内，公司不再与其他投资人进行融资谈判，以保证投资人完成尽职调查及签约、交割流程。排他性条款是对创业者单方向的约束条款，是投资条款清单中少数具有法律约束力的条款。

在投资条款清单中，排他性条款通常表述为"在投资条款清单签订后

xx日（排他期）内，公司及创始人不得与投资人以外的任何第三方进行与本交易有关的任何洽谈、做出与本交易相关的任何请求、招徕任何与本交易相关的要约或签订任何与本交易相关的协定。如双方同意，可以以书面形式提前终止或者延长排他性。"

据统计，从2008~2016年，各个融资项目中排他性条款的时间期限平均为61天。其中，15%的项目排他期在30天以内，约70%的项目排他期都在60天以内，约90%的项目排他期在90天内。

对于排他性条款，创业者需要谨慎对待。因为很多创业者都没有意识到排他性条款的重要性，同意了投资人设定的较长时间的排他期，但是投资人最后因为某些原因没有投资，而创业者白白浪费了大把时间。

我们在第6章开头所说的创业者因为融资失败最终导致项目资金链断裂而失败的案例中，创业者与投资人约定的排他期就超过了两个月。

因此，创业者应当在签订投资条款清单之前就同时锁定多个潜在投资人，选择最合适并最有效率的投资人谈判。当然，排他期越短越好，这样才能给自己留下更大的选择余地。

9.1.5　增资权

增资权的意思是投资人完成本轮投资后，从被投资公司获得增资权利，可以在公司下一轮融资或者一定期限内以事先约定好的价格追加投资，购买公司一定比例的股权。

在投资条款清单中，增资权通常表述为："本轮融资交割之日起X年内，投资人有权追加投资xxx万元人民币或等值美元，获得xx%的股权。"

一般来说，增资权条款与估值有关，是投资人的一个单方权利。增资权约定的价格通常高于本轮融资价格，低于新一轮投资人的价格。因为投资人可以在基金层面为增资权额度预留资金，方便追加投资，所以增资权在一定程度上缩减了机构投资者的内部决策流程。

获得增资权后，投资人可以在不增加本轮投资额和投资风险的前提下,根据公司未来发展情况选择是否行权。即便选择不行权,增资权对投资人也没有影响。所以说,这是一个对投资人绝对有利的条款。正是因为增资权单向对投资人有利,所以在融资困难的时候,增资权条款出现的频率较大。但是在投资人争抢好项目的情况下,增资权不太流行。

从2008~2016年的整体数据来看,使用增资权的项目达到18%以上。对创业者来说,接受增资权条款时需要考虑行权时间和行权价格。行权时间越多、行权价格越高对创业者越有利。在实际操作过程中,还可以将下一轮融资的适当折扣价格定为增资权价格。

值得注意的是,因为增资权对创业者没有好处,所以拒绝增资权是最好的选择,以免造成不必要的股权稀释,也会对下一轮融资造成影响。

9.1.6 赎回权

赎回权在投资条款清单中的通常表述为:"如果公司未能在投资完成后的x年内实现上市或出现其他赎回情形时,投资人有权要求公司或创始人赎回其全部或部分股份。赎回价格为投资金额加上每年x%的内部回报率。"

2016年6月,链家完成将近70亿元的B轮融资,出让15%~20%的股份,估值368.5亿元。据一位投行人士透露,链家拿到融资后启动了5年上市计划,由负责资产和并购的副总裁单一刚领导。而且投资人享有赎回权,如果链家在B轮融资交割日后5年内无法完成合格上市,投资人有权在该情形发生后的任何时间内要求赎回。赎回价格为基本投资价格+每年8%(单利)的回报。

赎回权是投资人保证自己投资权益的条款之一。当公司在约定年限内无法成功上市,投资人不能通过上市获得高额回报时,赎回权给了投资人一个稳妥的退出渠道。

从2008~2016年,赎回权条款出现的比例在80%以上。由此可见,赎回权条款是投资条款中的常客。关于赎回条款,赎回条件、赎回年限以及赎回价格都是关键谈判点。一般来说，赎回年份在5年左右比较合理，赎回价格的谈判空间在8%~20%。

如果赎回权要求创业者对赎回投资人股份承担个人连带责任时，那么创业者会陷入非常被动的境地。因此，在接受赎回权条款时，创业者最好不要把个人财产列入进去，防止最坏情况的发生。

9.1.7 过桥贷款

过桥贷款也叫搭桥贷款，是指投资人与创业者签订了投资条款清单后，在短期内首先给予公司一笔贷款，用于公司短期内的经营发展。在融资完成后，贷款及利息会转为投资款。通常情况下，过桥贷款的利息非常低或者根本没有利息，年利率小于等于10%。

赵岩成是一个电商领域的创业者。2016年1月底，赵岩成拿到一个投资条款清单。投资人表示，3月前能完成所有工作，包括尽职调查、法律文件撰写、交割等。非常巧的是，公司的现金流只能撑到3月中旬，因此赵岩成觉得放心了。

然而，律师建议他向投资人要求一笔过桥贷款。因为根据经验，投资的交割时间通常会比预计时间晚半个月甚至一个月。如果中间有法定节假日，流程还会进一步被拖慢。最后，赵岩成听取律师的建议，在一周后从投资人那里拿到过桥贷款，不需要支付利息。最终交割时，过桥贷款直接转化为投资额。可以说，过桥贷款不仅能顺利推动公司的发展，还有助于公司最终拿到投资款。

过桥贷款条款往往是双赢的。对于投资人，尽管投资条款清单上有排他性条款可以单方面保护投资人，但是法律效力比较弱。如果是一些投资人争夺激烈的优质项目，即便创业者签订了投资条款清单，也有可能因为其他投资人给的条件更高而出现不履行约定的情况。投资人给出过桥贷款可以起到部分锁定项目的作用。

对于创业者来说，尽管签订了投资条款清单，但是交割还尚未完成。

投资人还需要花费一个月甚至几个月的时间完成尽职调查、法律文件准备等程序。这时，创业公司会经历一个月甚至几个月没有资金注入的时间段。在这一时间段内，如果公司有市场扩张的好机会，很可能就会因为资金问题损失良机，这对于投资人和创业者来说都是不利的。向投资人争取过桥贷款可以保证公司的现金流，甚至可以无所顾忌地搞发展。尤其是TMT行业缺乏现金流的创业公司，应当在签订投资条款时争取过桥贷款。

建议创业者确定与投资人的合作后，衡量一下公司的现金流和发展规划，然后考虑向投资人争取一笔过桥贷款。一般来说，过桥贷款占投资额度的20%至40%。拿到过桥贷款后，创业者可以从容地发展业务，不需要为现金流和融资的事情分心太多。

9.1.8　员工期权

员工期权也叫员工持股计划（ESOP）。在投资条款清单中，员工期权条款通常表述为"在公司现有股东持有的股权中，另行提取投资后公司股权总额的xx%作为公司员工激励股权。"

关于期权，我们在7.1.6小节中做了详细介绍，这里不再多说。需要强调一点，员工期权条款是可以商量的，包括给多少、什么时候给。创业者应当既能保证期权对员工的激励作用，也能保证自己的股份不至于被稀释过多。

9.1.9　拖售权

在投资条款清单里，这一条款通常表述为："自正式投资协议签署之日起5年后且在公司上市前，如果有第三方愿意购买公司全部股权，而且价格为投资人投资后公司估值的x倍以上，那么，合计持有投资人所持股权总额xx%以上的投资人可以要求所有股东将公司全部股权转让给该第三方,而且应在公司相关决议上全部同意并签署。"

我们已经在7.2.3一节中具体讲述了创业者如何应对这一条款,这里不再多说。需要提醒创业者的是,在面对投资人的时候,应当表现出充分的信心,让投资人相信你有意愿、有能力把公司做好,给投资人带来增值回报。只有这样,在谈判时,投资人才有可能接受你提出的拖售权的各种限制条件。

9.1.10 董事会席位

董事会席位比较容易理解,是投资人是否能够以董事身份进入董事会的决定性条款。在投资条款清单中,董事会席位通常表述为:"公司董事会由X名董事组成,其中,投资人有权任命X名董事进入公司董事会,Y名董事由创始股东委派或同时兼任。包括投资人提名董事在内,董事会由X+Y名董事组成。"

董事会席位涉及创业公司的控制权,创业者需要谨慎对待。根据我国《公司法》规定,有限责任公司的董事会成员为3～13人,股份制公司的董事会成员为5～19人。通常情况下,董事会席位设置成单数,避免决策时陷入投票僵局,不过法律没有规定不允许为双数。

要注意的是,董事会席位不应过多,否则会造成日常管理中沟通的成本太高。由于后续融资会陆续带来新的投资人,董事会成员数会逐渐增加,建议公司首轮融资后的董事会成员为3～5人。在完成首轮融资后,创始人应当还拥有最多份额的股权,所以应当占有绝大部分的董事会席位。

例如,首轮融资完成以后的董事会构成可以是:两个普通股股东+一个投资人提名董事=3个董事会成员或者3个普通股股东+两个投资人提名=5个董事会成员。

应该给投资人多少个董事会席位?问题的核心在于保证创业团队始终占据多数董事会席位,在决策时拥有控制权,保证对企业运营的控制。另外,不是投资人要求进入董事会,你就应当答应他。进入董事会对投资人的持股是有要求的，至少要达到5%。

9.2 签订融资协议时必须注意的五大细节

拿到投资条款清单后，投资人就开始尽职调查等工作。若没有意外，几个月后双方就敲定了融资事宜。此时，双方将会签订正式的融资协议。融资协议是具有法律效力的合同，比起投资条款清单，创业者更应当拿出十足的精神来应对这件事。下面总结了签订融资协议时创业者需要注意到三大细节。

9.2.1 关注融资条款，而不要只看估值

首先我们看一个故事，这个故事会告诉你为什么融资条款比公司的高估值更重要。

李伟创办了一家在智能家居领域具有突破性的公司，并成功吸引了一位天使投资人。天使投资人表示愿意投资500万元，估值2000万元，占股25%。

拿着500万元的投资，李伟和他的创业团队在一间办公室里热火朝天地干了起来。在做出产品原型后，李伟开始拿着产品Demo去找风险投资人，很多投资人都有投资意向。

李伟对股权稀释非常敏感，但是还想要尽可能高的估值。最终，一家风险投资机构给出5000万元估值，希望投资1000万元，占股20%。由于估值较高，风投要求享有优先清算权，以确保公司出问题时能收回本金。

李伟对这个估值感到非常高兴，新的投资只稀释了20%的股份。天使投资人也很高兴，因为他只用500万元的投资就占有一家热门公司25%的股份。根据最新的融资协议，天使投资人的资本已经相当于1250万元，是投资额的2.5倍。

拿到1000万元的投资后，李伟租了新的办公室，招聘了更多员工。接下来几个月，他们开发出产品并投放市场进行测试。然而，直到此时，李伟还没有对用户数据做过统计，产品也没有变现。

在这种情况下，李伟的公司吸引了一家科技巨头的注意。双方接触过后，这家科技巨头希望投资5000万元，占股25%，公司估值两亿元。

李伟非常高兴，两亿元的估值已经使公司成为明星创业公司。天使投资人获得10倍回报，风险投资人获得了4倍回报。当然，科技公司5000万元的投资同样要求优先清算权，在公司出状况时可以保护自身的利益。

接下来的发展则不那么顺利了。公司开始了大范围的广告投放，转化率却很低。广告投放计划用光了5000万元，而用户量仅仅增长了10倍。而且，从用户数量看，李伟的公司价值仅有5000万元。

公司价值被高估的消息不胫而走，员工纷纷失去了工作的积极性。几名核心员工因为不满股权架构和投资人的优先清算权选择离职。此时，李伟意识到问题严重，但是以现在的状况根本筹不到钱。于是，掌握着70%股份的投资人决定撤掉李伟，找了一位临时CEO掌控大局。

临时CEO建议借债维持运营，过一段时间或许会有所好转。然而，公司每个月租金、产品原材料、员工工资就要花掉200万元，现金流非常紧张，根本没有银行愿意贷款给他们。幸运的是，一家上市公司此时提出收购的想法，他们愿意出资5000万元。

这个估值虽然远远低于之前的2亿元，但是考虑到公司境况，依然是一个可观的数字。

由于天使投资人、风险投资人以及科技巨头都有优先清算权，因此他们都愿意卖掉公司，因为这样至少不会亏损。李伟也赞成卖掉公司，他仍然是董事会成员，如果公司拒绝这笔收购，最终的结局很可能是破产。破产就意味着拖欠工资，到时候他将背上债务。

算下来，需要优先向3位投资人支付的钱为100+1000+5000=6500（万元）。此外，公司还需要支付律师费用和银行服务费用等。然后，李伟才发现，这些优先支付的钱已经超过了5000万元的收购费用，李伟最终落得净身出户的结局。

上述案例告诉大家，创业者应当充分理解"优先清算权""优先股"等概念。对于投资人来说，他们投资项目成功的可能性非常低，因此他们从失败的经验中总结出了一些保护自己权利的条款。他们深刻地意识到，融资条款比估值更重要，因此他们总是通过条款规定来确保公司发展不顺利时也能保住自身财产。

因此，创业者应当关注融资条款，而不要只看估值。最好的办法是请一位投融资方面的专业律师帮你看融资协议，而不要为了省钱或者方便而随便找个律师。从专业律师那里，创业者会得到对自己更有利的建议。当然，创业者也不能完全依靠别人，创业者本身也必须理解融资协议中的各项条款。

9.2.2 不要为了融资做糟糕的交易

有很多创业者为了拿到大额融资不惜去做一些糟糕的交易，最终害了自己和公司。然而，一些创业者还没有意识到为融资而做糟糕交易的危害。

何晓天是一个APP创业者，他所做的APP吸引了一家大型移动互联网数据分析公司的注意。这家数据分析公司的用户调研团队想要其APP数据。对于何晓天来说，如果能够拿到这家数据分析公司的资金支持，他就可以面向用户大量投放广告，增加用户基数，并依靠规模化的网络效应超过竞争对手。

经过几次洽谈后，这家数据分析公司希望投资1000万美元，占股20%，公司估值5000万美元。同时双方开展战略合作：该数据分析公司获得APP数据的接入权限，何晓天所做的APP则必须通过数据分析公司的广告平台大规模投放广告。

何晓天认为，拿1000万美元用于APP推广将是行业内重大规模的推广宣传活动，将会为他带来更多的投资人。于是，何晓天答应了投资人的要求。

然而事情的发展并不顺利。广告投放的转化率非常低,于是何晓天试图终止在该数据分析公司广告平台的广告投放计划。何晓天将广告数据拿给投资人看,但是投资人不肯让步,因为这是他们当初愿意投资的条件。

在之前谈判时,何晓天只想着拿到融资,并没有与投资人就广告投放效果做出约定。投资人希望通过在自己平台上的广告投放拿回用于投资的1000万美元。在这种情况下,何晓天不得不履行原来的承诺,并因此将1000万美元全部花在了投资方的广告平台上。

由于用户增长缓慢,而且"免费+付费增值服务"的模式使得用户维护成本非常高,何晓天很快就发现公司需要再一次融资。

何晓天的不幸告诉我们,在融资时应当把融资协议与业务发展合同分开来谈判。如果投资人要求融资协议与业务发展合同挂钩,那么最好不要接受。

9.2.3　理解自己和他人的动机

首先是自己的动机,创业者可以思考一下融资是为了什么。是为了做自己喜欢做的事情,还是为了未来卖掉公司赚钱?创业者的动机决定了需要哪种投资人、需要多少钱。

然后是理解他人的动机,尽管这一点比较困难,但创业者依然需要在融资谈判过程中考虑投资人的动机是什么。这个投资人是真正看中自己的公司想要获得投资回报吗,还是为了控制自己的公司,然后为他的公司服务?综合考虑自己和他人的动机,你就能知道你所面对的投资人是否符合公司当前的发展需要。

从动机来说,投资人分为财务投资人和战略投资人。一旦动机匹配失误,公司融资后的发展路线就会因为投资人和创业者的意见不一致受到影响,无法按照创业者融资前的规划进行。

财务投资人的目的是快速获得财务回报,他们一般会通过上市或者股权转让等方式退出。市场上常见的各类基金都是财务投资人。一般来说，市场空间广阔、高成长性的项目比较容易受财务投资人的青睐。

战略投资人的目标是产业整合，而不是快速获得财务回报。例如，TMT行业三大巨头就是战略投资人的典型代表。如果你的公司与投资人公司的整合空间大，可以帮助他们提升市场占有率，那么战略投资人就会中意你。战略投资人的投资更倾向于长期持有，还有可能会直接收购。

在融资困难的大环境下，一些创业者开始病急乱投医，只要有人给钱就接受。有些创业者因为公司财务紧张急需寻找财务投资人，因为他们不愿意投资人过多干涉公司的日常管理。然而，战略投资人先找上门了。为了尽快拿到钱，创业者没有拒绝战略投资人。

战略投资人要求创业者签下对赌协议，如果公司3年内无法上市，他们将另外获得公司20%的股份。可想而知，3年内上市是一项异常艰巨的任务，创业公司完不成的可能性非常大。然而，该创业者还没有明白自己面临的危机。

因为投资人选择不对而失去公司控制权或者导致其他问题的案例非常多。为了避免公司因为投资人而遭殃，创业者融资的时候需要审视自己的动机和投资人的动机，想清楚公司到底需要什么样的投资人，不需要什么样的投资人。

第10章
如何看穿冒牌投资公司的骗局

　　创业者经常遭遇的融资骗局分为两种：一种是冒牌投资公司设立的融资骗局，为的是诈骗创业者的钱财；还有一种是真投资公司设立的陷阱，目的可能是骗取创业者的创意、控制创业者的公司等。本章主要讲述冒牌投资公司设立的融资骗局。

10.1 冒牌投资公司的七大特征

在李克强总理提出"万众创新,大众创业"之后,全社会刮起了积极创业之风。创业就需要资金,由于创业者纷纷寻求融资,一些不法分子开始利用这一大环境进行融资诈骗。创业者如果不够谨慎,很容易就会落入冒牌投资公司设立的圈套,使自己的创业之路更加艰辛坎坷。那么,创业者该如何识别这些冒牌投资公司呢?下面为大家总结了冒牌投资公司的七大特征。

10.1.1 公司名称听起来头目很大

蒋丽是一家美容护肤品的创始人。为了扩大市场份额,公司需要大量资金。因此,蒋丽想到了寻找投资人。

2017年1月初,蒋丽接到一个电话,对方表示愿意投资1000万元。对方自称是"美国世界银行投资公司"的,蒋丽对于公司可以吸引外资感到非常高兴,所以当对方提出实地考察时,立即答应了。接待对方考察时,蒋丽可谓是尽心尽力。

几个考察人员往返的机票、住宿费以及吃饭烟酒的花费都是蒋丽承担的。临走的时候,蒋丽还送上了价值1万多元的特产礼品。送走这些人后,蒋丽在一周后接到了投资方的电话。他们表示愿意投资,但是需要蒋丽首先支付10万元的风险控制评估报告费。

蒋丽毕竟经过了多年的商场历练,一听到投资方要钱,就知道对方并不是真正的投资人,而是打着投资人幌子的冒牌机构。于是,蒋丽选择了报警。

并非所有的创业者都像蒋丽一样明智,有一些创业者可能会抱着试一试的心态答应冒牌投资机构的要求，最终给公司造成损失。

一般情况下，骗子冒充投资人时，一定会给公司起一个冠冕堂皇的名称，这是冒牌投资公司的特征之一。例如，他们的注册地在美国，公司名称为"美国国际投资集团"。创业者比较容易轻信这样光鲜的机构，加上融资心切，很容易进入他们预设的圈套。

事实上，美国、西班牙、新加坡等国家实行的是经济自由化，公司注册一般不要求注册资金和名称(只要不重名)。而且，代理办理海外公司的渠道非常多，注册一个"美国国际投资集团"是一件非常容易的事情，只要1万元左右。另外，这类投资机构在工商部门查不到注册信息，很难分辨真假，所以创业者要小心。当然，并非所有公司名称听起来头目很大的投资机构都是冒牌的，还需要结合其他特征看。

10.1.2 收取各种名目的费用

冒牌投资公司的最终目的是骗钱。这决定了他们最显著的特征就是向创业者收取各种名目的费用，这是冒牌投资公司的第二个特征。例如，考察项目的路费、住宿费、招待费等，统称为考察费。然而，有融资经验的创业者都知道，真正的投资公司不会收取这些费用。因为寻找投资项目过程中的发生各种费用都是投资公司自己承担的。仔细想想也能明白，投资公司本身就是向创业者提供资金的，怎么会向创业者收取各种费用呢？

李成于2010年年底在深圳创办了一家小企业，到2016年年底已经满6年了，企业发展得很好。现在，李成想扩大企业规模，于是想到了寻找融资。李成先后找了很多家风险投资公司和投资中介公司，他们都以企业规模较小为由拒绝向李成投资。

这一天，李成非常高兴，一家声称总部在美国的投资集团表示出投资意向。第一次见面洽谈的过程非常顺利，投资方杨经理详细地了解了李成的项目进展状况，并做出乐观的评价。李成非常感激这家公司对他的青睐，因此，在杨经理提出考察项目的可行性并按照他们的规定由李成预付

10000元考察费时，李成立即同意了。

随后，在项目估值环节，杨经理说道："价格我们说了不算，您说了也不算，应该由有资质的评估公司做出价值评估。"停顿片刻，杨经理看了李成一眼，"我们可以给您推荐一家深圳著名的评估公司，但按规定，费用由您自己支付。"

当李成来到该投资公司推荐的评估公司咨询时，评估公司的工作人员给出了评估费用："32000元！"虽然32000万不是一笔大费用，但李成还是有一些犹豫，担心自己受骗。这时，杨经理的电话来了。杨经理询问了李成这边的状况，然后表示可以承担10%，说这已经是破例了。

李成想到自己已经从网上查过这家公司，工商部门也有相关登记，而且在某商业报刊上还有该投资公司中国区负责人与政府官员一起考察投资项目的报道。于是，李成打消了心中的怀疑，支付了28800元的评估费。评估报告出来后，李成与投资方签订了融资意向书，杨经理告诉他一个月后来拿钱。

随后的一个月，李成每天都乐呵呵的，想着拿到资金后如何扩张公司规模。然而，一个月后，李成没有等到该投资公司的一分钱。当时，杨经理在电话里说："公司总部认为您的商业计划书不合格，按照规定，您需要重新制订商业计划书，制作单位我们指定，钱您出。"

这回，李成没有任何犹豫就拒绝了。杨经理没有放弃，接着说："商业计划书不改也可以，但是审慎调查报告不能少，中英文的，同样是制作单位我们指定，钱您出。"

投资方通过各种名目收费让李成不得不相信自己遇到了冒牌投资机构。为此，李成去找他们理论。然而，该投资公司搬家了，没有告诉李成他们的去处。最后，李成只能独自咽下苦果，只当花钱买了个教训。

李成遭遇冒牌投资机构的案例只是众多投资诈骗案例中的一个。在了解了李成等创业者遭受融资诈骗的经历后，一位工商人员表示："中小企业融资是有风险的，花钱进行评估后，投资方不再投资，这是一种正常现象。但如果像李成这样举报了投资方，工商部门据此调查，可能对其进行两方面处罚,一是按照我国法律法规,代表处不能从事经营活动,不能直接签订合同;二是变更经营场所要及时办理变更登记。可这样的处罚太轻,对受害者挽回损失而言没有实际意义。"

很多创业者和李成一样,觉得融资是投资方给钱,不会遇到骗子。其实,在现实生活中事情远远没有那么简单。很多高明的诈骗者就是利用某些创业者急于找融资的心态,让创业者觉得遇上了"贵人"。这些骗子会谎称自己公司规模大、专业程度高,以此取得创业者的信任。然后对融资项目大加赞赏,最后借考察项目名义骗取考察费、公关费等,收费后就销声匿迹。

因此,创业者融资应该找正规的投资公司。当有公司表示愿意投资时,创业者不仅要对投资公司的背景进行全面调查,还要保持警惕的心态,特别是对各种付款要求多问几个为什么,必要时可运用法律合同来保障自己的利益。图10-1是冒牌投资公司收费的6种名目。

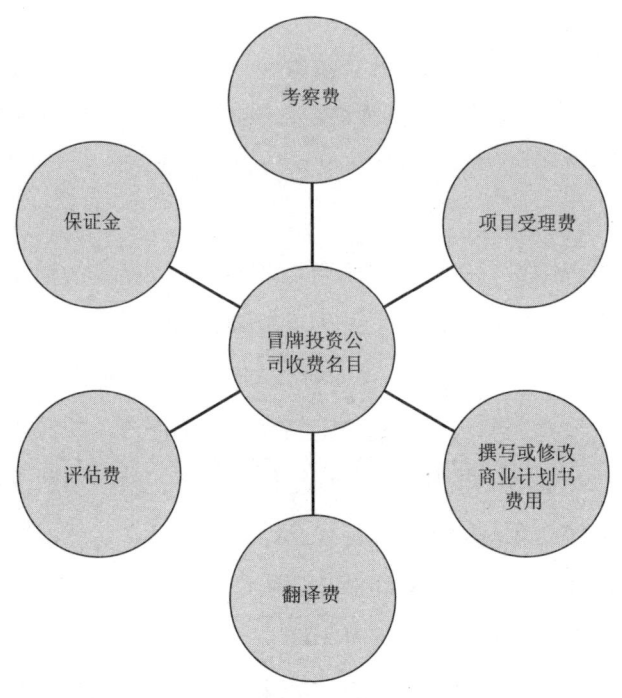

图10-1 冒牌投资公司收费的六种名目

1. 考察费

冒牌投资公司与创业者联系业务时，在不了解企业情况的前提下要求到企业考察，且要求支付考察费。

2. 项目受理费

项目受理费是指冒牌投资公司在收到创业者的商业计划书后要求创业者缴纳的对项目进行评估和项目预审发生的费用。一些声称有外资背景的冒牌投资公司往往把收取项目受理费作为一种项目控制程序和费用转嫁的方式。

3. 撰写或修改商业计划书费用

一般来说，创业者融资时已经做好了商业计划书，但冒牌投资公司会以各种理由为借口不予认可。作为项目往下进行的必要环节，一些创业者会按照对方的要求支付撰写或修改商业计划书的费用，然后得到符合对方标准的商业计划书。

4. 翻译费

一些声称有外资背景的冒牌投资公司会以总部不懂得中文，要求翻译成英文或其他外文为借口让创业者到指定的翻译单位翻译资料。可想而知，冒牌投资机构与"翻译单位"也是伙同作案。

5. 评估费

在融资过程中，冒牌投资公司会要求创业者到指定的融资服务机构或评估机构对资产或项目进行评估，借以骗取评估费。

6. 保证金

冒牌投资公司声称自己预先设定的程序是不能改动的，创业者要交纳保证金。如果创业者不按照他们的计划往下进行，就会中断投资，并没收保证金；如果融资顺利完成，保证金会退给创业者。当然，保证金只是借口，融资不可能完成，所以保证金也只是"肉包子打狗，有去无回"。

冒牌投资公司的诈骗手法多种多样，创业者防不胜防，这就要求创业者擦亮眼睛，多学习积累专业的融资知识，不要盲目相信投资人。

10.1.3 专业素质较低

真正的投资人具有丰富的专业知识，综合素质非常高，而冒牌投资人在专业素质方面则相差较多，这是冒牌投资公司的第三个特征。

即便接受了训练，冒牌投资人也只是更擅长避实就虚，想尽一切办法让创业者交钱。在投融资知识、行业规则、业务认识等方面，冒牌投资人是极其欠缺、毫不精通的。因此，如果你发现对方对于专业性的东西闭口不谈，而是开口闭口说费用，那么对方是冒牌投资人的可能性非常大。

作为一个正在寻求融资的创业者，吴东就是这样发现冒牌投资人真面目的。对方到吴东的公司考察时，几乎什么都没做，就是在公司里转转。当吴东问道是否需要看财务报表时，对方称可以，并要求查看利润表。对方拿到财务报表后，象征性地翻了翻，然后告诉吴东没有问题，要回去研究研究。对方还声称他们非常有钱，投资几千万元就是小菜一碟。然而，对方的投资承诺不仅没有让吴东放心，反而让其更生疑虑，因为他们表现得太不专业了。

投资人离开公司后，吴东意外发现他们拿出来的财务报表居然是资产负债表，而不是利润表。原来，秘书因为粗心拿错了。这下吴东更觉得投资人有问题，因为专业的投资人怎么可能会分不清利润表和资产负债表呢？联系到对方在公司的散漫态度，吴东判断他遇到了冒牌投资人，于是不再和他们联系。

尽管创业者的主要任务是创业，但是难保未来不会成为一个投资人，所以当下多了解投融资有关的专业知识有利无弊。更何况，知己知彼，百战不殆。只有充分了解投资人，才能最大程度地避免被冒牌投资人忽悠。

10.1.4 与不法中介合伙行骗

冒牌投资人常常与一些不法中介合作行骗，这是冒牌投资公司的第四个特征。这些中介包括律师事务所、会计机构等。具体来说，冒牌投资人会向创业者推荐中介机构做资质审核、项目评估、律师咨询等服务，然后由中介收取费用，最后冒牌投资人与中介一起分摊诈骗来的费用。

在10.1.2小节中的案例中，冒牌投资人与李成谈公司估值时就向李成推荐了评估公司。当李成来到该投资公司推荐的评估公司咨询时，评估公司的工作人员要求支付32000元的评估费用，李成最终支付了28800元。当冒牌投资人继续收费时，李成才相信自己遇到了冒牌投资公司。

关于这一点，创业者需要知道，真正的投资人根本不会指定所谓"有资格"的中介机构让你去接受各项服务，这是违背投资行业规范的行为。

10.1.5 不在本地行骗

首先，冒牌投资人一般不会在本地行骗，这是冒牌投资公司的第五个特征。一般情况下，冒牌投资人诈骗成功后会逃之夭夭，让被骗的创业者找不到他们。由于冒牌投资人需要在本地立足，这就注定他们不会在本地行骗。在上面提到的李成案例中，李成最终就是因为找不到冒牌投资人的去处，才不得已吃了哑巴亏。

在外地，几乎没有人认识冒牌投资人，所以他们行骗的时候便无所顾忌。而且，冒牌投资人知道创业者被骗后一定会找他们，而选择在外地则方便他们逃离。

如果创业者试图寻找骗子的窝点，由于距离的原因，维权讨说法的成本太高，大多数创业者根本承受不起。另外，冒牌投资人还喜欢选择没有接受过投资的创业者作为目标。因为这样的创业者对投资行业不熟悉，更容易在他们的花言巧语下上当受骗。

10.1.6 杂乱无章的网站

冒牌投资公司的网站经常是杂乱无章的，这是冒牌投资公司的第六个特征。在互联网时代，大部分公司都会设立一个企业网站，即便是冒牌投资公司也不例外。

但是，由于冒牌投资人大多不具备专业能力，而且资金不足，因此他们不会花心思打理网站。在这种情况下，冒牌投资公司的企业网站很可能采用静态页面，而且网站结构混乱、页面简陋、缺乏内容。当你打开一家投资机构的企业网站，感受到一种杂乱无章的压迫感的时候，你可以试着想一想这家投资机构是不是骗子。

正规的投资机构一定会将网站设计表面做得很漂亮，展示公司的良好形象，这对于正规投资公司来说是必备的。所以大家判断投资人真假的时候，可以看看投资网站的专业度。

10.1.7　缺少工商注册信息

如果投资公司没有取得中国大陆的工商注册登记，那么创业者几乎可以判定它是骗子，这是冒牌投资公司的第七个特征。当然，即便有工商注册登记，也不排除是冒牌投资公司的可能性。李成之所以选择相信了骗子投资人，就是因为他们有工商注册登记。因此，不能盲目相信有工商注册登记的公司就是真正的投资公司。

创业者可以登录工商行政管理机关主办或认可的企业信息查询网站进行查询，也可以去该公司经营所在地工商行政管理机关查询。如果没有找到该公司的信息，那么创业者最好不要相信他们所说的。如果信息不完整，那么可以结合其他特征判断他们是不是冒牌投资公司。

事实上，创业者要想从根本上识别骗子，只需要记住，投资人在投资之前不会做出任何承诺，也不会向创业者收取任何费用。不满足这一条件的，一定不是真正的投资人。

10.2 设置融资骗局的常用步骤

冒牌投资公司设置的融资骗局大多是相似的,只要对此进行了解,创业者很容易就能避免被骗。大多数被骗的创业者都是缺乏融资经验,没有接触过真正的投资人,而且自我保护的意识较低。下面一起来看冒牌投资公司是如何设置融资骗局的。

10.2.1 海选目标客户

冒牌投资公司开展业务的第一步是海选目标客户。他们可能会通过正当程序注册国内代表处并提供融资的一套专业方案和步骤,专业设计一套针对中小企业的诈骗网络。

为了增强可信度,他们有可能会选择一些不知名的新闻媒体做适当宣传,并借助一些针对中小企业融资的咨询洽谈会、论坛等活动做融资"演讲报告"。他们甚至随口就能说出几个融资成功的案例,一些经验不足的创业者往往会对此深信不疑。

然后,冒牌投资公司会将有融资需求的创业者信息汇总,用电话联系他们,表明有兴趣投资。冒牌投资公司不关心创业者提供的商业计划书等资料是否全面,他们只关心创业者是否有一定的资金实力,评估其"潜在价值"。

通过传真法人代表身份证复印件、营业执照复印件、税务登记证复印件等资料,冒牌投资公司可以知道企业的注册资本是多少,据此判断创业者是否有钱。

10.2.2 降低目标客户的判断力

降低目标客户的判断力是冒牌投资公司实施融资骗局的第二步。经过大范围的筛选后,冒牌投资公司已经定位了几个他们认为比较有价值的客户。然后，他们会夸耀创业者的公司很有发展前途，市场潜力非常大，只要经过他们的包装，就能获得所需要的融资，且一再申明前期咨询不收取任何费用。

如果创业者前期已经听说过这家投资机构，会更容易相信他们的说辞，为自己得到投资人青睐感到幸运。另外，还有一些急于融资的创业者也不会考虑投资公司真假。

在冒牌投资公司的工作下，创业者的判断力会降低。有的创业者甚至表现得非常主动，担心投资人因为自己态度不好而放弃投资。

接下来是融资骗局的关键环节，冒牌投资公司通常在这几个环节里大把捞钱。

10.2.3　以实地考察的名义收取考察费

实地考察是冒牌投资公司实施融资骗局的第三步。谈到项目之后，冒牌投资公司会提出派人进行实地考察。项目考察的目的当然不是看项目好坏，而是让创业者花钱。

有的冒牌投资公司会以实地考察的名义实施各项花费，让创业者买单。一般来说，创业者在项目考察期间对冒牌投资人非常热情，而冒牌投资人则借此机会到高档场所消费，或以拓展人脉和扩大融资渠道为由，与创业者一同参与各种聚会，最后让创业者买单。即便创业者意识到有不妥之处，也通常不会拒绝。

还有的冒牌投资公司要求创业者支付项目考察费用。对于大多数创业者来说，由于缺乏融资经验，因此并不是很清楚融资的具体流程，对收取项目考察费用一般也不会有怀疑。事实上，正规的投资公司不会收取该部分费用。

在实地考察过程中，冒牌投资人一定会假装认真地查看企业的营业执照、银行开户许可证、财务数据等资料。有的冒牌投资公司还会做一份项目考察实地记录纲要，大家一起签字画押表示一致同意，然后声称要拿回公司申请报批。这种做法相当于给创业者吃下定心丸，使创业者感觉钱花得值得，以便于他们实施下一步计划。

10.2.4　通知创业者项目通过

通知创业者项目通过是冒牌投资公司实施融资骗局的第四步。在实地调查1~2周后，冒牌投资人会电话通知创业者，公司的项目已经通过，总部决定投资。然后，他们会把创业者约到一个地方签署投资协议。

在签署投资协议时，冒牌投资人会告诉创业者包括商业计划书在内的一些资料不合格，需要重新制定。例如，冒牌投资人可能说："虽然你自己写了《商业计划书》，但是现在总部要求做一份符合国际惯例的中英文版《商业计划书》，而且只有总部认可的权威性机构编写的《商业计划书》才被认可。"

一般来说，冒牌投资人会让创业者单方去他们指定的投资咨询管理机构办理商业计划书，还会佯称已经打好招呼，会让创业者享受优惠。由于已经签订了投资协议，一些创业者会心存侥幸，同意冒牌投资人的要求。

所谓符合国际惯例的中英文版商业计划书的费用在3~5万元。利用创业者的侥幸心理，冒牌投资人很容易就能拿到这笔钱。

10.2.5　进行资产评估

资产评估的目的是制作资产评估报告，这样，冒牌投资人就可以收取资产评估报告费。进行资产评估时，冒牌投资人会告诉创业者："我们需要评估你们公司的资产价值，然后你就可以把项目本身作为抵押拿到我们的投资。"

听完冒牌投资人的解释，创业者似乎认为这是理所应当的，否则投资人就难以放心地投资。在这种情况下，冒牌投资人又拿到了5~10万元的资产评估报告费。

当然，创业者也有可能不是把钱交给冒牌投资人，而是交给了冒牌投资人指定的资产评估机构。可想而知，冒牌投资机构与其指定的资产评估机构一定事先串通好了，收到钱后以一定的比例瓜分。

如果创业者付了这些钱，很容易一而再，再而三地被冒牌投资人得逞，泥潭越陷越深。

10.2.6　进行风险评估和增值潜力分析

如果创业者支付了资产评估报告费，冒牌投资人就知道已经将创业者套牢了。他们非常明白创业者此时的心理需求，所以会一直告诉创业者"第一批几百万元很快就能打到你的账户上"等稳定创业者情绪的话。

擅长心理攻术的冒牌投资人往往可以打消创业者的顾虑，然后安排所谓的财务部人员与创业者谈财务。这才是重点，财务部人员会告诉创业者要做一份项目增值潜力分析报告和符合国际会计准则的三年财务审计报告。

当然，他们会给出一堆冠冕堂皇的理由。那么，这两份报告需要创业者支付多少钱呢？答案是20万元以上。当创业者融资做到这种地步时，尽管有一些顾虑，也会因为提出放弃而不甘心，所以常常选择赌一把。毕竟，赌赢了就能拿到千万元的融资。

如果创业者还没有清醒，交了这笔钱，那么20万元换来的就是几张一文不值的纸。冒牌投资机构的诈骗经验丰富，使用的手法也非常隐秘，让创业者感觉他们没有直接拿钱，只是收取了做报告的费用。而且，冒牌投资机构往往不直接收取费用，而是与第三方中介机构合作，让创业者更加难以识破骗局。

10.2.7 伙同担保公司骗取担保费

商业计划书、资产评估报告、项目增值潜力分析报告以及三年财务审计报告，冒牌投资机构在以上环节中已经诈骗了创业者几十万元的费用，但是还没有结束。冒牌投资机构还要实施更大的诈骗，伙同担保公司设计担保陷阱骗取担保费。冒牌投资机构部的借口是："由于是第一次合作，我们需要担保公司来降低我们的投资风险。"

如果创业者进入这个圈套，冒牌投资机构指定的担保公司会和创业者签订一份融资担保合同书，要求创业者支付一笔占融资金额2%～3%的担保费。

冒牌投资人早就把创业者的心理活动研究透彻了。此时，创业者感到距离拿到钱只有一步了，如果放弃了，之前所有的花费就全部泡汤了，而继续下去还有成功的可能。

如果创业者交了担保费，冒牌投资机构还有继续骗人的招数。他们有可能会让创业者从开户银行取得一张银行保证函，这样他们才肯拿出第一批投资款项。事实上，创业者之所以被骗就是因为项目难以找到其他融资路径，当然也没办法从银行拿到保证函。

步入冒牌投资机构设立的骗局之后，创业者有很多机会选择继续进行还是自动退出，退出越早损失越少。试想一下，继续进行意味着更多的投入，而且看不到结果，还有自身违约缴纳违约金的可能，那为什么不到此为止，自认倒霉呢？部分创业者心存侥幸，认为前期投入很多，放弃可惜，最后往往越陷越深。

综上所述，创业者应加强自我防范意识，不能因为急需融资就忽视了对投资机构的调查。创业者避免陷入骗局的根本方法是从工作流程和选择标准上进行严格把关，提高防范意识和防范技术。另外，在融资过程中，最好请专业融资顾问全程跟踪或者请律师参与，事先对机构的性质和真实性进行判断，在签署协议前谨慎抉择，防患于未然。

第11章
谨防真投资公司设立陷阱

冒牌投资公司设置融资骗局的目的是获取创业者的钱财，一般不会对创业者造成致命打击。而真投资公司设立融资陷阱的目的比较复杂，有可能是为了获取创业公司的商业机密，也有可能是为了让创业者创业失败，更有可能是为了夺取创业公司的控制权，所以创业者需要格外小心。

11.1 常见的四大融资陷阱

北京中关村创业大街只有两种人,一种是创业者,一种是投资人。随着两种群体人数的增长,创投圈出现鱼龙混杂的局面。一些投资人将投资的失败原因归咎于创业者不靠谱,而创业者也开始防备投资人设立融资陷阱。下面一起看看常见的四大融资陷阱。

11.1.1 获取公司机密数据

被投资人骗走公司机密数据在创投圈里屡见不鲜。有些创业者想要创业却没有好的创意,于是就假扮投资人,以投资人的身份参加各种融资沙龙峰会,在需要融资的创业项目当中,找寻与自身较为匹配的项目。等沙龙结束后,就私下和创业者进行深入沟通,从而继续考察项目,深入了解该项目的各个流程和核心要点。等到满足要求后就果断退出,自己另外创建类似项目。

知名投资人在业内有一定的名誉背书,基本上不会做出违背行业规则的事情,但是陌生投资人就不一定了。如果你正在接触一位陌生投资人,而且他对你非常热络,那么他很可能动机不纯。

一位互联网公司的女创始人在创业历程中曾被一位投资人出卖过。在公司最艰难的时候,那位投资人表示愿意投资,帮助他们渡过难关。当时的女创始人毫无戒备,投资人很快就摸清了公司底牌。很快,公司的竞争对手知道了她公司的很多商业机密。

如果公司的商业机密被投资人套取了,创业者应该怎么办?在与投资人沟通接触的过程中,创业者如何防止商业机密被套取?下面是创业者对投资人的事先防范机制,如图11-1所示。

一	与投资人沟通交谈时保持警惕
二	与投资人签订保密协议
三	用法律维护自己的权益

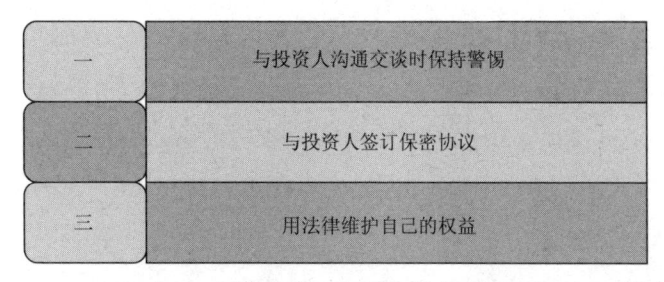

图11-1　创业者对投资人的事先防范机制

第一，与投资人沟通交谈时保持警惕。与投资人沟通交流项目时，创业者要对投资人进行评估，看是否需要探讨核心内容。有时，投资人的投资意向不大，但是创业者可能会为了尽快拿到投资而随便吐露细节。

第二，与投资人签订保密协议。为了保证公司的商业机密不泄露，创业者应当在告知投资人商业机密信息之前与投资人签订保密协议。保密协议里可以做出如下规定："双方因投资意向关系获得的对方未公开资料仅限于指定用途，未经对方许可不得用于其他目的或者向第三方泄露。"同时，保密协议里还需要有同业禁止条款："在和该公司接触期间乃至投资之后，不可以同时接触或者再投其他竞争对手。"

如果发现投资人违反了保密协议中的条款，则投资人的行为构成违约，同时也侵犯了创业公司的商业秘密，创业者可以要求赔偿或者通过法律途径维护公司权益。

第三，用法律维护自己的权益。即便双方没有签订保密协议，投资人若把从创业公司获取的公司机密数据透露给第三方或者自己使用，依然属于违法行为。

我国《合同法》第42条规定："当事人在订立合同过程中有下列情形之一，给对方造成损失的，应当承担损害赔偿责任：（一）假借订立合同，恶意进行磋商；(二)故意隐瞒与订立合同有关的重要事实或者提供虚假情况；(三)有其他违背诚实信用原则的行为。"

因此，如果创业者发现投资人利用洽谈项目的机会套取公司的机密数据，可以适用上述条款起诉追究对方的缔约过失责任。

11.1.2 跳票、放鸽子

2016年5月18日,国内首家医药O2O公司药给力暂停送药业务。据了解,药给力成立于2015年1月,创始人为任斌。2015年6月,药给力完成数千万元的A轮融资。

对于药给力业务暂停的原因,市场总监连家兴在《"1小时送药上门"业务暂停 | 药给力我依然爱你!》的公告中表示:"拿到投资条款清单距离拿到钱的时间还很远,如何坚持自己和团队的独立特点,这个时候就是救命稻草。不要轻信投资条款清单,钱不到账的投资商都是耍流氓,我们团队一度在融资背景艰难的情况下,从去年12月到今天,一直把宝押在了一家已确定投资的传统药企,连投资协议都走完了,变卦其实只在一夜间,但调整已经来不及。"

无论药给力暂停业务的原因是什么,都给了创业者一个警告,即便签订了投资条款清单,但是最后又决定不投资的投资人并不少见。

口袋购物的创始人王珂曾经公开表示自己被投资人放过鸽子。王珂称:"(2012年)清明节期间,红杉加班加点地给我们发邮件,后来让红杉成为主投资方,但是他们拖了十几个月之后杳无音讯,基本是被放鸽子了。但是毕竟先到先得,后来我们给他们发律师函,说如果再没声音就当你们不投了。红杉以前这样拖死过很多项目,如ISpeak就被拖死了,本来YY语音是ISpeak做出来的,就是红杉拖了7个月,最后说我没想清楚就不投了,其他本来要投的公司觉得既然红杉没想清楚那估计是有问题,后来就都不投了。我就去找经纬的张颖,后来经纬投了我们。"

投资人跳票、放鸽子的原因有3种:一是公司发生变故,投资资金短缺;二是投资人发现了更好的项目,那么自然会放弃当前项目;三是投资人在尽职调查过程中发现项目有一些问题,所以不想投了。

对投资人来说,既担心好项目被别人抢了,又担心投错项目或者给高了价格。所以投资人通常采取广泛撒网,重点捞鱼的策略。这是合情合理的,更何况投资条款清单没有法律效力,投资人完全可以在签订了投资条款清单后不投资。然而，创业者是等不起的，一旦错过最佳融资时机，公司就有可能因为现金流中断而倒闭。

在这里，YY语音创始人李学凌给大家提出一个建议："如果你想融资，又不想太多人了解你，要求付100万美元才可以DD（尽职调查），不退不还。"用100万美元作为保证金约束投资人，同时作为过桥贷款确实是一个不错的方法。然而，在作为强势买方的投资人面前，也只有明星创业公司才敢提出这样的条件。

对于投资人放鸽子的行为，更多业内人士的看法是理智的。他们认为创业者和投资人都不容易，只要没有签订最后的投资协议，谁反悔都是允许的，创业者应当有心理准备。

11.1.3 要求对赌

很多创业者在为项目寻找投资人的时候，往往只看重资金的吸入，忽略了投资人给予资金的动机。到项目后期的时候，因为投资人提出来的利益追求过高，给公司造成一定的影响，这时创业者才意识到找错了投资人。投资人与创业者的合作就像一段婚姻，与不适合的投资人结合，会毁掉创业项目。

2008年10月，国内医院传媒网络炎黄健康传媒因为上市失败导致创始人与投资人之间发生内讧。原来，炎黄健康传媒的创始人与投资方之间存在对赌协议。由于公司业绩不好导致创始人对赌失败，但是创始人拒绝执行协议，降低自己在公司的股份。随后，以软银赛富、兰馨亚洲投资基金、汇丰直接投资为主的一众投资人在谈判未果的情况下，召开董事会罢免了该创始人的职位。

创业者因为签订对赌协议最终被投资人罢免的案例非常多。电商尊酷网创始人也因为与投资人好望角签下了对赌协议，最终对赌失败被罢免了董事长职位。

2012年2月24日，国内奢侈品电商尊酷网爆出高层变动。原董事长兼

CEO被董事会辞退，公司暂由尊酷网原副总任CEO进行管理。

尊酷网于2011年4月25日上线，获得盛世巨龙创始人的天使投资。同年8月，尊酷网进行3000万元A轮融资，投资人为好望角。在上线不到4个月的时间里，发生重复购买行为的用户达到20%，平均客单价为3300元。这也是好望角声称投资尊酷网的原因。投资方从热情投资到直接唱衰是大家都始料未及的。

据了解，尊酷网创始人被辞退的原因是投资方好望角认为该创始人没有完成对赌协议中定下的销售目标和市场投放回报。

好望角启航电商基金合伙人称："尊酷网现在的模式积累的用户和付出的推广成本过高，应该主力发展线下业务。"投资方甚至直接在董事会议上质问市场部："我投了这么多互联网广告，你到底给我带来了什么收益？"

在2011年奢侈品电商创业刚刚兴起的时候，尊酷网诞生。2011年5月，尊酷网融资的时候拿到了4份投资意向书。其中，一份来自美国的风险投资机构，一份来自我国香港的风险投资机构，一份来自一家国内知名外资投资机构，还有一份来自好望角。由于好望角是人民币资金，而且承诺尽快注入，因此尊酷网创始人没有经过太多考虑就选择了好望角，并在投资方的要求下签订了对赌协议。

投资方的承诺并没有兑现，本应在2011年6月底注入的资金直到8月底才到账。在这种情况下，货物推迟到了9月才开始到货，而尊酷网在9月25日正式改版上线。该创始人说："那段日子回想起来真的很难，因为资金未到位无法开展公司业务。投资方问我'承诺完成4000万元，你完成了吗？'如果6月底资金就能到账，如果不是只留了3个月的时间，我为什么完不成这个目标？"

就这样，投资方利用董事会投票机制罢免了创始人的职位，同时宣布对公司整体团队进行裁员减薪。尽管该创始人认为董事会的决议不当，夺取了自己的劳动成果，却无法维护自己的权益。

众多创业者被投资人赶出公司的案例让我们认识到对赌条款给企业带

来的风险极大。对于创始人对赌失败而被投资人罢免的情况，复旦大学管理学教授方军雄表示，"在投资方入驻企业之后，创业者如果不能在短期内将账面的数字最大化，而是强调其他因素，就很容易造成和投资方的冲突，因为投资方无时无刻不在考虑如何在短期得到更大的利益。"

对投资人来说，他们认为自己的投资是把公司未来的业绩折现给创业者。因此，投资人对于创业者有着短期的盈利要求。创业者在接受投资人的投资之时，就应当已经预见了这种压力。因此，创业者必须要经受住投资人的压力。

然而，很多创业者为了尽快融资，在没有做好公司未来规划的前提下就盲目和投资方签对赌协议。这样做的弊端很大，一旦企业扩张达不到投资人的预期，如上市不成功，投资人没有得到预期的回报，投资人与创业人就会发生冲突，产生对创业者不利的后果。

创业者在吸入外部投资的时候一定要考虑清楚，如果投资人的预期过高，要求签订对赌协议，那么千万不能接受。毕竟，你永远也无法保证公司未来会如何发展，所以找一个志同道合、战略合拍的投资人是非常重要的。

那么创业者要如何防范对赌条款的风险呢？下面是4个措施，如图11-2所示。

对企业有全面客观的分析和评价

协助投资人做好尽职调查

精心设计和协商对赌条款

不要重业绩，轻治理

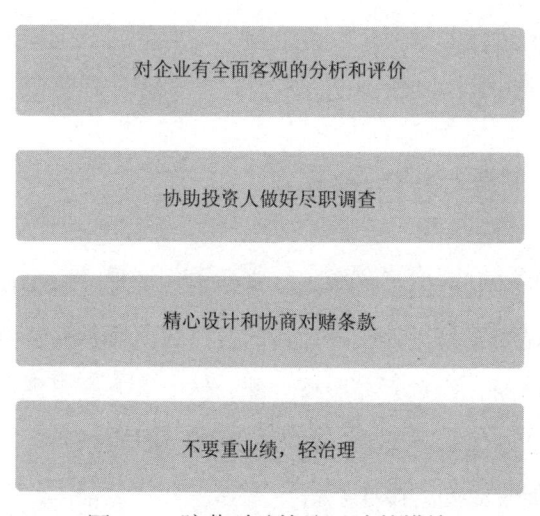

图11-2　防范对赌协议风险的措施

第一，对企业有全面客观的分析和评价。无论是否要签订对赌协议，创业者都应当对企业的历史、现状及未来业绩做出全面客观的分析和评价。通过分析企业业绩的历史数据和现状数据，预测出的未来经营业绩是比较可靠的。在此基础上，创业者就可以向投资人报出力所能及的合理预期增值数据。为了拿到融资而伪造经营业绩的方法是不可取的。

第二，协助投资人做好尽职调查。尽职调查是降低风险的有效措施。对投资人来说，尽职调查可以筛选目标公司，降低投资风险。与此同时，创业者应当向投资人公开自己的真实信息，协助投资人进行尽职调查，这样才可以保证双方在共同受益的前提下设定对赌标的。如果创业者为了融资而虚报数据，欺骗投资人，最终承担风险的是自己。

第三，精心设计和协商对赌条款。投资人要求设定对赌协议时，创业者应当聘请专家来审核协议条款，并向投资人约定一个向下浮动的弹性标准。在上市方面，应当尽可能争取较为宽松的预期时间。

第四，不要重业绩，轻治理。有些创业者被逼无奈签下了对赌协议，为了完成对赌目标，他们重业绩轻治理、重发展轻规范，最终依然对赌失败。原因在于企业的经营管理水平是保证企业持续稳定发展的前提，忽视了底层建设，企业发展自然不会长久。

对赌协议的风险非常大。一步走错，创业就面临失败的结局。因此，创业者一定要谨慎对待对赌协议，不到万不得已，千万不要签。

11.1.4　故意拖延，拉低估值

故意拖延，拉低估值是投资人经常使用的招数。这类投资人最初与创业者接触时，显得平易近人，对项目的投资热情非常高，要求立即签订投资条款清单。此时，投资人在股权分配、估值等方面表现得非常宽容，基本上满足了创业者的各种要求。然而，在签订投资条款清单时，投资人会要求签订尽可能长时间的排他条款。

创业者一旦签订了条款，就变得被动了。投资人最初只是拖延时间，

以资金周转不灵或者其他借口敷衍创业者。总之，投资人会表现出可能无法投资的样子，但是又不表示拒绝投资。

一段时间之后，创业者开始焦躁不安，因为团队资金已经无法支撑接下来的运营了。投资人则开始趁机拉低公司估值。创业者此时别无选择，只能忍痛答应投资人的不合理要求。

创业者周辉拿到了某风险投资人的投资条款清单。由于投资人非常热情，周辉禁不住劝说签订了带有排他条款的投资条款清单，同时拒绝了其他投资人的投资条款清单。

在签订投资条款清单之前，投资圈一位大佬曾经提醒周辉要小心。然而，周辉没有放在心上，以为这是投资大佬抢项目的手段。接下来的一个月，周辉真正见识了一次投资圈的残酷。

第一天，投资人告诉周辉，如果估值和融资金额都降低20%，他们就立即打款。周辉和他的团队考虑后觉得已经没有退路，于是答应了投资人的条件。第二天，投资人又对周辉说，他们重新商量了一下，认为周辉的公司不值这么多钱，估值和融资金额需要再降低20%。周辉非常生气，但是也没有别的办法，又答应了投资人的条件。第三天，同样的事情继续上演。直到第五天，周辉签下了估值减到之前20%的投资协议。

周辉遇到的投资人是通过不断拖延来拉低创业公司的估值的，还有一种投资人是在交谈的时候不断贬低项目从而让创业者对项目丧失信心，最终达到压低估值的目的。有些创业者承受不住投资人的贬低，接受了不合理的低估值，用非常多的股权换来了非常少的融资，最终后悔莫及。

事实上，贬低项目和拖延时间都是投资人压低估值的手段。但对创业者来说，很可能损失惨重。毕竟，对融资阶段的创业公司来说，最重要的就是时间和估值了。因此，创业者需要有所防范，避免中了投资人的圈套。

11.2　避免融资触雷六大实用技巧

创业非常艰难，一不小心就会触雷导致创业失败。通过分析广大创业者融资触雷案例以及避免融资触雷的成功经验，我们总结出六大实用技巧，帮助正在融资的创业者避免触雷。

11.2.1　广泛接触投资人，再快速收拢

国内外的投资机构和投资人非常多，创业者首先应当广泛接触投资人，不要设定限制。大部分项目每一轮融资平均都要谈几十个投资人，因此创业者开始可以列一张投资人清单。投资人清单应当包括有资金实力的校友、同行创业者、同职业之人、公开的投资人名单等。

广泛接触之后，创业者就可以判断哪个投资人专业，哪个投资人不专业。有了初步判断之后，创业者就可以快速收拢，从中筛选3～5个有真正投资意向的投资人深入接触和沟通。

深入接触和沟通后，创业者需要选择其中一个投资人，与之签订投资条款清单。此时，需要注意，签署投资条款清单并不意味着投资人一定会投资。有的投资人轻易就给出投资条款清单，但是最后不投的可能性非常大。对于这种状况，协力投资的创始合伙人瞿刚说："你很难区分究竟是项目本身在尽职调查时被发现问题，还是从一开始他们就没有打算投。"

魔方金服的创始人凌骏的做法是"在拿到正式协议前，一刻都不放松，随时准备新的融资"。凌骏从上海交通大学高金学院毕业后，常常利用业余时间参加创业者聚会。在聚会上，凌骏知道拿到投资条款清单并不代表融资成功。

因此，凌骏为魔方金服寻找A轮融资时，直到凯泰资本和戈壁创投9500万元的投资资金到账，他才放松警惕。这给创业者的启示是钱还没到手的时候，始终不能放弃寻找投资人。

11.2.2 找到一家坚定的领投方

领投方的态度是否坚定直接影响着创业者融资能否成功。有的领投方对创业项目的商业模式有着清晰的认知和坚定的判断，并通过自身背书给项目带来了品牌效应，而吸引跟投则显得相对容易。

雅尼夫·尼赞(Yaniv Nizan)是一家以色列移动支付公司的创始人兼CEO。雅尼夫·尼赞的融资经历是非常艰辛的，但是，他最终找到了6位天使投资人为SOOMLA投资。

最初找到了6位天使投资人之后，雅尼夫·尼赞试图与最有可能领投此轮融资的天使投资人谈判。然而，虽然这位投资人希望领投，但由于对行业了解不深，而显得非常犹豫，迟迟不能做出最终决定。

雅尼夫·尼赞试图同时与其他5位天使人投资人合作，以完成一轮融资。然而，每个人都提出了不同的要求，所以谈判迟迟没有结果。在这种情况下，雅尼夫·尼赞一直没有忽视这6位投资人投资告吹的风险，选择继续与新的天使投资人接触，以防发生意外。

最终，雅尼夫·尼赞的策略成功了。他找到一位新的天使投资人，这位投资人对他们的项目非常感兴趣，非常坚定地表示要领投这轮融资。确定领投方以后，第一位投资人放弃了对SOOMLA的投资，其他5位投资人选择了跟投。

创业者融资时，找到一家坚定的领投方往往是成功融资最关键的一步。因为领投人已经决定投资的信号对其他投资人来说，往往具有很强的说服力。试想一下，如果创业者对一些有投资意向的投资人说："这轮融资已经基本敲定由美国硅谷xx资本领投"，这传递了什么样的信号？专注于这一领域的硅谷xx资本都已经领投了，那么这个项目肯定有很大的潜力，千万不能错过这样的好项目。那么，创业者如何才能找到坚定的领投方呢？下面是4种方法，如图11-3所示。

```
一  说服想要跟投的投资人领投
二  让跟投方介绍领投方
三  将潜在领投人聘请为公司顾问
四  用项目成绩单吸引领投人
```

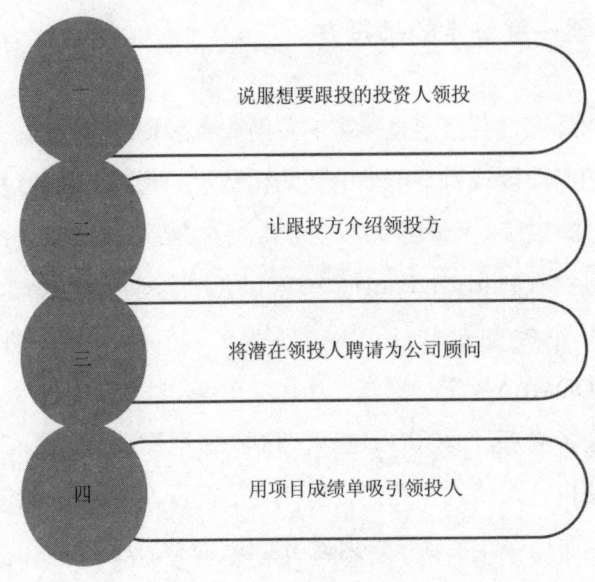

图11-3　找领投方的方法

第一，说服想要跟投的投资人领投。除了团队和项目自身魅力以外，创业者还可以向投资人施加适当的压力，让真正想要参与投资的投资人做领投人。例如，暗示投资人如果不领投，很可能连跟投的机会都丧失了。因为一旦找到了领投人，领投人很可能会希望独自投资或者自己引入合作的跟投方。这时，从投资人的反应就知道他们是有跟投的客观理由还是习惯跟风。

通过策略性地给投资人施压，一些本来想要跟投的投资人就可能愿意做领投方。需要注意的是，施压时不要太绝对或者过于直白，这样会断了自己的后路。

第二，让跟投方介绍领投方。有的投资人可能会因为距离太远或者融资额偏大等原因无法做项目的领投方。在这种情况下，创业者可以试着让跟投人引荐和介绍领投方。如果投资人支持配合，那么这说明投资人是真正想跟投。如果创业者因此找到了合适的领投方，领投方基于市场惯例不会踢开跟投方；反之，说明投资人只是委婉地拒绝投资或者是保留跟风投资的机会。那么创业者根本不需要在这样的投资人身上浪费时间，应当及时转移焦点。

第三，将潜在领投人聘请为公司顾问。将潜在领投人聘请为公司顾问直接拉近了双方的距离。领投人往往在相关领域具有丰富的投资经验和行业影响力，作为公司顾问，可以为创业公司提供很多有价值的建议。当他们深入了解了公司市场、产品和团队后，拿钱投资做领投的可能性更大。

第四，用项目成绩单吸引领投人。项目成绩单是最能说服投资人的方式。在创业者通过各种方式寻找投资人的时候，投资人也在四处奔波寻找好项目。可以说，投资人找好项目的压力不亚于创业者找领投方的压力。所以，创业者固执地给投资人发邮件或者打电话或许不如想办法提升项目，拿到一份漂亮的成绩单。如果有一份漂亮的项目成绩单，领投人会主动找上你。

硅谷顶尖的风险投资家弗雷德·威尔逊（Fred Wilson）曾这样警戒创业者："如果你想要完成融资，那么一定要远离那些'看客型'的投资人，因为毫无价值……不管是任何阶段的融资，你都应当将全部精力放在寻找领投人上面。"

需要注意的是，创业者应当寻找在相关领域具有丰富经验和影响力的投资人做领投人，这样才能发挥领投人效应，让公司更快地拿到投资。

11.2.3 通过公开信息和口碑过滤不靠谱的投资人

不靠谱的投资人会给创业者带来毁灭性的危害，包括套取公司机密数据，透露给竞争对手或者复制公司的商业模式自己去创业等。因此，在接触投资人初期先对投资人进行全方位调查判断非常必要。下面是创业者对投资机构尽职调查的内容清单，如表11-1所示。

表11-1 创业者对投资机构尽职调查的内容清单

调查方向	主 要 内 容
历史沿革	何时、何地、由哪些人成立；从成立到现在经历的变化；已投项目；已投项目的发展情况
投资价值理念	能带来的价值有哪些，管理方面还是业务方面，或是资本市场、上市运作方面；合伙人团队的人数与所投资管理项目数量的匹配程度
行为风格	在投资方面尤其是投后管理方面的做事方式：控制风格、面对挑战的方式、利益分享理念

有了大致方向，怎么去做这样的尽职调查呢？

首先，创业者可以直接提问投资人来了解以上信息。对于投资人给出的答案，创业者需要通过公开渠道和非公开渠道验证并搜集更多信息。

公开渠道主要包括政府管理部门、媒体、网络等。通过政府管理部门调查投资机构主要有两种渠道，包括工商局和基金业协会，官网分别是全国企业信用信息公示系统（http://gsxt.saic.gov.cn/）和信息公示-中国基金业协会（http://gs.amac.org.cn/）。正规的投资机构一定会在工商局注册，也会在基金业协会备案。通过工商局和基金业协会的官网查询，创业者可以获知投资机构的背景信息，并初步判断和过滤掉一些不靠谱的投资机构。

另外，创业者可以适当参考网络和媒体上发布的投资机构宣传软文和行业排名。有一些报道和排名是投资机构花钱或者通过关系给自己做的广告，创业者要擦亮双眼，审慎对待。

非公开渠道主要包括投资机构的有限合伙人、合作伙伴、投资人朋友以及曾投资过的创业者等。创业者很难接触到投资机构的有限合伙人，但是合作伙伴则很容易就能找到，包括会计师事务所和律师事务所等。从投资机构曾经投资过的创业者那里可以获得投资机构价值面和行为面的第一手信息。另外，从投资圈里的投资人朋友那里也可以打听到投资机构的靠谱程度和口碑。

在尽职调查过程中，创业者需要注意，越是优秀的投资机构对尽职调查表现越是坦然，而不靠谱的投资机构则会非常紧张，显得很是忌讳。

11.2.4　早期项目可寻求财富顾问机构的帮助

早期创业者拥有的资源较少，很难在短时间内独立找到投资人。而财富顾问机构（FA）则可以帮助创业者筛选大量投资机构，在短期内获得相匹配的资源，缩短融资时间。

财富顾问机构的主要工作就是为创业者寻找融资，并提供融资过程中的咨询、宣传、法务等服务。财富顾问机构一般是从创业者获得的融资额之中抽取几个百分点作为收费。如果创业者没能获得融资，财富顾问机构是不会收取费用的。

有很多明星项目、明星创始人都是通过财富顾问机构找到投资人的，如知乎。一个合格的财富顾问机构可以向创业者提供的价值包括5个方面，如图11-4所示。

梳理和打磨商业计划，提炼投资亮点

帮助创业者对接合适的投资机构

制定谈判策略和协助谈判，帮助创业者拿到满意条款

帮助创业者审核投资条款，避开一些常见的坑

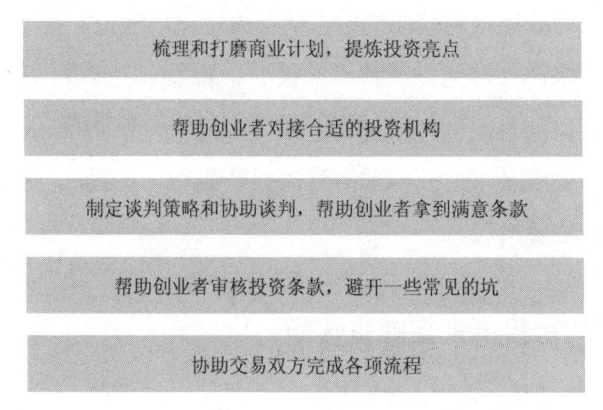

协助交易双方完成各项流程

图11-4　一个合格的财富顾问机构可以向创业者提供的价值

除此之外，一些财务顾问机构还能预估行业动态和市场动态，帮助创业者设定最适当的融资时段、估值及融资数额，甚至具有行业资源整合能力。如果创业者选择了财富顾问机构，还可以向其咨询融资以外的事情，包括股权架构的设立、招聘、客户资源等事情。

建议早期项目创业者启动融资的时候，选择一家财富顾问机构。在项目曝光度大、接触投资机构更多的情况下，拿到更靠谱投资人的可能性更高。

11.2.5　给排他性条款加一个期限

事实上，找投资的过程充满了不确定性。如果创业者还签署了排他性条款，只能接触这家投资机构，不能与其他投资人谈判，那么风险会更大。

很多创业者都有这样的经历，与投资人签订了投资条款清单，但是投

资人迟迟没有进展。坚持过排他期之后，已经错过了最佳融资时间，公司已经半死不活。

关于排他性条款及其危害，我们在9.1.4中已经做了简单介绍，这里再提一下。因为融资的过程通常是几个月，签订排他性条款后创业者只能把时间花费在一家投资机构身上。无论这家投资机构是否有名，一旦最终融资失败，创业者就很难向其他投资人解释清楚重新融资。

对创业者来说，排他性条款不签最好。如果一定要签，最好对排他性条款加以限制，而且时间越短越好，如一个月。一旦到期，而对方的态度却模糊不清，创业者最好立即放弃这家投资机构，寻找其他投资人，然后开始新一轮的融资接触。

11.2.6 不要盲目追求高融资数额

关于融资数额，我们讲过应当大于真正需求或者是一年半的运营成本，这里不再赘述。不管怎样，盲目追求高融资数额是绝对不行的。因为，追求短期内的高融资数额，相应给出的股份和代价也会增多，这对下一轮融资并非好事。

清科创投的创始人兼CEO倪正东认为："股权投资者的加入固然能够帮助企业成长，成为创业者的伙伴，但企业成长的真正关键还是那些创业者。如果创业者盲目追求高估值融资来补贴客户做大自己，而忽视产品质量，一旦融资链条无法及时跟进，那么就是'自废武功'。"

正规的投资机构都有自己的一套投资体系，无论是估值，还是融资数额，一定是有依据的。创业者如果盲目追求高融资数额，很容易吸引一些动机不纯的投资机构，只有他们才有可能满足不合理的高融资数额。因此，创业者需要谨记，融资数额应当根据公司的实际发展情况制定，而不是盲目追求高融资数额。

第12章
创始人如何保证绝对控制权

很多创业者徘徊于对融资的迫切需求与对公司控制权的舍和留之间。需要注意的是，千万不要急于求成，在控制权问题上是坚决不能妥协的。那么，作为公司创始人，如何保证绝对控制权呢？

12.1 维持绝对控制权的三大策略

如果公司创始人需要确保自身股权在数轮融资不断稀释的情况下，仍在股东会和董事会上有较强的控制力与影响力，可以考虑以下3个建议。

12.1.1 核心创始人持有50%以上的公司股权

对于任何一家初创公司来说，核心创始人持股不能低于50%，联合创始人占10%~15%，天使投资不能超过15%，大家同比例稀释15%作为期权值。由于核心创始人最大，话语权及承担的责任要多，因此50%以上的股权是比较恰当的。

微软创立之初，公司64%的股份由比尔•盖茨持有，而其余36%的股份是微软联合创始人保罗•艾伦（Paul Allen）所有。1980年，微软处于高速发展，急需扩充创业团队。此时，比尔•盖茨找到史蒂夫•鲍尔默（Steve Ballmer），希望他加入团队。作为微软的第30号员工，史蒂夫•鲍尔默加入微软时担任的职务是"业务经理"。

比尔•盖茨并没有轻易给史蒂夫•鲍尔默分配股权，而是给他提供了5万多美元的基本年薪以及公司每年利润增长中10%的分成。随后，微软进入爆发性成长阶段，史蒂夫•鲍尔默得到的利润分成非常可观。

与此同时，微软首位风险投资人戴夫•马夸特（Dave Marquardt）抱怨微软仍然是一家私营合伙企业，他建议微软公司扩大核心人数，对公司的股份进行重组，让更多的人持有微软股份。比尔•盖茨对于重组事宜没有兴趣，于是将这一项目交给戴夫•马夸特和史蒂夫•鲍尔默负责。

不久之后，史蒂夫•鲍尔默和戴夫•马夸特便向比尔•盖茨和保罗•艾伦推荐了拟议的股权结构：公司84%的股份由比尔•盖茨和保罗•艾伦拥有，史蒂夫•鲍尔默用原来的利润分成条款换取企业8%左右的股份，其余8%的股份由其他所有员工分享。最终，这一股权结构得以实施。

史蒂夫•鲍尔默最初进入微软的时候，比尔•盖茨并没有草率地将微软的股份分给他，而是用利润分成留下了他。当意识到微软的股权结构存在风险后，两位微软创始人最终将股份分散出去，使得拿到股份的人更加效忠公司。

在股权分配问题上，比尔•盖茨表现出了超高的智商。微软的案例对创业者的启示是一定要珍惜股权，能够用钱解决的问题不要用股份，哪怕是1%或者0.5%的股份在以后都有可能发挥巨大的价值。

股份对于维持控制权有关键作用，所以股份要给最重要的人，要给对企业发展有重大贡献的人。下面是维持控制权对创始人提出的三点要求，如图12-1所示。

一　保证持有股权50%以上

二　支持自己的股东越多越好

三　不要将股份平分给联合创始人和投资者

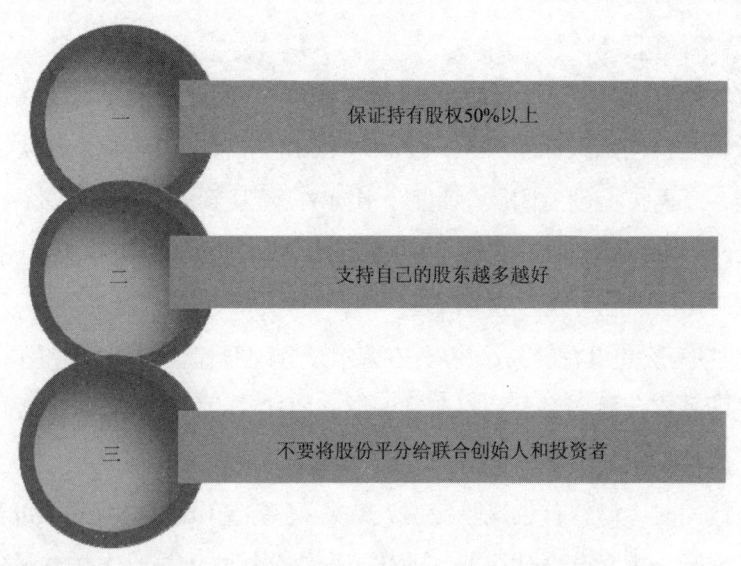

图12-1　维持控制权对创始人提出的要求

1. 保证持有股权50%以上

创始人在吸入外来资本的时候，应当保证吸入的资本控股不超过50%，使得自己直接或间接控制的股权比例高于50%。这样不管是增资、减资还是融资，都可以确保企业经营者主导节奏和进度。

2. 支持自己的股东越多越好

创始人做出的一些决议或决策一般需要剩余股东过半数的同意。因此，在设置股东人数时，应当保证早期股东人数中与自己相关的人数比例大于一半，越多越好。

3. 不要将股份平分给联合创始人和投资者

作为创业公司的创始人，最好不要找太多的联合创始人，而且不要给过多的股权，不管是联合创始人还是投资人。股份平分是大忌，不利于维持创始人的控制权，我们在3.1.3小节中做过介绍。

作为公司创始人，应当明白股份和激励机制是不同的性质。拿出项目的利润与股东分享，这是激励。但是股份不同，股份对于识货的人是有价值的，而对于不识货的人，公司的股份是白纸上画的大饼，根本不实用。因此，在分钱时要大方，在分股份时要慎重些。毕竟股权分配不仅仅是钱的问题，股权的背后对应的是企业的控制权。

12.1.2 归集表决权

如果创始人无法通过股份保证对公司的控制权，则需要利用其他方法保证对公司的控制权，归集表决权则是其中一种方式。归集表决权即将其他小股东的表决权拿过来由创始人统一表决，这样就可以增大创始人在股东会和董事会实际控制的股权表决权的数量。

例如，创始人只有20%的股权，所对应的就只有20%的表决权。当他把其他几个小股东拥有的30%以上的股权归集在一起的时候，他就拥有了超过50%的表决权。归集表决权的方式有3种，如图12-2所示。

图12-2　归集表决权的3种方式

1. 表决权委托

表决权委托是创始人归集表决权最简单的方法。也就是说，持股的小股东通过签署授权委托书直接将持有的表决权授予创始人股东。一般来说，持股小股东将表决权委托给创始人的交易必须约定一个比较长的授权期限。

2. 签署一致行动协议

签署一致行动协议也是归集表决权的一种方式，即创始人与其他小股东签署协议，大家按照统一意志对公司事项表决，如果其他小股东与创始人意见不一致，则按照创始人的意志进行表决。

3. 通过持股实体控制小股东表决权

通过持股实体控制小股东表决权是一种复杂但是稳定可靠的归集小股东表决权的方法。具体操作方法为小股东设立一家持股实体间接持有公司股权，公司创始人通过成为该持股实体的法定代表人、唯一普通合伙人或者执行事务合伙人的方式实际控制并行使持股实体所持有的公司股权的表决权。

持股实体的形式有有限责任公司和有限合伙企业两种。通过持股实体控制小股东表决权的好处是如果公司有员工期权，也可以通过持股实体把公司预留出来的用于期权激励的这一部分股权集中到创始人手上。

在这种情况下，即便创始人自身的股权低于50%，也能拿到高于50%的表决权，实现控制公司的目的。

12.1.3 用双重股权架构将股权和投票权分离

多轮次的融资会不断稀释创始人持有的公司股权，威胁创始人对公司的控制权。在这种情况下，采用双重股权架构将股权和投票权分离成为上市公司的普遍选择。如今，接受双重股权架构的国家越来越多，包括美国、德国、加拿大、新加坡、意大利、日本等。

Facebook在2012年上市时使用了投票权1:10的AB股模式，创始人马克•扎克伯格(Mark Zuckerberg)一人拥有28.2%的表决权。此外，马克•扎克伯格还和主要股东签订了表决权代理协议，在特定情况下，马克•扎克伯格可代表这些股东行使表决权，这意味着他掌握了58.9%的表决权。Facebook的股权架构确保了创始人掌控公司，马克•扎克伯格等公司创始人比股东更热爱公司更懂得经营公司，因此只有他们控制公司才能保证公司的长远利益，进而保证股东的长远利益。

在中国公司中，百度是第一家在美国设立采用双重股权结构的离岸公司，进而让离岸公司赴美上市。具体的操作方法是上市后的公司股票分为A类和B类，其中在美国新发行的股票属于A类股票，每股有1份表决权，而创始人股票为B类股票，每股有10份投票权。

根据百度招股说明书，在百度赴美上市前发行的B类股票中，谷歌持股2.6%，DFJ持股28.1%，IDG持股4.9%，Integrity Partners持股11%，Peninsula Capital Fund持股10.1%；李彦宏作为创始人及CEO持股25.8%，另一位创始人徐勇则持股8.2%，其他4位高管共持股3.7%，普通员工持股5.5%。两位创始人共持股34%的B类股，由于B类股有10倍投票权，因此即便公司赴美上市后，李彦宏等创始人也能够控制公司，贯彻他们的经营理念。

双重股权架构通过增大创始人所持股份拥有的表决权数量增大了创始人在股东会表决时的权重，是一种积极主动的增加创始人控制权的方式和策略。

12.2 刘强东7年融资46亿美元始终掌握公司控制权

京东是中国第一个成功赴美上市的大型综合型电商平台。从创立以来到赴美上市，京东一共经历了7轮融资，融资总额超过46亿美元，是中国电商融资金额最高的企业。在一轮又一轮的融资里，创始人刘强东的股权不断稀释，却始终掌控着京东的控制权。为了牢牢掌控控制权，刘强东先后用了三招，下面详细说来。

12.2.1 第一招：优先股

京东早期轮次融资发行的股份是"可转可赎回优先股"，性质介于股权融资和债权融资之间。具件条款是由京东与投资方灵活商定的，包括付不付利息、转股条件以及每个时期可以转多少、有没有投票权等。2007~2010年间，京东发行了A、B、C三轮"可转可赎回优先股"。

京东A轮融资的投资方为今日资本。2007年3月27日，京东发行1.55亿"A类可赎可转优先股"，附带1.31亿份购股权。2007年8月15日，今日资本行使1.31亿购股权，两笔融资合计1000万美元。

京东B轮融资由今日资本、雄牛及梁伯韬联合投资。2009年1月，京东发行2.35亿"B类可赎可转优先股"，融资2100万美元。

京东C轮融资的投资方为高瓴资本。2010年9月，京东发行1.78亿"C类可赎可转优先股"，融资1.38亿美元。

三轮融资为京东带来1.69亿美元的现金流。由于早期估值低，今日资本A轮获得的优先股占京东总股本的30%。假如全部转股，刘强东的控制权有可能已经旁落。另外，不转股可享受8%的年息。

投资人接受这种投资方式是有条件的，首先就是信任刘强东本人。今日资本集团的创始人徐新常说："把创业者喂饱，他才能舍命奔跑。"2006年10月，徐新与刘强东第一次见面，两个人一见如故，从晚上10点聊到了凌晨两点。徐新认为刘强东就是一匹黑马，当刘强东开口要

200万美元的投资时，徐新直接给了他1000万美元。

今日资本除了在首轮融资中给了京东1000万美元外，更在京东后续融资中加投了一轮。在京东上市之前，今日资本共持有京东7.8%的股份，按照京东上市时450亿美元的市值计算，其股权价值超过35亿美元，投资回报率几乎达到200倍。今日资本在京东投资7年达到200倍的投资回报率，这个投资榜样效应，为刘强东之后的巨额融资奠定了坚实基础。

另外，投资人还看重京东过往几年的业绩及资金使用效率。正因为京东的销售额从2005年的3000万元涨到2006年的8000万元，今日资本才有信心通过可转优先股投资1000万美元。2009年，京东销售额达到40亿元，与2006年相比涨了50倍。暴涨的业绩是高瓴资本投资1.38亿美元的前提，是京东成功融资的主要原因。2004~2013年京东营收增长如表12-1所示。

表12-1　2004~2013年京东营收增长

年份	2004	2005	2006	2007	2008	2009	2010	2011	2012	2013
销售额/千万	1	3	8	36	130	400	1020	2113	4138	6934

12.2.2　第二招：排他性投票权委托

排他性投票权委托是刘强东始终掌握公司控制权的第二招。发行可转可赎回优先股融资的方式虽然不错，但毕竟融资额有限。融资过多则会造成资产负债率过高，使得公司将濒于破产。因此，从2011年开始，京东不再发行可转可赎回优先股，改发售普通股融资。京东普通股私募融资清单如表12-2所示。

表12-2 京东普通股私募融资清单

日期	投资方	数量/百万	单价/美元/股	金额/百万美元
2011.4	俄罗斯投资者数字天空技术（DST）	94.3	3.33	314
2011.6	俄罗斯投资者数字天空技术	59.4	3.37	200
	俄罗斯投资者数字天空技术	63.9	3.63	232
2011.6	红杉资本等	59.1	3.64	215
1012.11	老虎基金	63.1	3.96	250
2013.2	Kingdom	101.0	3.96	400
	俄罗斯投资者数字天空技术	8.2	3.90	32
2014.4	腾讯	351.7	N/A	214.7
总计		800.6		1857.7

由表12-2可知，京东2011年以来至2014年的历次股权融资，共发售普通股数量为8亿，获得18.57亿美元现金以及拍拍、网购100%股权和易迅9.9%股权。

在以上融资过程中，刘强东要求投资人排他性地将投票权授予他的两家BVI（英属处女群岛）公司，分别为Max Smart和Fortune Rising。

经过与投资方的数次较量，在京东上市之前，刘强东通过两家BVI公司控制了13.74亿股票的投票权，其中有7.96亿股是11家投资机构委托的，仅腾讯委托的股票就达到3.51亿股。至此，刘强东依然以微弱的优势掌握着控制权。

12.2.3 第三招：双层股票

直到上市之前，一些投资人都没有把投票权授予刘强东，而是选择自己持有。这些持有投票权的投资人包括老虎基金、腾讯、高瓴资本（由可转可赎回优先股转来)、今日资本(由可转可赎回优先股转来)等。

京东上市后,先前委托刘强东投票权的11家投资机构收回了7.96亿股的投票权。根据京东的招股说明书可知,京东将发售1.38亿新股,总股本将达到27.6亿股,而刘强东手里的股票占比仅为20.5%。

为了解决控制权问题,刘强东效仿谷歌、百度普遍采用的双层股权结构。上市后刘强东持有的5.65亿股将转为B类股票,每股有20份投票权。其他新旧投资人持有的都是A类股票,每股有1份投票权。据此,刘强东获得了83.7%的投票权。京东上市前后股东持有股份以及投票权如表12-3所示。

表12-3 京东上市前后股东持有股份以及投票权

股东	上市前					上市后			
	普通股(亿)	占比	投票权(亿)	占比	IPO出售(百万)	A类(亿)	B类(亿)	合计(亿)	投票权
刘强东	4.6335	18.8%	13.75	55.9%	13.90	0.09	5.56	5.66	83.7%
老虎基金	4.4527	18.1%	4.45	18.1%	13.36	4.32	0	4.32	3.2%
腾讯	3.5168	14.3%	3.52	14.3%	0	4.90	0	4.90	3.7%
高瓴资本	3.1896	13.0%	3.19	13.0%	9.57	3.09	0	3.09	2.3%
俄罗斯投资者数字天空技术	2.2574	9.2%	2.26	9.2%	6.77	2.19	0	2.19	1.6%
今日资本	1.9189	7.8%	1.92	7.8%	5.76	1.86	0	1.86	1.4%
红杉资本	0.3982	1.6%	0.4	1.6%	0	0.4	0	0.4	0.3%
总股本	24.58					27.60			

事实上,早在创业之初,刘强东就为京东制定了烧钱上市路线。为了避免最终被大股东赶下台,刘强东使用了B股投票权1∶20的罕见模式。在这种情况下,刘强东通过对自己投票权1股等于20股的设计保证了企业控制权不会落在他人手上。当然,前提是刘强东的股权不被稀释至低于4.8%,控制总投票权超过50%。

刘强东的股权设计是非常有前瞻性的,这也表现了刘强东的大胆和自信。相比之下，百度、腾讯等在美国B股投票权的设计为1：10，而刘强东通过罕见的股权设计成功拉到大额投资足以说明京东具有足够的吸引力，让投资人将投票权的考量放在了其次。

第13章
维护与投资人之间的关系

　　融资经验丰富的创业者都知道，与投资人交流时，有的投资人看上去很热情，非常欣赏你的项目，并表示事后给你打电话进一步了解。可是，之后往往就失去了音讯，不会主动兑现承诺。为什么呢？投资人缺少的不是好项目，而是时间。他们既负责找项目，也负责管理基金，还要为公司筹集投资资金等。所以，需要主动的是你，而不是业务繁忙的投资人。本章讲述帮助创业者维护与投资人关系的方法与技巧。

13.1 融资前的关系建立

在获得投资人的投资之前,创业者需要与投资人建立关系。这里说的是建立关系,而不是维护关系。如果投资人对你没有印象,那么谈投资将是很遥远的事情。所以,创业者首先需要做一些事情,让投资人注意到你,为融资做铺垫。

13.1.1 随时与投资人保持联系

确定潜在投资人之后,创业者需要找到一种礼貌的方式不断与投资人联系。如有可能,见面次数越多越好,这样会增加项目成功融资的概率。

有的创业者与投资人见面后就单方面等待投资人联系,认为投资人不联系是对项目没有兴趣。事实并非如此,因为投资人每天都很繁忙。在见面后的第二天,创业者应当发一封简短的感谢邮件给投资人。这是与投资人见面后最应该采取的行动。

如果投资人表示想要试用APP,那么你所发送的邮件就应当是用户名和登录密码。如果投资人表示想要与更多的用户交流,那么你就应当提供一个用户名单,列明用户详细的联系方式。

在联系投资人的过程中应当注意分寸感,即让持续的联系与打扰之间保持一种微妙的平衡。你会逐渐达到这种平衡,但始终不能越界,否则将会惹怒投资人。

当你达成所愿再次见到投资人时,你可以微笑着对投资人说:"非常抱歉我总是催促您与我会面,但我想您一定更愿意投资一家像这样去争取用户的公司,对吧?"

与投资人联系但保持分寸感是一种人与人之间相处的艺术,创业者应当在生活中锻炼自己这种能力。

13.1.2　表现出进取的姿态

有的创业者向投资人发送邮件后一两个星期过去了，但是依然没有得到投资人的回复，那么可以实施第二步计划。

第二步计划是再一次向投资人发去一封邮件，注意用语文明礼貌。在这封邮件里，创业者可以描述公司的发展近况或者关于公司的一些利好消息等。虽然距离上次与投资人会面已经过去了几周，但是创业者一定会有新的好消息可以提供给投资人，这样不仅能让投资人看到创业者的进取心，还能够持续地吸引投资人的目光。

需要注意的是，在第一次与投资人会面的时候，创业者不能将公司信息托盘而出，应该有所保留，这样才能在之后给投资人带去更多的好消息。

这更像是一种推销策略，用在投资人身上也是非常有效的。建议创业者在邮件里加上一句话："我知道您非常繁忙，所以我会在一周后再与您确认相关事宜，您觉得这样可以吗？"

积极进取，不要轻易放弃，这一点需要重点强调。投资人总是很忙碌的，所以他们回复邮件的可能性比较小。对此，创业者无须生气，应当尝试多发几封邮件。

13.1.3　尽力向投资人提供帮助

对创业者来说，找投资是一项很大的挑战。有时候即使见到投资人，对方也不一定愿意给你时间听你谈论你的项目。然而，对于Sequoia Blodgett来说，投资人的到来似乎非常简单。Sequoia Blodgett是一位从娱乐行业转行到科技行业的创业者，创立了在线教育公司7AM。硅谷顶级投资人Tim Draper是Sequoia Blodgett的天使投资人。

Sequoia Blodgett 是怎么做到的？Sequoia Blodgett本来是音乐、娱乐领域方面的工作者。由于生了一场大病，Sequoia Blodgett无法继续原来的工作，于是决定成为一名创业者。在得知Tim Draper发起创业指导项目"英雄学院"之后，Sequoia Blodgett非常想要进入学院学习创业课程。因为Sequoia Blodgett知道，这一课程肯定有利于自己日后创业。

然而，英雄学院的学费非常高，一个7周的课程要近1万美元。由于支付不起昂贵的学费，所以Sequoia Blodgett想出通过众筹筹集学费的方法。然后，Sequoia Blodgett开始打电话给朋友和曾经的同事，希望得到他们的帮助。一个朋友告诉她，大学实习过的某个电台节目负责人正在做一档火爆的电台节目，她可以上节目试试。

于是Sequoia Blodgett想到了一个方法，只要自己和一个英雄学院的学员一起出现在这个节目上，不仅可以为自己众筹学费，还能帮助英雄学院提升知名度。令Sequoia Blodgett想不到的是，英雄学院的创始人Tim Draper居然找到自己，提出要亲自与她一起上节目。在此之前，Sequoia Blodgett根本没有见过Tim Draper。

两周之后，Sequoia Blodgett和Tim Draper到了那家电台，录制了一期非常成功的节目。Sequoia Blodgett和Tim Draper的关系也因此亲近了很多。随后她成功进入英雄学院学习创业课程，并且拿到了Tim Draper的投资。

Sequoia Blodgett认为自己之所以能够拿到Tim Draper的投资，是因为自己提供了一些东西，而这些东西可以帮助Tim Draper。Sequoia Blodgett称："如果要拿投资，有时候仅有商业计划书是不够的，你需要想想，自己能为投资人带去什么额外的价值。在这个基础上再去认识投资人，就会容易得多。"

Sequoia Blodgett的案例告诉大家，在接触投资人之前，可以了解投资人当前是否遇到一些麻烦或者自己可以提供帮助的事情。总之，提供一些必要的帮助是为创业者和投资人之间建立良好关系的好方法。

13.1.4 融资失败边缘也要做最后的争取

如果与投资人第一次会面已经过去了一两个月，那么这意味着投资人几乎不会投资了。然而，即便在融资失败的边缘也应当做最后的争取，毕竟一些风投基金花费半年甚至更多时间审核项目都是有可能的，因为融资本就是一个漫长的过程。

此时，创业者应当找一个理由，促成与投资人的第二次见面。如果你的产品近期有重大更新，这就是一个很好的理由。你可以在邮件中告诉投资人："想让您看看我们的新版本，相信您会觉得这非常有意思。我保证不会占用您超过30分钟的时间。"

除此之外，公司最近赢得了一个大客户或者有战略上的重大调整等也都是与投资人第二次见面的理由。总而言之，创业者需要想方设法见到投资人，否则融资基本上就宣告失败了。

13.1.5 为投资人创造紧迫感

我们在7.3.2小节中提到，通过创造竞争性环境可以让创业者由被动变为主动，谷歌融资时就利用了这一技巧。为投资人创造紧迫感与之有异曲同工之处。

打个比方，在一场舞会上，一个男生想邀请你跳舞，但是他并没有那么肯定，因为他同时也会考虑要不要邀请另一个漂亮的女生。然而，如果他看到另外一个男生首先走向你，那么，这个男生一定会着急，然后立即也走向你。

为投资人创造紧迫感就是这个道理。首先，创业者需要制造多个对自己感兴趣的投资人，然后将这个消息传到目标投资人耳中。

如果投资人没有反应，那么你就应该礼貌地给投资人打电话："我想向您汇报一下公司的最新发展情况，有不少投资机构对我们很感兴趣。不过我们还没有跟任何公司达成投资意向，但是离这一步应该也不远了。我们真的很欣赏您所在的企业,很想知道我们还需要做些什么来推动我们之间的合作进程。"

综上所述,创业者接触投资人的时候,要有强大的包容心和耐心,同时保持分寸感。如此一来,获得投资人的青睐,拿到融资就会变得简单一些。

13.2 融资后建立定期联系制度

融资不是一锤子买卖,所以拿到钱后就不再联系投资人的做法是不对的。通常情况下,完成融资交易后,创业者需要与投资人定期联系。定期向投资人发送财务报表和运营报表、做非正式报告是有必要的。除此之外,创业者还应当与投资人在平时多联系,时常向投资人分享消息,在投资人主动联系的时候更不能找不到人。如果拿到投资后就对投资人置之不理,即便投资人不能撤资,也不会在之后追加投资,甚至可能会对创业公司做负面宣传。

13.2.1 分享好消息和坏消息

在融资之后,创业者应该遵循透明化的原则向投资人分享好消息和坏消息。这个"透明"的度如何把控是一门艺术,需要创业者把握好。

例如,财务状况、外部团队来寻求合作、给员工发工资等事件,创业者都应当在执行完后,向股东通报相关信息。这样做不仅是为了告知投资人相关信息,方便投资人行使监督权,更是一种对投资人的尊重。

有的创业者引入投资后,对于投资人经常是报喜不报忧,这样往往令投资人伤心。对于创业者与投资人的关系,红杉资本副总裁谢娜表示:"好消息需要及时通报,坏消息更要及时通报。因为投资者能用自己的力量为创业者解决问题。若等到事情无法解决时再通报,则会伤害双方信任的基础。"

13.2.2 为投资人股东创造归属感

"归属和爱的需要"是马斯洛需求层次理论中的第三层次需求，是人类的基本需求之一。近几年，心理学家对归属感问题进行了大量的研究。心理学家发现：对于那些缺乏归属感的人，其会对所从事的生活工作社交方面缺乏激情。如果投资人投资后能够在被投资公司里找到归属感，那么投资人会更加重视在这一项目上的投资，并且付出更多。

那么如何为投资人股东创造归属感呢？下面是3种方法，如图13-1所示。

给投资人股东提供优惠待遇

认可投资人股东的决策权

尊重投资人股东的建议

图13-1 为投资人股东创造归属感的3种方法

第一，给投资人股东提供优惠待遇。当投资人作为创业公司的消费者时，应当从价格和待遇上让投资人享受到优惠待遇。例如，让投资人享受最高等级的VIP特权等。

第二，认可投资人股东的决策权。作为项目股东，在行使其应有的决策权的时候，创业者不要过多地干预，需要给予应有的认可。项目在运作过程中为了提高效率，不会所有的决策都经过股东。但是不能因为这样就忽略了股东参与决策的权力。

第三，尊重投资人股东的建议。对于投资人股东提出的建议，创业者需要逐项记录并适时做出回应。但是创业者并不需要对所有股东提出的建议进行执行，因为考虑到项目的实际状况，所以对于那些不便采纳的建议要给予解释。这样不会造成关系上的尴尬，否则股东会认为自己的一腔热情换来了一盆冷水，长期下去股东的热情会被浇熄。

当投资人在所投资的创业公司里感受到爱和归属感之后，会提升对项目的参与热情。有的投资人甚至会将创业者当成朋友，在创业者遇到困难的时候提供各种援助。

13.2.3　共同管理预期目标

国内外很多创业者与投资人决裂的案例最初都来自于投资人的动机和创业者产生分歧。一旦双方的动机与目标不一样，摩擦就接踵而至。为了维护双方的关系，促使项目更好地发展，创业者应当学会与投资人共同管理预期目标，保证双方目标一致。

共同管理预期目标要求创业者和投资人分享创业使命、价值观和时间范围等，下面是一些方法，如图13-2所示。

- 一　向投资人分享创业使命和创业价值
- 二　向投资人分享公司运作时有价值的实例
- 三　加强与投资人的沟通

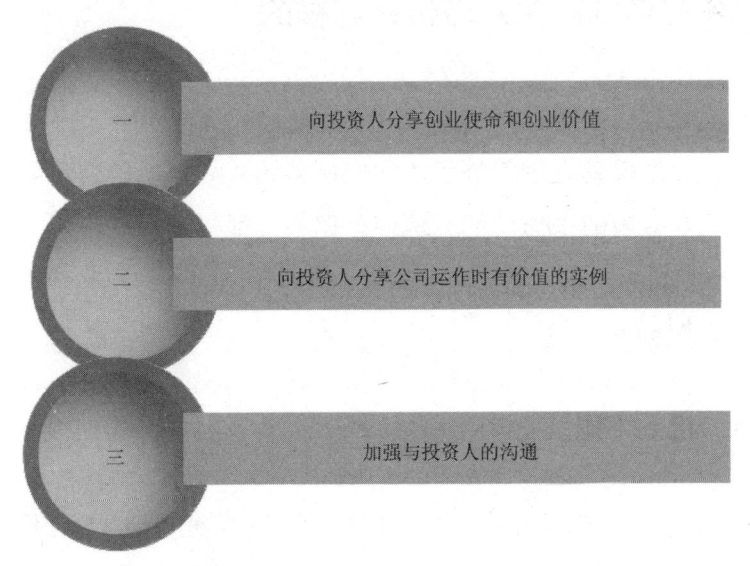

图13-2　使得投资人与创业者预期目标一致的方法

第一，向投资人分享创业使命和创业价值。首先，创业者需要问自己一些问题："我创建公司的目的是什么？""创业团队最重要的准则是什么？""我的目标计划是什么？"回答这些问题之后，创业者会清晰地评估投资人、团队成员及其他合作伙伴。其次，让投资人了解公司使命和价值的重要性。在向投资人介绍公司使命和价值时，可以向投资人发一些提示卡，然后通过幻灯片来介绍每项提示内容。这种方法可以让投资人自行选择，节省了双方的时间。

第二，向投资人分享公司运作时有价值的实例。一些可以表现公司特质的案例对投资人来说更有说服力。

第三，加强与投资人的沟通。创业者不可能凭空猜测投资人的想法，这样不可能和他们保持一致性。所以，创业者可以定期召开投资人会议，与投资人讨论自己的计划，甚至可以找一些双方都认识的朋友一起交流。

与投资人共同管理预期目标可以防止双方在公司发展方向上产生重大分歧。即便出现小矛盾，也能及时解决，不至于造成重大问题。

13.3 最佳创投关系应该是怎样的

古犹太哲人莱维说："如果你想帮助一个人脱离泥潭，不要以为站在顶端，伸出援助之手就够了。你应该善始善终，亲自到泥潭中去，然后用一双有力的手抓住他。这样，你和他都将重新从淤泥中获得新生。"对投资人来说，创业者就是深陷泥潭的人，而自己站在上方指指点点是行不通的。

13.3.1 投人不疑

当投资人决定投资之后，就必须对所投资的创业者和项目深信不疑，这与结婚恋爱的道理是一样的。在结婚之前的恋爱甜蜜期里，你眼中只会看到对方的优点，认为他就是你的真爱。在这一段时间里，你很容易忽略对方的缺点，即便别人给你列举一堆对方的缺点，你也不会相信。投资人投资之前也是一样的，这时的投资人只会看到创业者的潜力，看到这个创始人领导能力、全局意识等方面的优点。

而投资之后就不一样了，一旦项目进入推进流程，投资人就开始挑剔。投资人也许会发现创业者徒有创意，执行力不足。为了监督创业者的进程，投资人甚至与公司员工一样每天准点到公司报道。感觉不对的时候，投资人会在一旁干着急，甚至对自己当初的投资决定感到怀疑。怀疑自己的投资决定就是怀疑创业者的能力和项目的好坏，这很可能就是一些矛盾的开始。

当投资人与创业者产生矛盾的时候，本来非常有潜力的项目都有可能因此以失败告终。所以说，学会投人不疑对创业者和投资人来说都有重大意义。

投人不疑要求投资人认清一个现实：所有的创业项目都是从千疮百孔走过来的。如果你决定不投资一个项目，可以列出100个理由。但是当你决定投资的时候，只能选择相信创业者。如果你与创业者才沟通了三五次就开始丧失信心，对创业者的能力感到怀疑，并开始寻找替代方案，那么无论你投资任何项目，结果都不会好的。

13.3.2 并驾齐驱

并驾齐驱是指投资人不应当高高在上地对创业者指手画脚或者投资后就置之不理，而应当与创业者站在同一个角度向创业者提供必要的帮助。作为公司的创始人，创业者有自己的节奏和计划，而投资人可以提供有效的意见和建议。

大多数投资人都知道"只帮忙，不添乱"的投后管理原则，但是如何把控这个度则成为一个难题。投资人如何把控投后管理的程度？我们的建议是，投资后，投资人可以把自己想象成创业公司的一员，甚至将自己想象成公司的联合创始人。当投资人基于平等的关系与创业者相处时，提出的意见和建议会更中肯，给到的资源才能真正雪中送炭。

纽约游戏公司OMGPOP创始人查尔斯·福曼(Charles Forman)就非常幸运地拿到了有"硅谷教父"之称的传奇天使投资人罗恩·康威(Ron Conway)的投资。当OMGPOP一次次面临破产时，罗恩·康威不仅提供资金支持，还四处寻求让公司从危机中走出的方法，并给予创业团队信心。

最终的结果非常明显，OMGPOP推出Draw Something（你画我猜）社交游戏，一夜爆红。而OMGPOP也成功以2亿美元的价格出售给Zynga，创始团队与投资人都拿到了可观的回报。

所以，投资人应当明白，投资人与创业者的关系是创始人与联合创始人的关系，而一定不是甲方乙方的关系。

13.3.3 减少噪声

对创业者来说，投资人的声音是非常重要的一种声音，有时候错了也得听。因此，为了防止噪声干扰，投资人应当保证向创业者输出尽可能简练、完整、重要而且有效的信息。对于无法确定来源和精准度的行业八卦、知识等，投资人应当进行自我判断后再选择性地传达给创业者。如果投资人随意打乱创业者的节奏，点评、指摘创业者的决定，创业者将无法专注于业务发展。

众所周知，雷军是小米的创始人。除此之外，雷军还是一名优秀的投资人。自2004～2016年，作为天使投资人和顺为基金创始合伙人，雷军共投资了移动互联网、电子商务、互联网社区等领域内的27家创业公司。其中，金山软件成功登陆港股市场、欢聚时代成功登陆美股市场、猎豹移动成功登陆纽约证券交易所、迅雷成功登陆纳斯达克。

在近20年的职业生涯里，雷军做过很多工作，包括软件、电子商务、网络游戏等。而且，雷军拥有深入而且丰富的专业知识，从产品研发、市场推广、销售到管理等环节无一不通。每次创业公司遇到问题，雷军都能提出有建设性的意见。

尽管如此，雷军从来不会随意打扰自己投资的创业公司。雷军称："投资人尽量不要打扰创业者，只带来创业者真正需要的帮助就行。"

没有投资人愿意承认自己对创业者的帮助是添乱，但事实上给创业者提供不需要的帮助就是添乱。有的投资人对创业者很热情，今天介绍一个人才，明天给创业者布置一个饭局，这反倒让创业者非常烦躁。因为创业者有自己需要做的事情，不可能有太多的时间花在应付投资人身上。

通常情况下，如果投资人每周去创业公司一天，相当于浪费了创业者20%的时间。那创业者还如何将精力专注于公司发展方面呢？因此，投资人应当明白，是创业者在创业，自己最好尽量减小噪声。

13.3.4 长期投资

很多投资机构都喜欢给自己投资的公司组群，取名xx帮、xx派、xx家等。投资人之所以这么做，是因为创业和投资的关系有时候是一种像家人一样的长久关系。

无论是具有丰富经验的连续创业者还是初次创业者，投资人一旦选中他们就是看中了他们个人以及所做项目的潜力。随着创业者一路创业，一路成长，即使一个项目失败了，但是只要这个创业者坚定不移，总有一天会有所成就。

阿里巴巴、腾讯、聚美优品等互联网企业都有早期投资人不离不弃的身影。对投资人来说，如果之前一路投资，最后却没有投资创业者唯一做成的项目，那不是很遗憾吗？

彼得·林奇（Peter Lynch）是一位卓越的投资大师和证券投资基金经理，现任富达公司的副主席，是富达基金托管人董事会成员之一。彼得·林奇投资股票时深信长期投资带来的回报。

彼得·林奇曾经说过："如果不考虑偶然因素，股票的表现在未来10~20年的时间里都是可以预测的，但要想知道它在未来两、三年内上升还是下跌，就只能去掷硬币了。"

大多数华尔街人士一般只关注股价短期回报，而彼得·林奇之所以可以脱颖而出，与他主张长期投资的理念不无关系。彼得·林奇从来不会考虑买入时点甚至试图预测经济走势，只要所投资的公司基本面实质不变，他就不会卖出股票。

彼得·林奇曾经研究过寻找买入时点投资策略的有效性。研究结果表明，如果一名投资者在1965~1995这30年中每年投资1000美元，但不幸地赶在每年的最高点建仓，那么这30年的投资回报年复合增长率为10.6%；而另一名投资者在同样时间段内有幸赶在每年的最低点建仓1000美元，那么他将在30年中获得11.7%的投资回报年复合增长率。

事实证明，两种极端情况的差别只有1.1个百分点的投资回报年复合增长率。这个结果让彼得·林奇更加相信关注买入时点是没有必要的。因为一个强大的公司会通过不断增长的盈利提升自己的股票价值。因此，彼得·林奇将自己的投资工作简化为去寻找伟大的公司。这些伟大的公司是指可以将自己的股价翻10倍的公司。只有长期持有才能够实现这样的惊人回报。

如果创业者与投资人都认识到创投关系的重要性，展开长期合作，最终往往能够得到双赢的结果。

第14章
积极准备下一轮融资

　　对于初创公司来说，融资是保证企业现金流稳定，能够持续运营发展的必要支撑。早期项目大多缺乏合理的财务分配，变现渠道还不完善，甚至能够达到盈亏平衡的公司都不多。在这种情况下，一旦资金链断裂，公司没有现金流，项目可能会面临死亡。因此，对于创业者来说，融资是一件永远不能放下的事情，即便你昨天刚刚进行了天使轮融资。考虑到引入下一轮投资还需要一段时间的接洽和磨合，你应当未雨绸缪，现在就为下一轮融资做准备。

14.1 不要等到缺钱再融资

永远不要等到缺钱再融资。完成一轮融资之后，就应当为下一轮融资做准备。更准确地说，你应当在第一轮融资的时候就选择能够帮助你下一轮融资的投资人。

14.1.1 准备：让上一轮投资人推荐下一轮投资方

对于初创公司来说，融资是保证企业现金流稳定，能够持续运营发展的必要支撑。早期项目大多缺乏合理的财务分配，变现渠道还不完善，甚至能够达到盈亏平衡的公司都不多。在这种情况下，一旦资金链断裂，公司没有现金流，项目可能会面临死亡。

因此，对于创业者来说，融资是一件永远不能放下的事情，即便你昨天刚刚进行了天使轮融资。考虑到引入下一轮投资还需要一段时间的接洽和磨合，你应当与现有的投资人未雨绸缪，制订下一轮融资计划。

一般来说，当公司银行账户里的资金只能支撑公司18个月的运营成本时，公司的融资规划就应当制定出来，并及时启动下一轮融资。然后，你就可以着手对接各路投资人了。

当然，如果你在创立公司的时候就已经定好融资规划，那样是最好的。例如，当企业的运营状况达到某一层级时，启动哪一轮融资，投资人需要满足哪些条件，为公司提供哪些增值服务等，这样可以避免公司缺钱的时候融资无门而对公司发展造成一定程度的负面影响。

需要注意的是，对于天使投资人推荐A轮投资人要谨慎一些。由于A轮是机构的领域，天使投资人对投资机构不够了解，所以没必要让天使轮投资人推荐A轮投资方。但是，对于天使投资人推荐的Pre-A轮的投资人还是可以接受的。

14.1.2 技巧：保持平常心，每一轮融资都相似

有的创业者调侃融资的艰难时说："我刚刚完成公司的第二轮融资，这和第一轮融资一样很不容易。从Demo展示到投资协议条款清单，每一环节都很费劲。"

事实上，无论是哪一轮融资，需要经历的环节都是大致相同的，当然也一样不容易。我们整本书就是根据融资的大致步骤来讲述的，无论哪一轮融资都适用。

下面一起回顾一下融资流程。

第一步：列出潜在的投资人名单，从中筛选出靠谱的投资人。

第二步：通过各种渠道接近投资人，向投资人提供完整的商业计划书。

第三步：与投资人谈判，签订投资条款清单。

第四步：协助投资人完成尽职调查。

第五步：终极谈判，确定估值、融资额等条款。

第五步：确定投资方式、投资条款与投资条件。

第六步：签订投资协议并完成交割。

第七步：资金到位之后，投资人成为创业公司的股东并进行投后管理。

第八步：投资人选择适当的机会完成退出。

在一轮又一轮的融资中，创业者应当总结融资经验，不断提升自身的融资能力。再次强调，每一轮融资都相似，创业者无须给自己施加太大压力，保持平常心即可。

14.1.3　中通成美股年内最大IPO，筹资高达14亿美元

2016年10月27日，中通快递在美国纽约证券交易所上市，募集金额达14亿美元。14亿美元的募集金额超过日本即时消息应用运营商Line Corp.(LN)2016年7月在纽约和东京进行IPO总计筹集的13亿美元，使中通快递成为2014年阿里巴巴赴美上市后规模最大的中国企业IPO，也成为美股市场2016年最大的IPO。

中通快递是登陆美国股市的第一家中国快递服务商，而申通、顺丰、圆通和韵达纷纷谋求国内上市。2016年9月30日，中通快递向美国证券交易委员会提交了招股书，将发行7210万股股票，指导价格区间每股16.50～18.50美元，募集资金在13～15亿美元，股票代码为ZTO。

中通快递表示，上市所得的大部分款项将会用于购地、修建设施及购买设备，以扩大公司的分拣能力。另外，剩余资金将会用来购买更多卡车、投资信息技术领域以及潜在的战略交易。

中通快递成立于2002年，在五大快递民营企业中算是起步最晚但发展最快的。2011～2015年的5年里，中通快递的年均业务量复合增速达到80.3%。2015年，中通快递的快递业务量为29.5亿件，同比增长62.2%;2016年上半年，中通快递的快递业务量为19.1亿件，同比增长61.4%。截至2015年，中通快速的市场占有率达到14.3%，仅次于市占率第一的圆通速递(14.7%)。

《2016—2021年中国民营快递行业发展分析及投资潜力研究报告》透露的数据显示，中通快递2015年业绩的季节分布情况为："2015年上半年实现的归属净利润占2015年全年的31.24%，而2016年上半年，中通快递实现归属净利润7.67亿元，因此，我们预计2016年全年归属净利润水平约24.54亿元。根据中、美快递标的平均估值水平，对应中通快递总市值分别为1625亿元（按中国快递估值水平）和410亿元（按美国快递估值水平）。若考虑中通快递的高增长业绩，乐观情况下，给予美股40倍估值水平，则对应980亿元市值。"

在国内快递公司纷纷选择国内A股上市的情况下，中通快递公司为什么选择赴美上市呢？业内人士分析中通快递选择赴美上市可能是因为不愿意与800多家公司一样排队等待中国内地监管机构对IPO申请的核准。

与国内上市相比，国内企业赴美上市除了具有融资、股权增值、规范公司经营发展、强化公司社会责任等好处，还有另外3个优势，如图14-1所示。

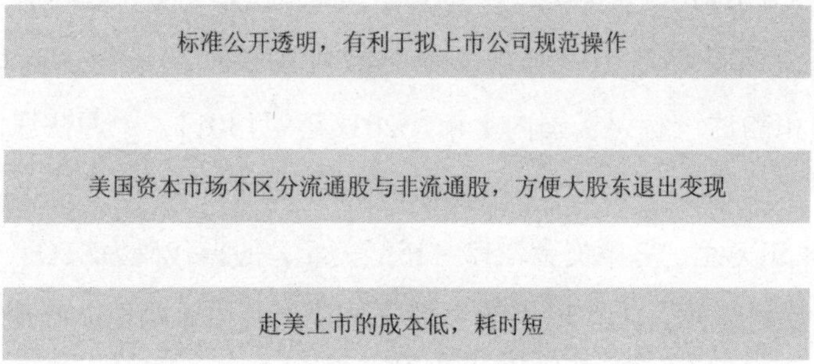

标准公开透明，有利于拟上市公司规范操作

美国资本市场不区分流通股与非流通股，方便大股东退出变现

赴美上市的成本低，耗时短

图14-1　赴美上市的优势

第一，赴美上市的标准公开透明，有利于拟上市公司规范操作。我国公司上市采用的是核准制，而美国资本市场采用的是注册制。在注册制下，证券监管部门首先将股票发行的必要条件公布出来。如果企业满足了所公布的条件，就可以申请发行股票。公司申请发行股票时，需要依法将公开的各种资料完全准确地向证券监管机构申报。证券监管机构承担监管职责，对申报文件的完整性、准确性、真实性和及时性做合规审查。至于拟上市公司的质量，需要由证券中介机构来判断和决定。

第二，美国资本市场不区分流通股与非流通股，方便大股东退出变现。赴美上市使得公司的价值证券化，股东可以据此计算自己的股权价值。当然，企业不上市的情况下，股东也能根据公司的净资产数量计算出自己拥有的股权价值，只是变现困难一些。

国内资本市场区分流通股和非流通股，公司大股东的退出变现因此受到诸多限制，很难将自己持有的股权价值证券化。在美国上市的情况与此不同，美国的资本市场不区分流通股与非流通股。上市后，大股东只要根据股票交易价格乘以持有的股数，就能计算出自己财富的价值。如果大股东想要退出变现，只需要委托证券交易商即可卖出。

第三，赴美上市的成本低，耗时短。在国内主板上市一般需要一年甚至几年的时间，而赴美上市的流程一般为9～12个月。另外，在美国上市花费的中介机构费用远远低于国内上市花费的中介机构费用，有利于拟上市公司降低上市成本。

每个企业都有自己的实际需求，应当根据自身需要选择在中国或美国上市。中通快递就是一个榜样，根据自身需求选择在美国上市，不跟风。

14.2 共享单车展开融资竞赛，谁会是下一个"滴滴"

2016年10月以来，共享单车领域爆出数不胜数的融资信息。摩拜、ofo、优拜、小鸣等单车平台展开融资竞赛。仅仅几个月的时间，共享单车领域已经发生了翻天覆地的变化。共享单车领域正在被各大后台疯狂瓜分，谁将是这个炙手可热大蛋糕的最大获利者呢？我们拭目以待。

14.2.1 ofo、摩拜相继完成新一轮融资

2017年1月4日，摩拜单车对外宣布完成2.15亿美元的D轮融资，腾讯、华平投资领投，携程、华住、TPG以及红杉、高瓴等现有投资机构跟投。

摩拜单车联合创始人兼CEO王晓峰称："2017年，摩拜将继续在产品和技术升级迭代、大数据应用、提升用户体验、车辆供给和运营管理，以及吸引全球顶尖的人才方面加大投入，同时将加速国内和海外的拓展，向世界输出中国本土创新，将摩拜智能共享单车这份礼物带给全世界更多城市和用户。"

值得一提的是，腾讯在2016年10月C+轮投资摩拜之后，继续增持并领投了D轮融资。另一个领投方华平投资也是摩拜C+轮的领投方之一。

华平投资执行董事胡正伟表示:"摩拜利用移动互联和物联网的先进技术推出的'无桩'模式,极大地弥补了传统公共自行车系统的不足。资本的聚拢效应使摩拜在全国全面领先的速度大大提升。随着摩拜产品的成熟和模式的可复制性,其领先优势将更加明显,在资本的助力下加速进入更多城市,很多盲目进入市场的小规模玩家将不再有机会。"

除摩拜之外,市场上已出现了包括fo在内的近20家其他共享单车品牌,共享单车领域受到了资本追捧。共享单车领域的融资概况如表14-1所示

表14-1 共享单车领域的融资概况

共享单车	融资时间	融资轮次	融资金额	投资方
ofo	2015年3月17日	天使轮	数百万元	唯猎资本
	2015年12月22日	Pre-A轮	900万元	东方弘道、唯猎资本
	2016年2月1日	A轮	1500万元	金沙江创投、东方弘道
	2016年8月2日	A+轮	1000万元	真格基金、王刚
	2016年9月2日	B轮	数千万美元	经纬中国、金沙江创投、唯猎资本
	2016年9月26日	C1轮	数千万美元	滴滴出行
	2016年10月10日	C2轮	数千万美元	美国对冲基金Coatue、小米、顺为资本、中信产业基金领投,元璟资本、俄罗斯投资人Yuri Milner、经纬中国、金沙江创投
摩拜	2015年10月30日	A轮	数百万美元	愉悦资本
	2016年8月19日	B轮	数千万美元	熊猫资本、愉悦资本、创新工场
	2016年8月30日	B+轮	数千万美元	祥峰投资、创新工场
	2016年9月30日	C轮	1亿美元	红杉资本、高瓴资本
	2016年10月13日	C+轮	近亿美元	高瓴资本、华平投资、腾讯、红杉资本、启明创投、熊猫资本、贝塔斯曼、美团王兴
	2017年1月4日	D轮	2.15亿美元	腾讯、华平投资、携程、华住、TPG、红杉资本、高瓴资本

续表

共享单车	融资时间	融资轮次	融资金额	投资方
优拜	2016年9月23日	天使轮	数千万元	中路资本、初心资本、点亮资本、火橙创业加速器
	2016年11月7日	A轮	1.5亿元	一村资本、黑洞投资、中路资本、点亮资本、火橙创业加速器
小鸣单车	2016年9月27日	天使轮	数千万元	联创永宣冯涛
	2016年10月8日	A轮	1亿元	凯路仕
	2016年10月21日	B轮	未透露	未透露

从用户的角度来看，单车出行解决了"最后一公里"问题，是一个刚需。各家共享单车的布局有的是以产品为主的运营模式，还有的是以量取胜的交通网模式，更有立足校园面向社会或是结合老牌厂商+政府的模式。无论如何，资本大战已经拉开。

14.2.2　共享单车是一个好生意吗

互联网向来专注于满足用户的需求而不谈盈利模式，但是未来能否盈利依然是判断一个创业项目能够长久存活并不断发展壮大的基础。

从国内外历史来看，单车项目亏损是比较常见的。对此，王晓峰说："一个对公众有价值的服务，最终肯定能找到赚钱的办法"。

纽约自行车共享项目Citi Bike自2013年5月上线以来，运营10个月就有40万会员用户，订单数累计600万。然而，截至2017年年初，该项目仍处于亏损状态，每年的亏损金额为数百万美元。

北京曾经有一家甲乙木共享单车公司就因为亏损严重被公共单车租赁公司方舟收购，但方舟最终也因为亏损而倒闭。除此之外，依靠广告和向其他城市输出系统获得收入的杭州公共自行车在2015年依然亏损500万元，但这已经是国内最成功的公共自行车系统。

与市政系统的有桩单车相比，当前互联网模式的无桩单车没有布桩布线的费用成本，财务模型相对较好。另外，除了单车租赁的收入外，共享单车还有巨大的支付价值和广告价值，APP本身也会沉淀大量的押金，这些都是互联网共享单车项目受到资本追捧的原因。

14.2.3 谁将是单车界的"滴滴"

2016年10月，ofo投资方金沙江创投合伙人朱啸虎与摩拜单车投资人熊猫资本合伙人毛圣博的互动在圈内流传开来。朱啸虎喊话说："拼车、代驾、专车均在90天内结束战斗，单车共享不会例外！"而毛圣博则回应："年内ofo若能超过摩拜，熊猫合伙人将在国贸裸骑。"共享单车领域的竞争情况，由此可见一斑。

共享单车领域的市场到底有多大？这个市场究竟有多大规模呢？小鸣单车的创始人兼CEO金超慧认为，这是一个GMV（交易总额）达到300亿元规模的市场，而这个市场的整体价值将达到20~30倍GMV，即上千亿美元。因此，共享单车领域即将出现下一个"滴滴"几乎是板上钉钉的事情。

在众多共享单车品牌中，谁最有可能打败全部的竞争对手，最终成为单车界的"滴滴"呢？从当前的发展来看，摩拜和fo最有可能。两家公司都拿到了超过4轮的融资，而且身后拥有各类优质资源。

从滴滴出行与摇摇、大黄蜂、优步等竞争可以看出，融资能力并不是决定胜负的唯一关键，运营水平、执行能力及创业者的意志都非常重要。在当前所有的共享单车平台之间，所有的先发和后发时间上的差距少于半年。因此，最终的共享单车巨头是谁还有待市场验证。

可以说，融资不是决定创业公司成败的唯一因素，但绝对是关键要素。如果因为融资问题被竞争对手赶超，那将是一件非常遗憾的事情。因此，创业者还是要重视融资，积极准备下一轮融资。